보험계리기초

CFP이자론

이자론 기초 개념

명목이자율과 실효이자율

연금

연금의 적용

이자론과 채권투자

Introduction to the theory of Interest

신종욱

비앤엠북스

Preface

머 리 말

미국에서 보험계리학(Actuarial Science) 석사과정과 보험학(Risk Management and Insurance)박사과정을 공부하고 귀국한지가 10년이 지났다. 보험계리학이 무엇인지 제대로 알지도 못하는 상태에서 이 전공을 선택했고 유난히도 많았던 대만학생들과 미국학생들 사이에서 어쩌다 보이는 한국학생들과 함께 이 과정을 했던 기억이 난다. 처음 이 과정을 입학하자 본 과정에 들어가기 전에 선수과목(prerequisite)으로 고3수준을 조금 넘는 정도의 수학(calculus)과 선형대수(linear algebra)를 요구했었는데 오래 전에 배워 이미 기억도 가물가물한 수학을 하느라 한국에서 부랴부랴 옛날 쓰던 수학책들을 공수 받느라 분주했고 또한 어떻게든 따라잡아야 한다는 강박관념에 휘둘리다 보니 어느 날 아침 머리카락이 퍽하고 빠지곤 했던 추억(?)도 있다.

몇몇 대학원에 과정이 개설되는 등 보험계리(수리)학이 드디어 한국에서도 자리를 잡아가고 있다. 미국에는 이미 오래 전부터 학사, 석사 과정이 개설되어있었고 대만학생들도 그렇게 많았었는데 왜 우리나라는 이렇게 오랜 시간이 걸렸는지는 알 수 없지만 반드시 정착되고 발전되어야 하는 것만은 틀림이 없다. 왜냐하면 보험산업은 물론이고 은행, 금융보험관련 관공서, 사회보험 기관 등 많은 곳에서 보험계리에 대한 수요가 상당히 크고 또한 지속될 수 밖에 없기 때문이다.

보험계리인은 한마디로 전문가그룹에 속한다. 수학과 통계학을 아우르는 보험계리인의 지식은 단시간에 쉽게 획득되지 않으며 이 분야에 대해 잘 모르는 사람들이 보험계리인의 작업에 대해 가타부타 하는 것은 거의 불가능하기 때문에 의사나 변호사에 준하는 권위를 인정받아야 하는데 현실 또한 그러하다. 그리고 미국 등의 경우 보험계리인은 이상적인 직종에 이미 속해있으며 우리나라의 경우도 아직 생소한 직업군이기는 하지만 상당한 활약과 함께 구조조정 등과는 거리가 먼 흔들리지 않는 직업적 안정성을 누리고 있다.

그렇다면 어떤 사람들이 보험계리인에 도전해보면 좋을까? 그리고 당장 무엇을 공부해야 할까? 이미 언급한 바 보험계리인은 수학과 통계학을 주된 무기로 휘두르는 사람들이기 때문에 이 분야에 대해 관심과 능력이 있다고 자부하는 사람들은 도전해 볼 만하다. 그런데 또 하나 자신의 적합성 여부를 테스트할 수 있는 기준이 존재한다. 그것은 바로 본 교재나 강의 등을 통해 이자론(Theory of Interest)에 대한 이해가 어느 정도인지를 확인해보는 것이다. 이자론은 보험계리의 기초 중 기초로서 만일 여기에 대한 이해가 제대로 되지 않으면 한 발짝 앞으로 나아가기가 쉽지가 않으며 모든 관련 지식들은 사상누각이 된다. 그리고 미국의 보험계리 학, 석사과정에서 선수과목 이수 이후에 가장 먼저 접하게 되는 과목도 바로 이 과목이다.

그런데 이 이자론에 대한 지식의 필요성은 보험계리인에 국한되지 않는다. 모든 돈의 흐름은 시간과 함께 움직이고 시간은 이자로 직접 연결되기 때문에 은행, 증권 등의 업무나 금융관련 컨설팅 직업에 종사하는 사람들은 반드시 알고 있어야 하는 필수지식이 되는 것이다. 그리고 CFP 등 주요 금융이나 보험관련 자격증 역시 이자론에 대한 충분한 이해를 요구하고 있다. 그런데 현실을 보면 아직도 관련 직업종사자들의 상당부분은 컴퓨터단말기의 프로그램에 의지할 뿐 그 계산과정에 대해서는 잘 모르고 있다고 해도 과언이 아니다.

본 교재는 필자가 대학에 자리를 잡은 후 지금까지 학생들에게 이자론을 가르쳐 오면서 느낀 경험을 토대로 만든 것이다. 실제로 강의를 해보면 많은 학생들이 이자론을 이해하는데 다소 어려움을 느끼고 있으며 필자 역시 처음에 비슷한 과정을 거쳤었다. 그런데 시중에 그간 나온 책들은 비록 이자론이 얼마나 중요한 과목인지 인지하고 있음에도 불구하고 너무 이론적 기술에 치우쳐있으며 또한 자세한 설명이 부족한 점이 많다. 이에 따라 본 교재는 이자론 중에서도 기초부분에 충실해서 자세한 설명을 통해 완벽히 이해할 수 있도록 시도되었으며 자격증 시험을 돕기 위해 재무계산기(HP12C)를 사용하는 경우의 계산과정도 첨부하였다.

모쪼록 본 교재가 이자론의 이해에 많은 도움이 되고 보험계리인 자격의 획득 등 각자의 목표를 달성하는 과정 중에서 유용한 도구가 되기를 기대해 보며 HP12C 재무계산기 사용법 관련 도움을 준 제자 강동호 군에게 심심한 감사를 표한다.

그리고 졸고의 출판을 기꺼이 허락해주신 비앤엠북스 사장님과 정경식 부장님께도 깊은 감사를 드립니다.

2010년 3월

신 종 욱

Contents

Contents

Part 1 이자론 기초개념

Part 2 명목이자율과 실효이자율

Part 3
연 금(annuity)

Part 4 연금의 적용

Part 5 이자론과 채권투자

Part 6 생명보험수리의 기초

Part 7 생명보험상품과 이자론

부 록

Part 1

이자론 기초개념

제1장 이자론의 필요성

들어가기에 앞서

이 책의 첫 장으로서 이번 장에서는 보험계리기초 혹은 이자론에 대한 공부가 왜 필요한지부터 먼저 설명하고 시작한다. 참고로 모든 공부는 이러한 공부를 하는 이유가 무엇이고 결국 어디에 소용이 있는지를 알고 나서 시작하는 것이 중요하고 또한 학습의 효과 역시 크다. 저자는 모든 책을 볼 때 가장 먼저 제목과 목차를 보고 이어 서론을 본다. 제목은 저자의 의도와 책의 내용을 한 줄로 요약한 것으로서 컴퓨터 작업의 예를 들자면 파일의 이름을 정하는 것이다. 다음으로 목차를 보게 되는데 목차는 책의 내용을 정리한 것으로서 이것을 통해 독자의 머리(파일) 속에 디렉터리(directory)를 만들게 되면 아무리 많은 내용이 입력되더라도 정리가 되고 각 방(directory)에 있는 내용들이 서로 연결되게 된다.

Part 2에서는 이자율의 결정과 용어의 정리에 대해서 보고 이어 이자율의 종류를 Part 3에서 알아보게 된다. Part 2와 Part 3은 개념정리의 시간으로서 이어지는 Part 3과 Part 4를 통해 실전으로 연결된다.

Part 1을 제대로 마치게 되면 다음의 그림과 같은 물음에 답할 수 있게 된다. 예를 들어 나에게 다음과 같은 두 가지 선택이 주어졌다고 했을 때 어느 것이 더 유리할까? 선택 A는 지금 당장 백만원과 3년 후 백만원을 받는 것이고 선택 B는 1년 후 백만원을 받고 2년 후 백만원을 받는 것이다. 첫 수업시간에 이 질문을 하게 되면 두 그룹으로 나눠지면서 통일이 되지 않는 것을 볼 수 있다. 물론 어느 것을 선택할지는 개인의 기호나 상황에 따라 다를 수 있지만 결론은 이자율이 일정하고 개인의 기호나 재정상태 등등 모든 것이 동일하다고 가정할 때 두 개 사이에는 명백한 차이가 존재한다는 것이다.

모든 공부는 건물을 짓는 것과 마찬가지로 기초가 중요하며 보험계리 더욱 그러하다. 왜냐하면 보험계리는 계속 꼬리를 물고 이어지고 기초부터 하나씩 쌓여가는 학습체계를 가지고 있기 때문이다. 기초를 다지는 시간을 아끼지 말고 충분히 이해하고 넘어가도록 하자.

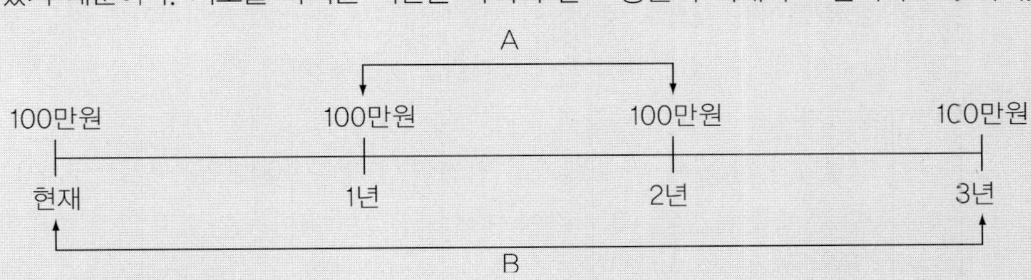

1. 이자론 학습

모든 이론이나 학습을 이해하기 위해서는 그것의 용도를 먼저 알아 보는것도 좋은 방법이 된다.

일종의 도구로 볼 수 있는 이자론에 관한 공부는 우선 현실 금융거래에서 이자의 역할과 크기를 이해하는데 있어 당장 필요한 부분이다. 예를 들어 내가 100만원을 지금 저축을 하면 5년, 10년 후에 통장에 얼마나 쌓여있을까 하는 것을 알기 위해서, 혹은 거꾸로 지금 내가 얼마를 매달 저축하면 10년 후 주택구입이나 결혼에 필요한 예상자금 1억원을 모을 수 있을까를 알기 위해서는 이자에 대한 이해가 필요하다.

그러나 이러한 단순계산 외에도 이자론은 다양한 방법으로 응용되는데 이자론의 가장 중요하고도 핵심적인 기능은 "여러 가지 다른 시간대의 돈의 가치를 비교할 수 있게 해준다는 것"이다.

예를 들어보자. 아래 그림에서 보는 바와 같이 나에게 지금 당장 100만원, 10년 후에 100만원, 30년 후에 100만원 받는 것 중에 하나를 선택하라면 어느 것을 선택할까? 당연히 지금 당장 100만원을 받는 A를 선택할 것이다.

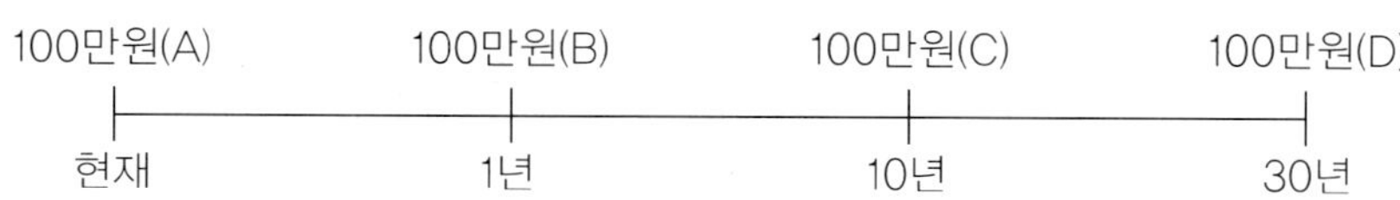

그 이유는 무엇인가? 그것은 크게 두 가지인데 첫 번째는 시간이 먼 미래일수록 그 돈을 받을 수 있을지 여부가 불확실하고 다음으로는 또한 그 돈의 가치 역시 시간과 함께 떨어질 것으로 예상하기 때문이다. 좀 더 쉽게 표현하자면 지금 당장 유용하게 돈을 쓸 수 있고 만일 쓰지 않더라도 돈을 받아서 안전하게 은행에 넣어놓으면 이자까지 붙는데 굳이 나중까지 기다릴 이유가 없기 때문이다.

자 그렇다면 한 단계 더 나아가서 만일 지금 당장 100만원을 받는 것과 1년, 10년, 30년 후에 돈을 받는 것 각각에 대해 사람들이 차이를 가지지 않게 하려면 1년, 10년, 30년 후에 지급받을 수 있는 돈의 크기를 얼마로 하면 될까? 혹은 뒤집어서 표현했을 때 1년, 10년, 30년 후의 100만원의 가치는 지금 시점의 가치로는 대체 얼마에 해당할까? 미래의 100만원의 당연히 현재 100만원 보다 낮은 가치로 평가 될 수 밖에 없는데 이처럼 이자론은 이러한 문제, 즉 돈의 시간가치(Time Value of Money: TVM)를 계산해주는 도구로 불린다.

구체적으로 이자론에 대한 이해가 필요한 중요한 사례는 우선 투자가치의 계산이 있는데 일반적으로 "재무관리"책에서 흔히 다루어진다.

2. 이자론의 실제 적용사례

1) 투자가치 계산

기업과 개인은 어떤 사업을 시작할 것인가 말 것인가 라고 하는 투자관련 의사결정을 해야 하는 경우가 있다. 이 의사결정에서 가장 중요한 사항은 무엇보다 수익성이 될 것이다. 즉, 사업을 하기 위해서는 노동 등과 함께 자본이 투자되어야 하는데 이 투자된 자본이 기대하는 수익성을 올릴 수 있을 것인가를 검토해야 하는 것이다. 물론 마이너스 수익이 나는 경우는 대개 검토대상에서 제외되지만 플러스 수익이 나는 경우라도 이 자체로 충분하지 않다. 왜냐하면 자본을 빌린 경우는 대출이자의 크기와 비교를 해야 하고 자기자본이라도 일정한 수익률, 예를 들어 은행정기예금 이자율, 이상은 내야 구태여 노력해서 사업을 하는 이유를 찾을 수 있기 때문이다.

수익성 검토에 있어 일반적으로 사용되는 방법 소위 투자안의 결정기법은 다음 몇 가지가 있다.[1] 이 중에서 가장 일반적으로 사용되며 이자론과 관련이 깊은 것은 바로 순현가법과 내부수익률법이다.

① 회수기간법: 각각의 투자대안과 관련하여 필요한 비용들을 알아보고 이 비용들을 회수하는데 어느 정도의 기간이 소요되는 지를 알아봐서 의사결정을 하는 방법이다. 당연히 다른 조건이 동일한 경우 가장 빨리 비용회수가 가능한 대안이 최상의 것으로 채택될 가능성이 크다. 이 대안의 특징은 비용회수가 일

1) 박정식, 현대재무관리(1998), p. 106-18 참조.

어진 이후의 현금흐름은 고려하지 않는다는 것이며 이자를 통한 돈의 시간가치 역시 고려하지 않는다는 것이다.

② 회계적 이익률법: 회계장부상에 볼 수 있는 숫자를 중심으로 하여 연평균 순이익(납세 후)/연평균 투자액을 계산해보는 방법이다. 이것은 연단위로 투자자본에 대한 세후 순수익률을 개략적으로 알아보는 방법인데 화폐의 시간적 가치를 고려하지 않은 것은 회수기간법과 동일하다. 위의 두 가지 방법은 다음의 두 가지 방법에 비해 간단 단순하다는 것인데 이 경우 비록 계산과정이 간단해서 정밀성은 떨어지지만 그 대신에 대강의 숫자를 가지고 즉시 의사결정을 할 수 있다는 강점을 가지고 있다.

③ 순현가법: 가장 많이 사용되는 투자평가방법으로서 먼저 투자로 인하여 발생할 미래의 모든 현금흐름을 예상한 다음 이어서 각각의 현금흐름을 적절한 할인률로 할인하여 현재가치로 표기해보는 방법이다. 예를 들어 현금흐름에 있어 수입의 현재가치가 지출의 현재가치보다 크다면 이 사업은 수익성이 있다고 볼 수 있다.

그림 1-1

$$NPV = \frac{CF_1}{(1+R)} + \frac{CF_2}{(1+R)^2} + \cdots \frac{CF_n}{(1+R)^n}$$

뒤에서 자세히 배우겠지만 이 식에서 R은 미래의 돈의 가치를 현재의 가치로 만드는, 다른 말로 표현하면 현재의 가치로 만들기 위해 미래의 돈의 가치를 깍는 역할을 하기 때문에 할인율이라고 불리는데 자금을 빌려주는 사람(투자하는 사람)의 입장에서는 수익률로 볼 수 있는 것이다. n은 투자기간, CF_n은 현금흐름(cash flow)을 의미하며 특정시기 n에 주거나 받는 돈을 의미한다.

④ 내부수익률법: 위의 순현가법과 개념적으로는 동일한 방법이다. 이것은 먼저 수입과 지출을 포함하는 CF_t로 표시된 바 미래의 모든 순현금흐름(수입−지출)의 현재가치를 0으로 만드는 할인율(IRR: Internal rate of return)을 구한다. 그 다음에 이 계산된 값과 사업자가 기대(요구)하는 기대수익률을 비교해보게 되는데 만일 이 할인율이 은행의 정기예금 이자율정도에 그치거나 요구수익률보다 많이 낮다면 사업성에 문제가 있다고 판단할 수 있다.

$$NPV = \frac{CF_1}{(1+IRR)} + \frac{CF_2}{(1+IRR)^2} + \cdots \frac{CF_n}{(1+IRR)^n}$$

위의 식이 순현가법의 식과 다른 점은 순현가법의 경우 R이 주어진 상태에서 NPV를 구하는 것이지만 내부수익률법에서는 NPV가 주어진 상태에서 R 혹은 IRR을 구한다는 것이다.

위에서 투자가치를 따져보는 방법으로서 이자론이 사용되는 경우를 보았는데 기업의 인수합병(M&A)과 같은 고도의 비즈니스 과정에서도 가장 기본적으로 그리고 중요하게 등장하는 것이 대상기업의 가치를 계산하는 것인데 이 경우 순현가법이 주로 사용되는 것을 볼 수 있다.

2) 보험료 및 책임준비금의 계산

이자론의 사용처 중에서 가장 중심부분에 있는 것이 보험상품의 개발을 위한 보험료 책정과 책임준비금의 계산이 될 것이다. 이 두 가지에 대해서는 뒤에서 자세히 다루겠지만 간단히 소개하자면 먼저 보험료의 책정이란 이자론과 통계학 등을 이용해 어떤 보험상품의 가격을 계산하는 것이다. 보험상품의 가격을 결정함에 있어서는 먼저 미래에 어느 정도의 크기와 빈도로 보험사고가 발생할 것을 예상해보고 이어서 이것을 보상해주기 위해 필요한 자금을 가입기간 동안 매년(매달) 어떻게 거둘 것인가를 결정하는 과정이 따르게 된다.

책임준비금의 계산이란 보험료산정이 끝나고 나서 일단 보험상품의 판매가 시작되면 보험회사는 보험사고가 필연적으로 일어날 것을 예상하여 어느 정도의 돈을 보험회사가 책임지고 준비하고 있어야 하는지를 알아보는 것을 말한다. 책임준비금은 보험감독당국 역시 많은 관심을 가지고 지켜보는 부분인데 만일 이것이 제대로 이루어지지 않으면 많은 가입자들이 사고발생 후 큰 어려움에 봉착하게 될 가능성이 있다.

흔히 보험계리사, 혹은 보험계리인(actuary)이라 불리는 사람들은 주로 두 가지 일을 수행하는 사람들을 말한다.

제2장 이자율의 구성과 용어의 정리

들어가기에 앞서

이번 장은 본격적으로 이자론에 들어가기 전에 이자율에 대한 이해를 높이기 위한 절차를 밟고자 한다. 즉, 이자율이란 도대체 무엇으로 구성되어 있는지 분해해보고 또한 간단히 이자율의 결정과정에 대해 알아볼 것이다.

먼저 이자율이란 자금을 빌리는 입장에서 봤을 때 남의 돈을 사용함에 따라 지불해야 하는 대가를 의미한다. 물론 이러한 상황을 돈을 빌려주는 사람의 입장에서 바라보게 되면 자신의 돈을 소비하지 않고 빌려줌 혹은 투자함에 따라 얻게 되는 수익률을 나타내게 된다.

보험계리 및 이자론에 있어서는 대부분 이자율이 이미 주어져있으며 일반적으로 이자율이 고정되어있다고 가정하는 경우가 많다. 하지만 현실 세계에서 이자율은 끊임없이 변화하며 또한 이자율의 종류는 매우 다양하다.

이자율이 다양한 이유에 대해 간단히 살펴보면 이자율이 비록 하나의 숫자로 표기되지만 이것을 자세히 바라보면 몇 가지의 구성요소로 되어 있으며 더 나아가 하나 하나의 구성요소가 각각 변화할 수 있기 때문이라고 말할 수 있다.

다음 단계로 이 장에서는 보험계리와 이자론에서 자주 사용되는 용어들을 정리해본다. 용어에 대한 이해는 그 자체로서 매우 중요하다. 왜냐하면 사람들은 말을 사용했을 경우 복잡한 사실관계를 용어를 통해 간단명료히 표현하고 있기 때문이다. 용어가 처음에는 비록 복잡해 보이지만 용어는 기본적인 대화수단이며 또한 앞으로도 계속해서 반복되기 때문에 미리 잘 숙지하도록 하자.

1. 이자율의 구성요소와 이자율 결정

투자가치를 판단하거나 보험상품의 가격결정 등을 하는 보험계리에 있어서는 모든 계산의 기초에 이자율을 동원한다는 것, 그리고 돈의 흐름이 장기간에 걸칠 경우 서로 다른 시간대의 돈을 비교해야 할 필요가 발생하게 되는데 이것은 이자율을 통해 이루어진다는 것을 위에서 언급하였다.

그렇다면 먼저 이자율은 무엇으로 구성되어 있을까를 알아보자. 우리가 어떤 대상에 대해 알고자 하는 경우 이미 살펴본 바 그 대상의 용도 외에도 그것의 구성성분이 무엇인지 알게 될 때에 이해의 폭을 넓힐 수가 있을 것이다.

1) 이자율의 구성요소

이자율은 하나의 숫자로 되어있지만 그것을 구성하고 있는 것은 일반적으로 세 가지이다. 이 세 가지 중 하나에 변화가 올 때 이자율 역시 변하게 되며 우리가 보는 다양한 이자율이 존재하는 이유도 여기에 있는 것이다.

이자율 = 실질이자율 + 물가상승률 + Risk Premium

① 실질이자율: 이것은 돈을 빌리는(자금을 이용하는) 사람이 기본적으로 돈을 빌려주는(자금을 공급하는) 사람에게 지불해야 하는 대가를 나타낸다. 돈을 빌려주는 사람 혹은 투자자의 입장에서 봤을 때 돈을 빌려주는 것은 현재의 소비를 연기하는 것이며 또한 생산자라면 이 자금을 통해 산출할 수 있는 생산물의 가치를 포기하는 것이므로 이에 대한 대가를 지불해야 하는 것이다. 전자의 경우 이 실질이자율은 이론적으로 현재와 미래소비간의 시간선호(time preference)에 따르는 것으로 가정하는데 실질이자율은 흔히 무위험 실질이자율(real risk-free rate of interest)로 불리기도 한다.

② 물가상승률(inflation rate): 돈을 빌려주는 사람 혹은 투자자의 입장에서는 소비의 연기에 따르는 보상 외에 몇 가지 추가적으로 고려해야 할 사항이 있다. 그

중에 하나가 물가상승률인데 만일 돈을 돌려주고(투자하고)나서 물가가 상승한다면 나중에 원금을 돌려받았을 때 예전만큼의 구매력을 가질 수 없게 되며 그만큼 손해를 보게 된다고 볼 수 있다. 이에 따라 자금의 공급자는 예상물가상승률을 고려하여 이 크기만큼 실질이자율 외에 추가적으로 요구하게 된다.

③ Risk Premium: 돈을 빌려주는 사람 혹은 투자자의 입장에서 봤을 때 회피하고 싶은 몇 가지 위험들이 있다. 예들 들어 빌린 돈을 갚지 않는 채권채무불이행위험(default risk)과 투자수익률의 변동 등을 나타내는 시장위험(market risk) 등이 여기에 해당하는 대표적인 것들인데 만일 이러한 위험들이 크다면 당연히 더 높은 이자율 혹은 투자수익률을 요구하게 될 것이다.

그림 1-2 우리나라 금리의 변동모습

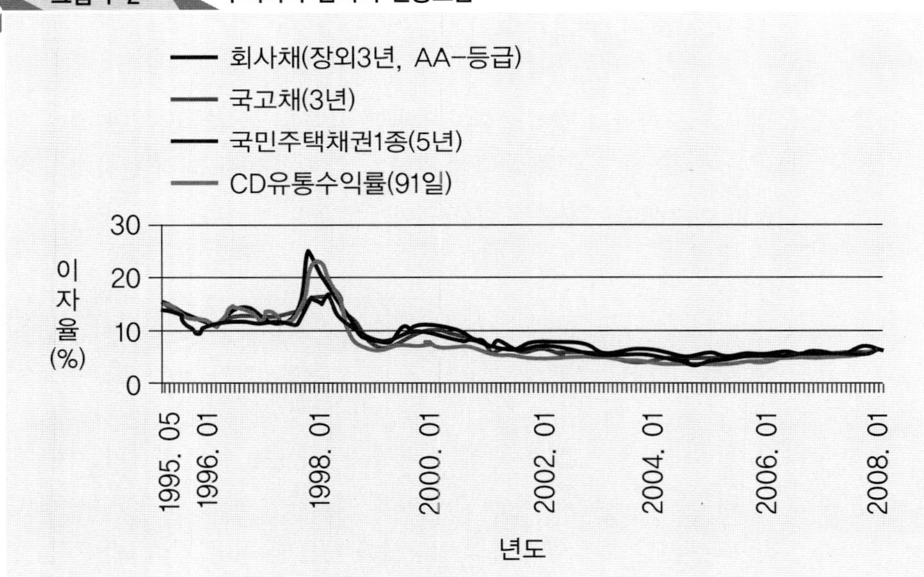

이들 구성요소 중에서 이자율의 크기변화에 가장 민감한 영향을 미치는 것은 바로 돈을 빌려주거나 혹은 투자에 따른 위험 혹은 리스크(risk)이다. 일반적으로 이자율 혹은 투자수익률은 금융시장의 절대적 원칙에 따라 투자위험에 비례하게 된다. 투자대상에는 거의 무위험 하다고 할 수 있는 정부발행 국채부터 이른바 채무불이행의 가능성이 높은 정크본드에 이르기까지 다양한 투자위험이 존재하며 이에 따라 다양한 투자수익률 혹은 이자율이 존재하게 되는 것이다.

2) 이자율의 결정에 관한 이론

만일 이자율의 전반적인 수준이 금융시장에서 무엇에 의해 어떻게 결정되며 나아가 향후 어떻게 움직일지에 대해 알고 싶다면 경제학 그 중에서도 거시경제학(macroeconomics)분야를 공부해야 한다.

이자율의 결정과정에 관한 이론들은 실제이자율(The real rate of interest) 결정이론, 대부자금설(loanable funds theory of interest), 유동성 선호설(liquidity preference theory) 등이 있다.[2] 간략히 소개하자면 먼저 실제이자율(The real rate of interest)은 가계처럼 저축을 하는 경제주체들의 희망저축액(desired saving)과 돈을 빌려 생산을 하고자 하는 생산자의 희망투자액이 상호작용하여 결정된다고 본다. 이에 비해 대부자금설은 이자율이 대부자금 자체의 수요와 공급에 의해, 유동성 선호설은 이자율이 실물시장이 아닌 화폐시장에서 결정되되 가계와 기업 등 경제주체들의 현금 혹은 유동성에 대한 선호현상과 화폐공급의 상호작용이 영향을 미치는 것으로 각각 보고 있다. 세 가지 이론들은 일반적으로 서로 다른 이론이라기 보다는 이자율 결정을 장기적 혹은 단기적 관점에서 보느냐에 따라 나누어진 것으로 이해되고 있다.

이미 언급한 바 보험계리학은 대부분 이자율이 주어진 것으로 가정하고 현금흐름 혹은 돈의 가치를 계산한다. 따라서 이자율 결정이론은 참고적 내용에 불과하다.

2. 이자론 용어정리

보험계리학과 이자론에서 자주 사용되는 언어 이른바 용어들을 정리해보자.

1) 원금(principal)

원금은 처음 빌려준, 빌린 혹은 투자된 자금을 의미한다. 보험계리학에서는 주로 k로 표기한다.

2) 자세한 내용은 정운찬, 회계와 금융시장(2000), p. 98-110 참고할 것.

2) 종가(終價) 혹은 원리금 합계(accumulated value)

원금과 이자를 합한 금액을 의미하며 말할 것도 없이 이것은 원금에 이자를 합한 것이다. 이것과 관련하여 보험계리학에서 자주 쓰이는 것이 단위종가함수(accumulation function)이다.

3) 단위종가함수(accumulation function)

1원 혹은 1달러 등 한 단위의 돈이 투자(대출)되었을 때 t 기간이 지난 후 원리금 합계가 얼마나 되는지를 함수로 나타낸 것이다. 1원의 투자단위를 가정한 만큼 투자된 돈이 얼마이든 상관없이 이것이 이자의 힘을 통해 어떻게 커져가는지를 보여주는 의미가 있다. 단위종가함수는 일반적으로 a(t)로 표기한다. 단위종가함수는 당연히 k가 1이며 $a(0)=1$이다.

4) 종가함수(amount function)

단위종가함수처럼 투자단위가 1이 아닌 즉, $k>0$ 인 어떤 숫자로 된 경우를 말한다. 종가함수는 보통 $A(t)$로 표기하며 당연히 $A(t)=k \cdot a(t)$, $A(0)=k$가 된다.

5) 이자(interest)

이자와 이자율 부분이 가장 중요함에도 불구하고 쉽게 넘기는 경우가 많은데 분명히 이해하고 넘어가야 한다. 이자란 두 가지 서로 다른 시간대 사이에서 원금에 추가된 금액을 말한다. 어떤 시기 n기에 발생한 이자를 보통 I_n이라고 표기하며 따라서 $I_n=A(n)-A(n-1)$이 된다.

6) 실효이자율 혹은 실이율(effective rate of interest)

먼저 실효이자율에 대한 정의(Kellison, p.4)는 다음과 같다. "실효이자율은 어떤 시기의 초에 투자된 한 단위의 돈이 그 시기 동안 벌어들인 금액을 말하며 이때 이자는 그 시기의 말에 지불된 경우여야 한다".[3] 여기서 두 가지 주목해야 할 사실이 있다.[4] 첫 번째 실효이자율에서 실효(effective)의 의미이다. 실효는 명목(nominal)이라는 단어와 대비되는 개념으로서 두 가지 이자율의 차이점은 뒤에서 계산과정을 통해 자세히 설명될 것이다. 이해를 돕기 위해 간단히 말하자면 어떤 금융기관이 하나의 이자율(소위 명목이자율)을 제시했을 때 이자가 1년에 한 번 계산되는 경우와 1년에 그 이상 계산되는 경우 이자율의 실제 효력(실효이자율)은 명목이자율과는 조금 다를 수 있기 때문에 실효이자율을 구하는 것이 필요하다. 두 번째는 이자는 "그 시기의 말"에 지급된 경우를 말한다는 내용이다. 만일 이자가 시기의 초에 지급(이른바 선이자)되면 뒤에 나오는 실효할인율(effective rate of discount)와 관계되는 것으로서 이 경우 실효이자율은 제시된 이자율과 달라진다.

한편 현실적으로 가장 이해하기 쉬운 실효이자율의 정의(Kellison, p.5)는 "실효이자율이란 어떤 시기 동안 벌어들인 이자와 그 시기의 초에 투자된 원금의 비율(ration)"[5]일 것이다. 이것을 수식으로 나타내면 다음과 같다.

어떤 특정시기 n의 이자율을 i_n이라고 했을 때

$$i_n = \frac{A(n) - A(n-1)}{A(n-1)} = \frac{I_n}{A(n-1)}$$

그리고 실효이자율 과 i_n과 관련하여 $A(n)$과 $a(n)$의 관계는 다음과 같다.

$$i_n = \frac{A(n) - A(n-1)}{A(n-1)} = \frac{k \cdot a(n) - k \cdot a(n-1)}{k \cdot a(n-1)} = \frac{a(n) - a(n-1)}{a(n-1)}$$

그럼 여기서 실효이자율의 이해여부를 확인하기 위해서 다음 문제를 풀어보자.

예 $a(t)=2t-1$, $t \geq 0$ 일 때 실효이자율이 40%가 되는 시기 t를 구하시오.

3) "The effective rate of interest i is the amount of money that one unit invested at the beginning of a period will earn during the period, where interest is paid at the end of the period", Kellison, "The Theory of Interest", Irwin, 2nd edition, 1991, p.4.
4) 자세한 내용은 Kellison, 전게서 p.4를 참고할 것
5) "The effective rate of interest is the ratio of the amount of interest earned during the period to the amount of principal invested at the beginning of the period", Kellison, 전게서. p.5.

제3장 이자율의 종류

들어가기에 앞서

이번 장은 드디어 실전에서 그리고 우리가 살아가는 현장에서 매일같이 사용되는 이자율의 종류에 대해서 이야기하고 있다.

이 장에서는 주로 단리와 복리의 개념에 대해 자세히 알아볼 것이다. 그런데 우리의 대부분의 금융생활에서 사용되는 복리에 대해 공부할 때에는 무엇보다 먼저 우리 개개인이 생활인으로서 복리의 무서움을 느껴보기를 권하고 싶다. 그 이유는 어떤 그 무엇이든지간에 나와 직접관계가 있다고 생각되면 좀 더 관심을 가지고 공부하기 때문이기도 하지만 또 한편으로는 우리의 삶 자체가 매일매일 이 복리와 한 줄로 연결되어있기 때문이다.

대부분의 사람들은 채무를 지고 살아가고 있다. 그런데 그 채무의 원인이 과소비든 아니면 집장만이든 일단 부채가 생기고 나면 이 부채는 나의 통제를 벗어나 낮이나 밤이나 살아있는 유기체로서 꿈틀거리며 활동하게 되는데 문제는 나 자신이 어떻게 복리라는 이빨을 지닌 이 부채를 처리하느냐에 따라 부채는 괴물이 되기도 하고 애완동물이 되기도 한다는 사실이다.

유명한 과학자 아인슈타인은 복리를 가장 위대한 수학적 발견이라고 말한 바 있다. 정확한 이유는 모르겠으나 보이지 않는 가운데 가지고 있는 무서운 잠재력을 지칭하는 것 같다. 복리의 대단함에 대한 예를 들어 보자. 미국 뉴욕의 유명한 금싸라기 도시 맨하탄(Manhattan)은 1626년 인디언으로부터 지금 돈으로 약 $24 정도의 물품을 지급하고 구매했다고 한다. 즉, 우리나라 돈으로 환산하면 2만~3만원 정도를 지불했다는 이야기인데 이 이야기를 들었을 때 대부분의 우리들은 정말 거저 주었구나 라고 생각할 것이다. 그러나 이 돈에 만일 이자가 연 6%의 복리로 붙는다고 가정하는 경우 이 조그만 돈은 이자에 이자가 붙어 지금 시점의 가치로는 약 $1,100억 이상이 되며 지금의 맨하탄을 충분히 살 정도가 될 수도 있다는 것이다.

1. 단리(simple interest)

단리란 원금이 변하지 않는 경우 매기간에 주어진 이자율에 따라 발생하는 이자의 크기가 일정한 경우를 말한다. 단리란 금융기관이 아닌 서로 친한 이웃들 사이의 금전거래에 있어서 흔히 볼 수 있으며 시간이 지나면서 이자에 이자가 붙는 복리와는 달리 시간이 지나도 이자계산에 사용되는 원금의 크기는 동일한 상태에서 이자만이 가산되는 경우이다.

예를 들어 100만원을 빌리는 경우 이자율이 연 10%이고 단리로 이자가 계산된다면 1년 후 이자는 10만원, 2년 후 이자는 20만원 이런 씩으로 계산된다. 따라서 5년 후 갚아야 할 원리금합계는 원금 100만원에 이자 50만원(100만×0.1×5) 즉, 합계 150만원이 된다. 일반적으로 은행 등 금융기관에서 파는 금융상품(변액보험이나 연금 등 신탁 및 변동수익률 상품 제외)들의 투자수익률(이자)은 단리가 적용되며 이와 반대로 대출상품들은 복리로 계산된다.

단리의 경우 원금 1원에 대한 원리금합계를 나타내는 단위종가함수 $a(t)=1+it$가 된다.

단리의 특징은 이자의 크기가 변하지 않기 때문에 매기 적용되는 실효이자율이 각각 다르다는 것인데 좀 더 구체적으로 말하자면 실효이자율은 시간이 갈수록 계속 감소하게 된다. 얼핏 생각하면 납득이 가지 않는 내용인데 숫자를 통해 확인해보자.

예 100만원의 부채에 대해 매년 10%의 단리가 적용되는 경우 매년 원리금합계와 함께 매년 마다 적용되는 실효이자율을 계산하시오.

풀이) 100만원을 단위종가함수 $a(t)=1+it$에 곱하면 다음과 같은 원리금합계가 쉽게 계산이 된다.

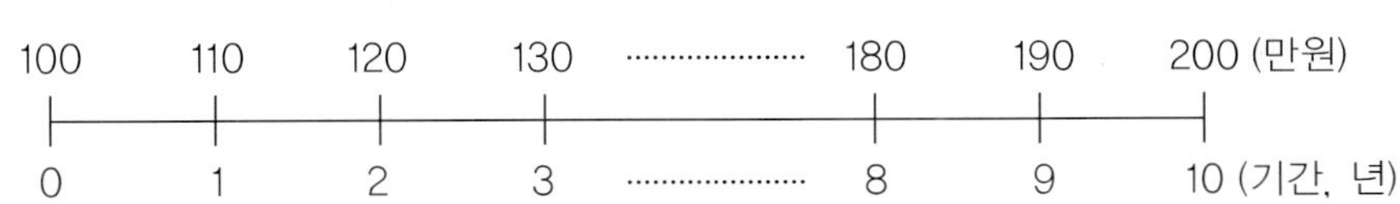

먼저 처음 1년 후 원리금합계는 $100+100\times0.1\times1=110$만원. 이자는 원리금합계 110만원 에서 원금 100만원을 공제한 돈 $110-100=10$만원이다. 그러므로 처음 1기 동안의 이자율 혹은 실효이자율은

$$i_1=\frac{A(1)-A(0)}{A(0)}=\frac{110-100}{100}=\frac{10}{100}=0.1\ (10\%)$$

다음으로 2기의 경우, 원리금합계는 120만원이며 실효이자율은

$$i_2=\frac{A(2)-A(1)}{A(1)}=\frac{120-110}{110}=\frac{10}{110}=0.091\ (9.1\%)$$

이어서 3기의 경우,

$$i_3=\frac{A(3)-A(2)}{A(2)}=\frac{130-120}{120}=\frac{10}{120}=0.083\ (8.3\%)$$

마지막 10기의 경우, 원리금합계는 200만원$(100+100\times0.1\times10)$이며 실효이자율은

$$i_{10}=\frac{A(10)-A(9)}{A(9)}=\frac{200-190}{190}=\frac{10}{190}=0.053\ (5.3\%)$$

참고로 n기의 경우라면 실효이자율은

$$i_n=\frac{A(n)-A(n-1)}{A(n-1)}=\frac{110(1+in)-100[(1+i(n-1)]}{100[1+i(n-1)]}=\frac{i}{1+i(n-1)}$$

이처럼 단리의 경우 매기 적용되는 이자의 크기는 일정하지만 해당 기의 초까지 상환되지 않고 쌓여진 원리금은 커져가기 때문에 실효이자율은 감소하는 것이다. 따라서 시간이 지날수록 이자율 측면에서 돈을 차입한 사람이 유리한 구조로 되어 있는 것이 단리이다.

2. 복리(compound interest)

복리란 매기의 원리금합계가 다음 기의 원금이 되어 이자가 계산되는 경우를 말한다. 위의 예에서 본 단리의 경우 전체 차입기간에 대한 이자액은 처음의 원금 100만원을 기준으로 계산되었지만 복리의 경우는 원금 자체가 이자의 합류를 통해 계속 커지게 되는 것이다. 이른바 이자에 이자가 붙는다는 것이 바로 복리를 의미하는 것인데 이것이 가지고 있는 위력은 단리와 복리의 원리금합계 그림을 비교해보면 금방 알 수 있다.

복리의 경우 원금 1원에 대한 원리금합계를 나타내는 단위종가함수 $a(t)=(1+i)^t$ 이며 그 이유는 다음의 문제를 통해 알아보자.

예 100만원의 부채에 대해 매년 10%의 복리가 적용되는 경우 매년 원리금합계와 함께 매년 마다 적용되는 실효이자율을 계산하시오.

풀이) 단리와 마찬가지로 100만원을 단위종가함수 $a(t)=(1+i)^t$에 곱하면 다음 그림과 같이 값이 산출된다.

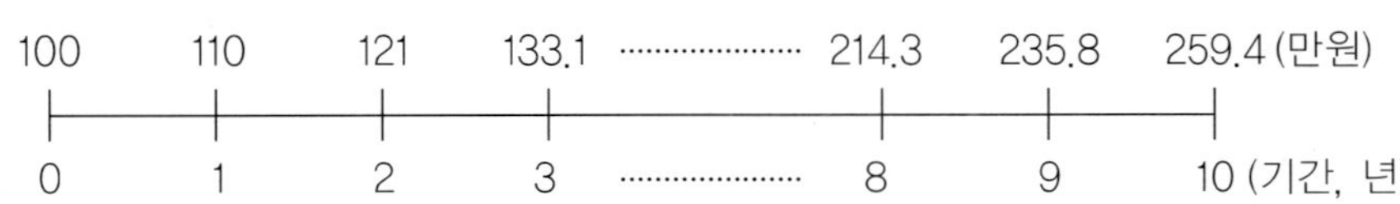

실효이자율을 위의 단리와 경우와 동일한 방법으로 계산해보자.

먼저 처음 1년간 즉, 1기의 경우는 단리와 동일하다.

단리와 달라지는 것은 다음 2기부터인데 2기에 들어가면서 복리의 경우 원금은 110원이 된다. 이에 따라 이자는 $110\times0.1=11$만원이며 원리금합계는 $110+11=121$만원이 된다. 그런데 $110=100(1+0.1)$이고 $121=110(1+0.1)$인데 여기서 110 대신에 $100(1+0.1)$을 대치하게 되면 $121=100(1+0.1)(1+0.1)$이 되며 이것은 다시 $121=100(1+0.1)^2$로 바꿀 수 있다. 즉, $A(2)=100\times a(2)=100\times(1+0.1)^2$가 되

며 이것은 복리의 단위종가함수 $a(2)=(1+0.1)^2$임을 보여주고 있다.

한편 실효이자율

$$i_2=\frac{A(2)-A(1)}{A(1)}=\frac{121-110}{110}=\frac{11}{110}=0.1\ (10\%)$$

이어서 3기의 경우 역시,

$$i_3=\frac{A(3)-A(2)}{A(2)}=\frac{133.1-121}{121}=\frac{12.1}{120}=0.1\ (10\%)$$

마지막 10기의 경우, 원리금합계는 259.38만원($100(1+0.1)^{10}$이며 실효이자율은 마찬가지로

$$i_{10}=\frac{A(10)-A(9)}{A(9)}=\frac{259.38-235.8}{235.8}=\frac{23.58}{235.8}=0.1\ (10\%)$$

이 된다.

참고로 n기의 경우 실효이자율은

$$i_n=\frac{A(n)-A(n-1)}{A(n-1)}=\frac{100(1+1)^n-100(i+1)^{n-1}}{100(1+1)^{n-1}}=\frac{(1+i)-1}{1}=i$$

이처럼 복리의 특징은 매기별 이자의 크기는 변하지만 매기 적용된 실효이자율은 동일하다는 것이다. 따라서 복리는 한편으로 보면 자금의 차입자와 차용자 사이에 공정한 룰이 적용됨을 보여주고 있다고 할 수는 있는데 그럼에도 불구하고 차입자의 입장에서 보면 상환에 대한 부담이 매우 큰 이자계산법임은 틀림이 없다.

다음 그림은 단리와 복리의 단위종가함수(원리금합계)가 어떻게 달라지는지를 보여주고 있다. 이 그림을 보면 1년(혹은 1달) 이자율이 주어지고 이자가 1년(1달)에 한 번 계산되는 경우 1년(달) 이후에는 시간이 지날수록 복리의 원리금합계가 급속히 커지는 반면 1년(달) 이전에는 오히려 단리의 경우가 원리금합계가 더 큰 것을 볼 수 있다. 좀 의아하게 생각된다면 종가함수에 $t<1$ 인 숫자(예 0.5)를 넣고 직접 계산해 보기를 바란다.

한편 단리의 경우라도 만일 매기(년) 이자를 받고 이 돈을 계속 투자하여 동일한

이자율 혹은 투자수익률에 해당하는 수익을 올릴 수 있다면 복리나 단리는 원리금 합계 측면에서 그 결과가 동일해진다.

그림 1-3 **단리와 복리의 종가함수 비교**

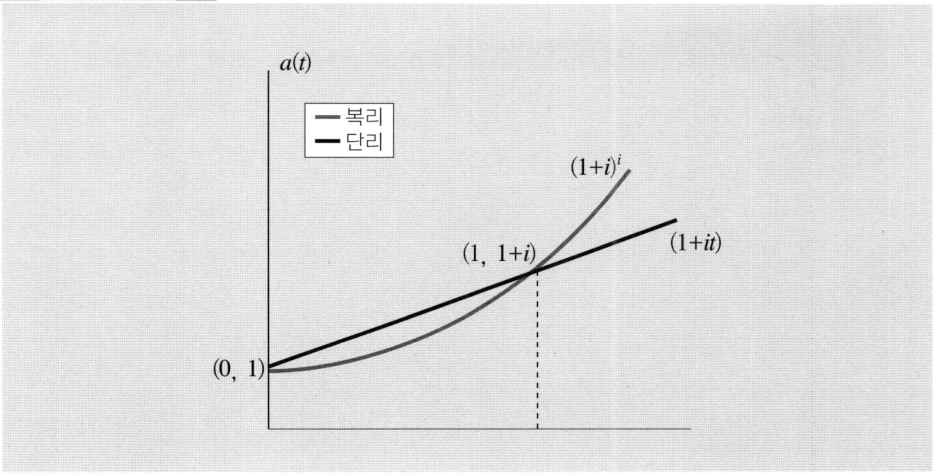

제4장 현재가치(현가)와 할인

들어가기에 앞서

이번 장은 돈의 현재가치(흔히 현가라고 불림)에 대해 이해하고 직접 계산해보는 과정이다. 수업을 하다 보면 원리금합계까지는 잘 이해하고 넘어오다가 이 부분에 들어가면 이해를 제대로 못하고 뒤처지는 학생들이 종종 나타나곤 한다. 하지만 계속 전진하기 위해서는 이 장에 대한 완전한 이해가 절대적으로 필요한 만큼 꼭 소화를 시키고 넘어가도록 하자.

현재가치를 계산한다는 것은 미래의 어떤 돈이 현재시점 혹은 특정시점기준으로 어느 정도 가치가 있는지를 계산하고자 하는 것이다. 예를 들어 5년 후에 나에게 누가 100만원을 준다고 약속하면 지금 시점의 가치로 판단했을 때 얼마라고 봐야 하는지, 그리고 다른 말로 표현하면 이 미래의 돈을 지금 시점의 돈 얼마와 맞교환 했을 때 적절한 건지를 알아보고자 하는 것이다. 상식적으로 5년 후에 100만원을 줄까 아니면 지금 100만원을 줄까 물어봤을 때 5년 후에 달라고 하는 사람은 별로 없을 것이고 더구나 은행에서 5년 후에 100만원을 갚는 조건으로 지금 100만원을 주겠다고 할 리는 만무하다.

투자라는 측면에서 바라보면 현재가치는 이미 배운 원리금합계를 계산하는 과정과 정반대의 위치에 있다. 원리금합계는 지금의 100만원이 5년 혹은 10년 후에 얼마가 될 것인가를 계산해보는 것이고 현재가치 계산은 지금 얼마를 투자(저축)하면 5년 혹은 10년 후에 100만원을 만들 수 있을까를 알아보는 것인데 이 때 지금 저축(투자)해야 할 금액이 바로 5년 혹은 10년 후 100만원의 현재가치(현가)가 되는 것이다. 물론 시간대가 서로 다른 돈에 대해 각 개인이 느끼는 가치는 서로 다르겠지만.

예를 들어 5년 후 100만원의 현재가치가 80만원이라고 한다면 이 두 가지 시간대의 돈은 서로 상등(equivalent)하다고 말하는데 시간대가 서로 다른 두 가지 돈의 가치가 서로 상등하다고 말할 수 있는 것은 이자 자체가 나 자신의 특별한 노력 없이 생성되기 때문이라고 말할 수 있을 것이다.

1. 현재가치의 개념과 할인(present value and discounting)

먼저 현재가치(현가)의 개념을 정리해보자.

예를 들어 어떤 개인이나 기업 등이 자금을 차입하는 경우 이자율이 연 5%라고 하자. 그러면 먼저 지금 100만원을 차입할 경우 1년 후 원리금합계는 얼마인지 먼저 알아보자.

1) 개념정리

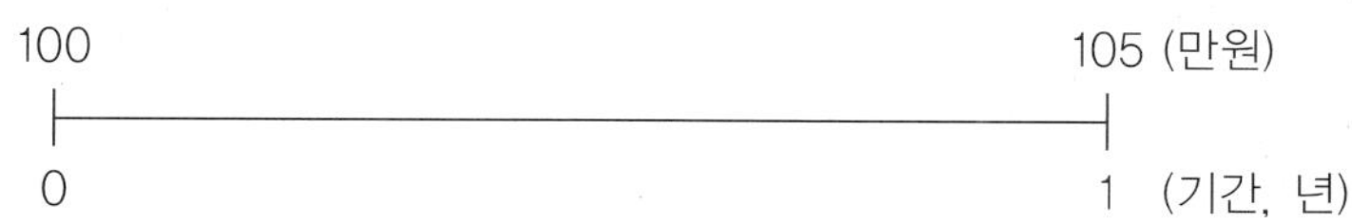

이자율이 5%인 경우 1년 후 원리금합계는 단리나 복리를 막론하고 $A(1) = 100(1+0.05) = 105$만원이다. 그렇다면 100만원과 105만원의 관계는 어떻게 되는가?

105만원은 원금 100만원에 이자가 5만원 가산된 것이다. 그렇다면 1년 후 5만원의 공돈이 생겼으므로 대부분의 돈을 빌려준 사람들은 기뻐할까? 그렇지 않다. 그리고 그 이유에 대해서는 우리가 이자의 개념을 설명하는 과정에서 이미 설명한 바 있다. 반복해서 다시 말하자면 이 1년 동안에 돈을 빌려준 사람은 소비를 포함한 돈의 사용자체를 억제해야 하고 아울러 물가의 상승이나 원금을 받지 못할 위험 등을 감수해야 한다. 따라서 5만원은 결코 공짜가 아니라 대가를 지불한 것이며 이에 따라 5%의 이자를 받고 돈을 빌려준 사람은 지금의 100만원과 1년 후 100만원이 그 가치 측면에서 별 차이가 없다고 생각한다. 이러한 경우를 두고 두 시간대의 돈은 상등(equivalent)하다고 말하며 또한 1년 후 100만원의 지금 시점의 가치 혹은 현가는 100만원이라고 우리는 정의하는 것이다. 즉, 다시 정리하자면 105만원은 100만원의 미래가치 혹은 종가(원리금합계)이고 100만원은 1년 후 105만원의 현가로서 비록 숫자의 크기는 다르지만 두 가지 다른 시간대의 돈은 동일한 가치를 가지고 있는 것이다.

위에서 알아 본 현가의 개념은 다음과 같은 경우에도 적용될 수 있다. 예를 들어 어떤 기업의 10년 후 가치가 100억원 이라고 투자자들이 판단한다고 가정하자. 그리고 이 기업과 유사한 투자대상, 예를 들어 원금회수불능 리스크(risk) 등 측면, 에 투자하는 경우 현재의 자금시장에서는 연간 8%정도의 투자수익률을 요구한다고 가정하자. 그렇다면 이 기업의 지금 시점의 가치는 얼마일까라는 질문을 던질 수가 있는데 이 때 바로 현가의 개념이 동원될 수 있는 것이다.

그럼 조금 더 긴 시간대를 통해 현가의 의미를 알아보자.

동일한 5%(복리) 이자율을 가정하는 경우 1년~5년 후의 원리금 합계는 다음의 그림과 같다. 즉, $A(2)=(1+0.05)^2=110.2$만원, $A(3)=(1+0.05)^3=115.8$만원, $A(4)=(1+0.05)^4=121.6$만원, $A(5)=(1+0.05)^5=127.6$만원이 된다.

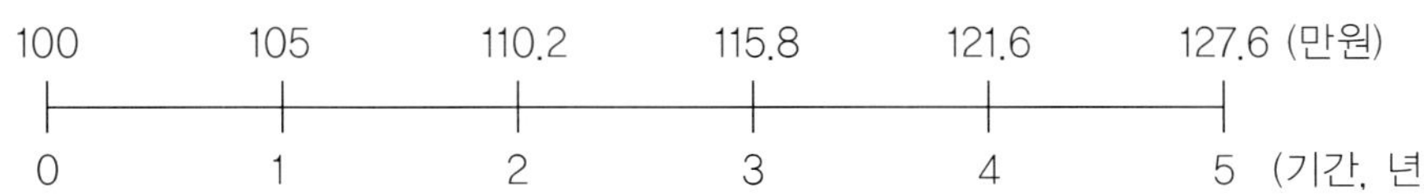

이 경우 이 5개의 숫자는 미래가치로 표기되어 비록 크기가 각각 다르지만 그 가치는 동일하다고 말할 수 있으며 0시점에서 평가한 현재가치는 모두 100만원이 된다. 그렇다면 5년 후 127.6만원의 2년 시점에서의 가치(혹은 2년 시점에서의 현가)는 얼마인가? 당연히 110.2만원이 될 것이다. 왜냐하면 2년 후 110.2만원은 그 후 3년 후에 127.6만원이 될 것이기 때문이다. 즉, $110.2(1+0.05)^3=110.2(115.8)=127.6$만원이 된다.

2) 현가함수와 할인율

이제 수식을 사용하여 위의 내용들을 정리해보자.

위에서 본 바 $A(1)=105=100(1+0.05)$일 때 105만원은 100만원의 종가, 100만원은 1년 후 105만원의 0시점에서의 현가라고 불렀다. 그러면 100은 이 식에서 어떤 방식으로 도출될 수 있을까? 식을 보면 100은 105을 $(1+0.05)$로 나누는 경우 구할 수 있음을 알 수 있다. 이처럼 현재가치란 원금을 미래 원리금합계(종가, 미래가치)로 만드는 역할을 했던 $(1+0.05)$로 나누어 줌으로써 구할 수 있음을 알 수 있었다.

1기간(년)뿐만 아니라 장기간에 걸치는 경우에 있어 현재가치를 계산하는데 사용되는 수식은 현가함수(discount function)이라고 부른다. 이것은 현가를 산출하기 하기 위한 함수를 의미하며 위에서 본 것처럼 미래가치를 계산하는데 사용되었던 부분을 역수로 만들어 놓은 것이다.

구체적으로 보면 먼저 단리의 경우 현가함수는 다음과 같다.

$$a^{-1}(t) = \frac{1}{1 + it}$$

그리고 복리의 경우 현가함수는

$$a^{-1}(t) = \frac{1}{(1 + i)^t}$$

이다. 각각의 현가함수는 단위종가함수의 분모와 분자가 서로 바뀐 역수임을 알 수 있으며 이자율이 0보다 큰 이상 현가함수는 항상 1 보다 작다. 그리고 보험계리에서는 $(1+i)$ 를 종가율(accumulation factor)로, $1/(1+i)$은 현가율(discount factor)로 부르는데 v로 표기한다. 즉,

$$v = \frac{1}{1 + i}$$

이다.

할인(discounting)에 대해 알아보자. 위에서 본 바와 같이 이자율이 마이너스가 되지 않는 이상 비록 종가와 현가가 가치 측면에서는 상등하다고 하더라도 이자로 말미암아 종가는 현가보다 항상 숫자상 크다. 따라서 종가에 1보다 작은 현가함수를 적용하여(곱하여) 현가를 구하는 것은 종가보다 적은 숫자를 구하는 과정이기 때문에 이것을 할인이라고 부른다.

한편 미래 현금흐름의 현재가치를 계산하는 과정에서 흔히 사용하는 할인율이라는 이름은 현가함수내의 i를 의미한다. 기본적으로 할인율은 종가함수의 이자율과 동일한 개념이며 통상적으로 현가를 구할 때 쓰이게 되면 할인율, 종가(원리금합계)를 구하는데 쓰이게 되면 이자율이라 불리게 된다.

2. 현재가치의 계산사례

이제 다양한 문제들을 풀어봄으로써 현가를 확실히 이해하도록 하자.

문제 1 (앞으로 특별한 언급이 없는 이상 복리를 가정한다) 5년 후 1,000만원의 지금 시점의 가치는 얼마인가? 단, 이 돈에 대한 적절한 이자율(할인율)은 연 7%를 가정한다.

풀이) 먼저 현가율은 $\frac{1}{(1+0.07)^5}$이다. 따라서

$$1,000\frac{1}{(1+0.07)^5}=1,000\frac{1}{1.403}=712.76\text{만원}$$

위 문제는 다른 방식으로 표현할 수 있다. 즉, 이자율이 연 7%일 때 지금 x원이 5년 후에 1,000만원이 된다면 이 때 x는 얼마인가 하는 것이다. 수식으로 표현하면

$$x(1+0.07)^5=1,000\text{만원}$$

이고 이것을 다시 정리하면

$$x=\frac{1,000}{(1+0.07)^5}=71.276\text{만원}$$

문제 2 이자가 한 달에 1%씩 적용된다고 가정할 때 8개월 후 100만원이 내 통장에 적립되도록 하기 위해서는 지금 얼마를 저축하여야 할까?

풀이) 이것은 8개월 후 100만원의 지금 시점의 현가를 구하라는 문제와도 같다. 즉, 소요 저축금액을 x라고 가정하면 $x(1+0.01)^8=100$만원 이라는 것이다. 따라서 $x=\frac{100}{(1+0.01)^8}=100\times(1+0.01)^{-8}=100\times0.923=92.3$만원이다.

문제 3 이번에는 1장에서 언급된 문제를 풀어보도록 하자. 반복하자면 나에게 다음과 같은 두 가지 선택이 주어졌다고 했을 때 어느 것이 더 유리할까 하는 문제다. 선택 *A*는 지금 당장 백만원과 3년 후 백만원을 받는 것이고 선택 *B*는 1년 후 백만원을 받고 2년 후 백만원을 받는 것이다.

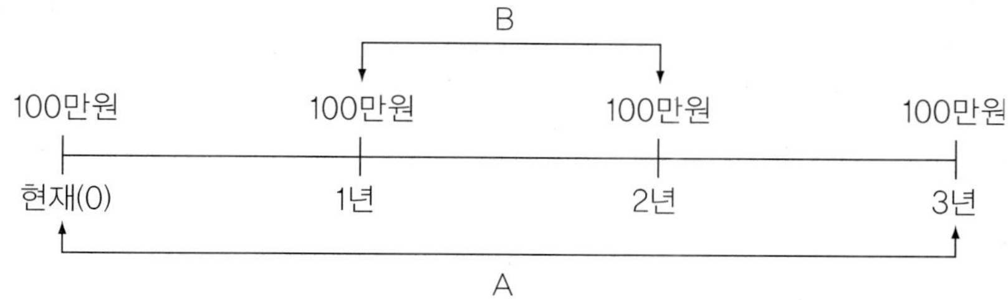

풀이) 이 문제는 서로 다른 시간대에 걸쳐있는 *A*와 *B*의 돈의 가치를 따져보는 문제이다. 우선 그림의 0시점을 기준으로 돈의 가치를 계산해보자. 이자율이 얼마이든 관계없이 결과는 동일한데 먼저 이자율이 복리 연 5%로서 비교기간 내내 변함이 없다라고 가정하면 *A*의 경우 0시점의 100만원의 현가는 $100(1+0.05)^0=100\times1=100$만원이다. 3년 후 시점의 100만원의 현가는 $100(1+0.05)^{-3}$ $\left(\text{혹은 } \frac{100}{(1+0.05)^3}\right)=100\times0.864=86.4$만원이다. 따라서 두 개를 더하면 선택 *A*의 0시점의 가치는 186.4만원이다.

다음으로 *B*의 경우 1년 후 100만원의 0시점의 현가는 $100\text{만}(1+0.05)^{-1}=100\text{만}\times0.952=95.2$만원 이다. 마찬가지로 2년 후 100만원의 0시점 현가는 $100(1+0.05)^{-2}=100\times0.907=90.7$만원이다. 따라서 선택 0시점에서의 현가는 $95.2+90.7=185.9$만원 이다. 결국 돈을 받는 사람의 입장에서는 선택 *A*가 돈의 가치 측면에서는 더 유리하다는 결론이 나온다. 참고로 이자율을 7%로 가정하면 선택 *A*는 $100+81.6=181.6$만원, 선택 *B*는 $93.5+87.3=180.8$만원으로서 여전히 *A*가 유리함을 확인할 수 있는데 이자율이 커질수록 *A*가 상대적으로 더 유리해짐을 알 수 있다.

그런데 이 문제를 푸는데 있어 기준시점을 0시점으로 할 필요는 없으며 어디를 기준시점으로 잡던지 *A*, *B*간 우열여부는 동일하다. 독자는 1, 2, 3 각각의 시점에서의 가치를 비교해볼 필요가 있는데 계산시점이 뒤로 갈수록 현가가 아닌 종가가 더 많이 필요해진다.

이러한 문제에 대한 이해는 이후에도 매우 중요한 만큼 실제 계산을 하나 더 해보자. 예를 들어 2년 후 시점을 기준으로 두 가지 선택을 비교해보자. 이자율을 5%로 가정할 때 먼저 A의 경우 0시점의 100만원은 2년 후 $100(1+0.05)^2=110.2$만원이 되고 3년 후 시점의 100만원은 2년 후 시점에서 $100(1+0.05)^{-1}=95.2$만원이 되어 합계 205.4만원이 된다. 한편 B의 경우 1년 후 100만원은 2년 후 시점에서 $100(1+0.05)^1=105$만원이 되고 2년 후 100만원은 $100(1+0.05)^0=100$만원이 되어 합계 205만원이 된다. 여전히 A가 유리하고 이번에는 둘 사이에 약 0.4만원의 차이가 있음을 알 수 있다.

3. 실효할인율(effective rate of discount)

이제 실효할인율에 대해 알아보자.

일반 보험계리 교재에서는 실효할인율에 대해 상당히 복잡하게 설명하는 경향이 있어 독자를 상당히 혼돈스럽게 만들기도 한다. 하지만 따지고 보면 담고 있는 실제 내용은 매우 간단하다.

한 마디로 표현하자면 실효할인율은 현실생활에서 가끔 볼 수 있는 선이자라는 용어와 관련이 있다. 예를 들어 어떤 사람이 다음 그림과 같이 돈을 100만원 빌려주면서 1년치 이자의 명목으로 10만원을 미리 떼고 90만원을 빌려 준 다음 1년 후에 빌린 돈 100만원을 갚도록 했다고 하자.

이러한 경우 두 사람 사이에 일반적인 금융거래가 아닌 새로운 거래가 발생했다고 볼 수 있다. 따라서 이것을 나타내줄 수 있는 새로운 용어가 필요한데 이것이 바로 실효할인율인 것이다. 실효할인율(d_n)의 구체적 정의는 다음과 같다.

$$d_n = \frac{A(n) - A(n-1)}{A(n)} = \frac{I_n}{A(n)} = \frac{10}{100} = 0.1 \ \ (10\%)$$

즉, 이 수식에 의하는 경우 실효할인율은 10%가 되어 얼핏 실효이자율하고 혼동되게 하지만 아래에서 보는 바와 같이 실효이자율과는 완전히 다르다.

실효할인율이란 기본적으로 이자의 선지급이라는 새로운 형태의 금융거래를 상정하여 도입한 개념으로 보여진다. 실효이자율을 나타내는 수식과는 분모가 다르게 되어있는데 이렇게 함으로써 이자의 선지급이라는 두 사람 사이의 새로운 거래관계를 보다 명확하게 표현하도록 만들었다고도 볼 수 있다.

그런데 중요한 것은 이 경우 빌린 사람에게 적용된 이자율은 과연 몇 퍼센트일까 하는 것이다. 얼른 생각하면 10/100=0.1 즉, 10%라고 말할 수 있겠지만 우리가 이전에 배운 이자율의 개념을 적용하는 경우 그렇지 않다는 것을 쉽게 발견할 수 있다. 그러면 실제로 적용된 실효이자율은 얼마인가? 먼저 이미 배운 이자율의 개념을 상기해보면 다음과 같다.

$$i_n = \frac{A(n) - A(n-1)}{A(n-1)} = \frac{I_n}{A(n-1)}$$

그러므로 $$i_1 = \frac{A(1) - A(0)}{A(0)} = \frac{100 - 90}{90} = 0.111 \ \ (11.1\%)$$

즉, 이자율은 10%가 아니라 11.1%인 것을 알 수 있는데 이것은 실제로 빌려준 돈이 100만원이 아니라 90만원이기 때문이다.

보험계리학 교재에서는 종종 i와 d의 관계에 대해 언급하는 내용이 나오는데 위에서 언급한 이자율의 개념을 이해하고 있다면 그 관계는 명료하다.

$$i = \frac{d}{1-d}$$

즉, 이자율이란 자금차용의 대가로 지급된 돈(d)을 분자로 그리고 처음에 실제 빌린 돈($1-d$)을 분모로 하기 때문이다.

문제 1 10,000원의 원금에 대해 단리는 연 7%, 복리는 연 6%의 이자율이 적용된다면 7년 후의 원리금 차이는 얼마인가?

풀이) 단리 연 7%의 이자율이 적용되는 경우 7년 후 원리금합계 혹은 종가는

$$10,000(1+0.07\times7)=10,000(1.49)=14,900\text{원}$$

다음으로 복리 연 6%의 이자율이 적용되는 경우는

$$10,000(1+0.06)^{7}=10,000(1.5036)=15,036\text{원}$$

따라서 원리금차이는 (15,036 − 14,900) = 136원이며 비록 이자율은 단리가 높지만 원리금합계는 복리의 경우가 더 큰 것을 알 수 있다.

문제 2 은행 대출자금 x원에 대한 총상환금이 1,628.9만원이라는 통보를 받았다. 대출자금이 1,000만원이고 대출기간이 10년이라면 연간 적용된 이자율은 얼마인가?

풀이) 식으로 정리하면

$$1,000(1+x)^{10}=1,628.9$$

엑셀이나 재무계산기 혹은 직접 숫자를 대입해보는 시행착오법에 의해 풀어보면 x는 약 0.05임을 알 수 있다. 만일 수학적인 방법을 동원한다면 양쪽에 로그를 취한 다음 x 값을 구할 수도 있을 것이다.

문제 3 4년 후 총 500만원의 자금을 만들고자 한다. 이를 위해 지금 당장 100만원을 적립하고 1년 후 100만원을 적립하고 이어서 3년 후에 또 한번 적립한다면 필요한 적립금액은 얼마인가? 단 이자율은 연간 7%가 적용되는 것으로 가정한다.

풀이) 이것을 그림으로 먼저 표현하면 다음과 같다.

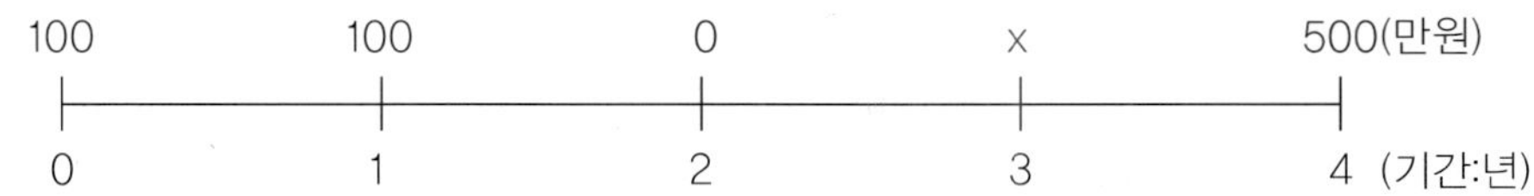

$100(1+0.07)^4+100(1+0.07)^3+x(1+0.07)^1=500$

$100(1.3108)+100(1.2250)+1.07x=500 \quad 1.07x=246.42 \quad \therefore x=230.30$

즉, 230.30만원의 적립금이 필요하다.

문제 4 지금부터 만 3년 후와 만 5년 후에 각각 100만원과 200만원을 받기로 하였다. 만일 이 돈을 지금 시점에서 일시금으로 받는다고 하면 얼마가 적당할까? 단 이 거래에 있어 적절한 할인율은 연 8%로 가정한다.

여기서 할인율이란 위에서 알아본 바와 같이 향후 인플레이션율이나 이 돈을 못 받을 가능성에 근거한 리스크 프리미엄(risk premium) 등이 고려되어 미래의 돈의 가치를 할인하는데 사용되는 숫자임을 상기하자.

풀이) 먼저 그림으로 보면 다음과 같다.

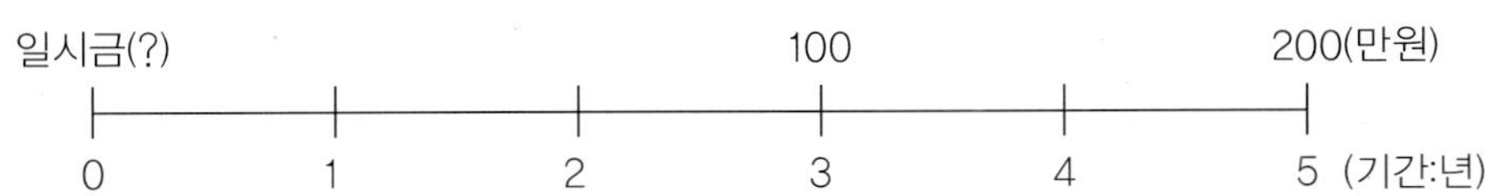

수식으로 나타내면

$$100(1+0.08)^{-3}+200(1+0.08)^{-5}=100(0.7938)+200(0.6806)$$
$$=79.38+136.12=215.5$$

즉, 지금 시점에서 일시금으로 받는다면 215.5만원이 적절한 금액이다. 이 말은 비록 미래에 총 300만원(100+200)의 돈을 받게 되지만 이 돈들은 지금 시점의 가치(현재가치)로 평가할 때 215.5만원에 불과하다는 것을 의미한다.

문제 5 다음의 그림과 같이 2년 후와 4년 후에 각각 200만원씩의 현금흐름이 발생한다고 가정할 때 3년 후의 시점에서 이 돈들의 가치를 합산하여 평가하면 얼마인가? 단 적정 이자율(할인율)은 연간 5%라고 간주한다.

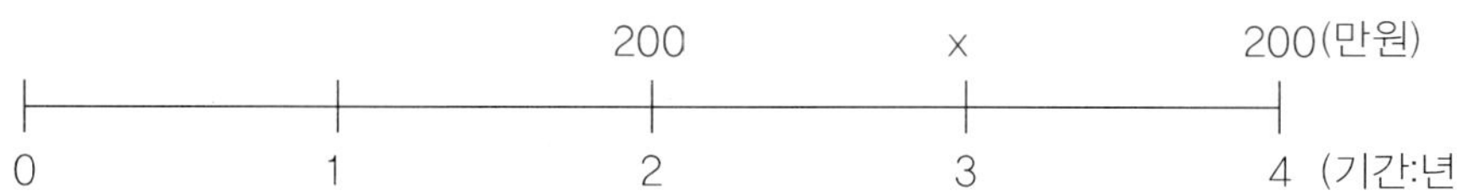

풀이) 2년 후의 200만원의 경우 그 시점에서 1년 후의 미래가치를, 그리고 4년 후의 200만원은 그 시점 기준 1년 전의 (현재)가치를 구해서 더해줘야 한다.

$$200(1+0.05)^1+200(1+0.05)^{-1}=200(1.05)+200(0.9524)$$
$$=210+190.48=400.48\text{만원}$$

문제 6 위의 문제 5)와 동일한 가정 하에서 이 현금흐름을 0시점의 가치로 환산하시오.

풀이) 2시점과 4시점의 돈을 각각 0시점의 가치로 환산하여 더해도 되고 아니면 3시점에서의 돈의 가치를 0시점으로 가치로 환산(할인)해주면 된다. 후자를 택하는 경우

$$400.48(1+0.05)^{-3}=400.48(0.8638)=345.95\text{만원}$$

문제 7 어떤 프로젝트의 경우 2년, 3년, 4년 후에 각각 1천만원, 2천만원, 3천만원의 순수익이 발생한다고 한다. 만일 초기에 투자된 자산이 4년 후에 그 가치가 1천만원이라고 가정한다면 0시점에서의 초기투자가 얼마일 때 이 프로젝트의 가치가 0이 되는가? 단 이 프로젝트의 현금흐름에 있어 적절한 할인율(이자율)은 연 7%로 가정한다.

풀이) 이 프로젝트의 경우 시점을 달리하여 모두 7천만원(1+2+3+1)의 플러스 현금흐름(순수익)이 발생하며 만일 이 현금흐름의 현재가치와 0시점에서의 투자자금이 일치한다면 이 프로젝트의 가치는 0이 될 것이다.

따라서 먼저 각각의 현금흐름들의 0시점에서의 현재가치를 계산해보면

$$1{,}000(1+0.07)^{-2}+2{,}000(1+0.07)^{-3}+3{,}000(1+0.07)^{-4}$$
$$+1{,}000(1+0.07)^{-4}=1{,}000(0.8734)+2{,}000(0.8163)+3{,}000(0.7629)+$$
$$1{,}000(0.7629)=873.4+1{,}632.6+2{,}288.7+762.9=5{,}557.6\text{만원}$$

즉, 초기 투자자금이 5,557.6만원일 경우 이 프로젝트의 가치는 0이 된다.

Part 2

명목이자율과 실효이자율

제1장 명목이자율과 실효이자율의 개념

들어가기에 앞서

지금까지는 이자율이 매기간 단위(1년, 1달 혹은 1일)당 이자율이 주어지고 또한 이자는 이 기간 동안 한 번 계산되는 것으로 가정하였다. 예를 들면 1달(년) 동안 적용되는 이자율이 얼마이고 매달(년) 1번 이자가 계산된다는 가정을 하였다.

그러나 은행거래와 같은 실제 경제생활에서는 이자가 1년에 한 번 혹은 1달에 한 번 계산되는 경우는 오히려 드물고 매일 이자가 계산되는 경우가 많은데 특히 은행에서 대출을 받는 경우가 그러하다. 한편 은행 등에서는 상품을 소개하는 안내문 같은 데에서 이자율을 공시할 때 연이율 몇 % 이런 식으로 공지한다. 이 때 연이율 몇 %라고 하는 것은 이른바 명목이자율(nominal rate of interest), 즉 1년에 이자가 한 번 적용될 경우의 (명목상)이자율이며 이자가 1년에 1번 이상 계산되는 경우 실제로 적용된 이자율 이른바 실효이자율과 명목이자율은 그 크기가 서로 달라지게 된다.

이 장에서는 기간 단위의 명목이자율이 주어진 상태에서 이자계산회수가 이 기간 단위보다 잦거나 혹은 반대로 그렇지 않은 경우 실제로 적용된 이자율 이른바 상응(equivalent)하는 실효(effective)이자율은 얼마인가 하는 것을 알아보고자 한다. 이것은 우리가 실제 생활에서 경험하는 것으로서 향후 이자론 공부에서 지속적으로 등장하는 만큼 완전히 이해하고 넘어가야 한다.

1. 명목이자율과 실효이자율의 비교

먼저 단어의 개념부터 정의해보자.

위에서 배운 실효이자율(effective rate of interest)은 이자가 기간단위(1달, 1년 혹은 하루)당 이자가 한 번 계산되는 경우의 이자율을 말한다. 즉, 1년 이자율이 10%라고 할 때 이자가 1년에 한 번 계산된다고 하면 이때의 10%는 실효이자율이 되고 이에 따라 만일 100만원을 빌린 경우라면 1년 후에 110만원을 갚으면 된다.

그러나 만일 이자가 계산되는 횟수가 1년에 한 번이 아니라 2번 이상이라면 이때 10%는 실효이자율이 아니다. 이 경우 우리는 이 10%를 명목이자율(nominal rate of interest)라고 부르는데 왜냐하면 실제로 1년 동안 부과된 이자율은 10%가 아니기 때문이다.

아래에서는 기간 단위당 명목이자율이 주어진 상태에서 이자계산이 그 기간 단위보다 잦은 경우 실제로 적용된 이자율은 얼마인지를 알아보고자 한다. 다른 말로 표현하자면 주어진 명목이자율과 상응(equivalent)하는 실효이자율은 얼마인지를 알고자 하는 것이다.

다음의 예를 보자.

은행에서 어떤 대출상품에 대해 1년 이자율을 8%로 공지하되 이자가 1년에 두 번 계산된다고 하면 이 경우 1년 동안 실제로 적용된 이자율 혹은 1년에 한 번 이자를 계산하는 경우의 이른바 실효이자율은 얼마일까? 결론부터 말하자면 실효이자율은 주어진 명목이자율보다 다소 큰데 그 이유는 이자가 자주 계산되기 때문에 이자에 이자가 붙는 복리의 성격상 원리금의 크기를 좀 더 키우는 결과를 낳기 때문이다.

그림 2-1을 통해 이 문제를 이해해보자.

그림 2-1

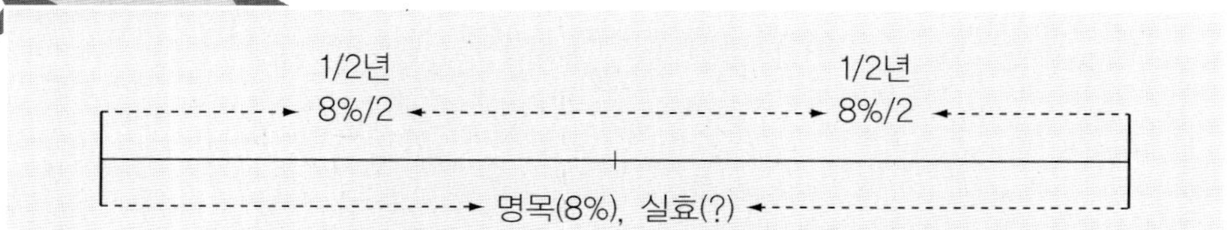

그림 2-1에서 보는 바와 같이 이자를 1년에 두 번 계산한다는 말은 1년을 두 번으로 나누어 1/2년당 0.08/2=0.04 즉, 4%의 이자율을 적용하겠다는 뜻이다. 이 말에 대해 처음에 의아해할 수도 있는데 이것은 차입자와 대출자 서로 간에 이미 약속된 것으로서 금융거래상 정해진 언어인 만큼 그냥 그 말 그대로 받아드리면 된다.

이 경우 돈의 흐름을 알아보자. 예를 들어 100만원을 빌렸다면 1/2년이 지난 후 원리금 합계는 $100(1+0.04)^1=104$만원이다. 그리고 다시 한번 1/2년이 경과한 시점, 즉 1년 후의 원리금 합계는 $104(1+0.04)^1$ 혹은 $100(1+0.04)^2=108.2$만원이 된다.

자 그렇다면 1년 동안 실제로 지불한 이자액은 얼마이며 또한 연간 실효이자율은 얼마인가? 실제 지불한 이자액은 108.2-100=8.2만원이고 연간 실효이자율은 0.082(8.2/100)이 될 것이다. 즉, 처음에 주어진 명목이자율 8%보다 다소 높음을 알 수 있는데 이것은 중간에 이자가 한 번 더 계산됨으로써 이자에 이자가 가산되었기 때문이다. 그리고 우리는 1년에 이자가 2번 계산되는 8%의 명목이자율에 상응하는 실효이자율이 8.2%라고 말하게 된다.

이러한 계산방식은 이자가 1년에 4번, 100번, 365번 계산되어도 마찬가지로 적용이 된다. 예를 들어 이자가 4번 계산되는 경우 1기간당 이자율은 0.08/4=0.02가 된다. 그리고 매일 계산되는 경우 1년을 365일이라 가정하면 하루당 이자율은 0.08/365가 되며 1년 후 원리금합계는 100만$\left(1+\frac{0.08}{365}\right)^{365}$는 약 108.327만원이 되고 연간 실효이자율은 당연히 8.327%가 된다.

위의 내용들을 정리하여 수식으로 표현하면 다음과 같다. 만일 원금이 k, 어떤 한 기간(예 1년, 혹은 1달) 동안 명목이자율이 i, 명목이자율이 주어진 기간 동안 이자율이 계산되는 혹은 이자가 부과되는 횟수를 m이라고 한다면 n 기간 후 원리금합계 $A(n)$은 다음과 같다.

$$A(n)=k\left(1+\frac{i}{m}\right)^{mn}$$

2. 수식을 통한 실효이자율 구하기

먼저 명목이자율에 대한 보험계리 기호는 $i^{(m)}$ 이다. 여기서 m은 매기간 단위(1년, 1개월, 하루)당 이자율이 계산되는 횟수를 의미한다.

그러므로 위에서 본 바와 같이 이자가 계산되는 매1단위 기간마다 적용되는 이자율은 $i^{(m)}/m$이 되는데 예를 들어 1년 명목이자율이 8%이고 이자가 4번 즉, 분기당 한 번씩 계산된다고 한다면 매분기당 적용되는 이자율(실효이자율이라고 할 수 있음)은 8%/4=2%이다. 이제 명목이자율에 상응하는 실효이자율을 구해야 하는데 이것은 다음과 같은 수식을 통해 우회적으로 구하게 된다.

$$1+i=\left[1+\frac{i^{(m)}}{m}\right]^{m}$$

'=' 기호를 중간에 두고 있는 이 방정식의 의미를 알아보자. 먼저 이 식에서 우리가 구하고자 하는 실효이자율은 i이다. 그리고 식의 양 쪽 모두 1원의 원금에 대해 명목이자율이 주어진 기간이 만료되는 시점의 원리금합계를 나타내고 있다. 예를 들어 1년에 대한 명목이자율이 주어졌다면 왼쪽은 원금 1원과 이 돈에 대한 1년 동안의 이자(혹은 이자율) i를 나타내고 있고 오른쪽 식은 동일한 원금 1원을 대상으로 하여 몇 번의 이자율계산이 이루어진 후의 원리금합계를 나타내고 있다. 따라서 이 방정식은 오른쪽 식에서 원금 1원 외에 추가된 부분이 있는 경우 이것을 1년 전체의 실효이자율 i로서 간단히 정리할 수 있도록 만드는 것이다.

바로 위 문장에서 언급한 예를 통해 구체적으로 계산해보자. 만일 분기당 이자율이 2%이고 1년 동안 4번 이자가 계산된다면 먼저 1분기 후 원리금합계는 $1\times(1+0.02)^1=1.02$원이다. 2분기 후는 $1.02\times(1+0.02)^1=1.04$원, 3분기 후는 $1.04\times(1+0.02)^1=1.061$원, 그리고 4분기, 즉 1년이 경과 후 1원은 $1\times(1+0.02)^4=1.082$원이 된다. 즉, 4분기 동안 원금 1원에 대해 0.082원의 이자가 붙은 것이다. 수식으로 나타내면

$$1+i=\left[1+\frac{0.08}{4}\right]^4=1.082 \qquad \therefore i=1.082-1=0.082\ \ (8.2\%)$$

그림 2-2

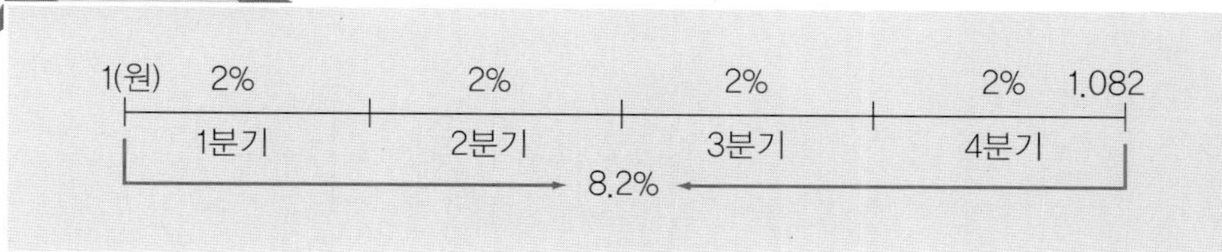

원금 1원에 대해 1년 후 원리금 합계가 1.082원이 되었다는 것은 원금 1원에 대해 1년 동안 모두 8.2%의 이자율이 적용되었다는 것과 동일한 의미이다. 즉, 명목이자율이 8%이고 4번에 걸쳐 이자가 계산된다는 것은 1년 전체에 대해 8.2%의 (실효)이자율이 적용되는 것과 서로 상등하다는 것이다.

3. 서로 상등(equivalent)한 명목이자율 구하기

위의 내용들을 제대로 이해했는지 여부를 확인하기 위해서 다음의 문제를 풀어보기 바란다.

문 연간 $i^{(12)}=0.12$ 일 때 이것과 상등(equivalent)한 $i^{(2)}$는?

이 말은 명목이자율이 비록 서로 다르지만 일정기간 후에 나타나는 결과 즉, $i^{(12)}$와 원리금합계가 같아지는 명목이자율 $i^{(2)}$가 얼마인지를 묻고 있는 것이다. 그럼 이 문제를 풀어보자.

풀이) 먼저 $i^{(12)}=0.12$라는 말은 명목이자율이 연간 12%이고 1년에 12번 이자가 계산된다는 말이다. 다음으로 $i^{(2)}$는 연간 명목이자율은 모르지만 1년에 이자가 두 번 계산된다는 것을 의미한다. 그런데 두 개가 상등하기 위해서는 1년 후 원리금합계가 같거나 혹은 이자가 가지는 힘이 같을 것을 요구한다. 왜냐하면 원금자체는 변하지 않기 때문이다. 이것은 결국 다른 말로 표현하면 두 개의 명목이자율이 동일한 실효이자율이 되어야 한다는 것이다. 즉 i를 연간 실효이자율로 가정할 때 원금 1원에 대한 원리금 합계는 어느 이자율을 사용하든지 동일해야 하는 것이다. 즉, 수식으로 표현하면

$$1+i=\left[1+\frac{0.12}{12}\right]^{12}=\left[1+\frac{i^{(2)}}{2}\right]^{2}$$

을 의미한다.

이 문제를 푸는 방법은 두 개의 명목이자율을 연결하는 실효이자율 i를 먼저 구한 다음 $i^{(2)}$를 구하거나 아니면 위 식의 오른쪽 두 부분을 통해 직접 구할 수도 있을 것이다. 계산결과 실효이자율 $i=0.1268$이고 이어서

$$1+0.1268=\left[1+\frac{i^{(2)}}{2}\right]^{2},\qquad \sqrt{1.1268}=\left[1+\frac{i^{(2)}}{2}\right],\qquad \therefore i^{(2)}=0.123\ \ (12.3\%)$$

즉, 일년에 이자가 두 번 계산되는 경우의 상등한 명목이자율은 12.3%가 된다. 여기서 우리가 주목할 사실은

$i=0.1268>i^{(2)}=0.123>i^{(12)}=0.12$이다. 즉, 세 개가 서로 상등한 이자율이지만 이자가 자주 계산될수록 이자율 숫자가 작아진다는 것이다. 이것은 이자율의 숫자가 작아도 이자가 자주 계산되는 경우 이자의 힘이 커져서 서로 상쇄한다는 것을 의미한다.

이 즈음에서 궁금해지는 것이 하나 있을 수 있다. 그렇다면 만일 이자가 하루에 한 번도 아니고 매초 아니 그 이상으로 늘어나서 끊임없이 계산된다면 이 때의 실효이자율은 어떻게 될까 하는 것이다.

이러한 경우 위에서 배운 수식을 그대로 옮겨 적어보면 다음과 같다.

$1+i=\left[1+\frac{i^{(m)}}{m}\right]^{m}$ 그런데 여기서 한 가지 달라지는 것은 이제 이 ∞로 커진다는 것이다. 즉, 수학적으로 표현할 때

$\lim_{m \to \infty}\left(1+\frac{i^{(m)}}{m}\right)^m$ 이고 이 식의 답은 $e^{i^{(m)}}$ 로 되어있다.(수학교재 참조 필요)

예를 들어보자. 명목이자율이 바로 위의 예와 같이 12%이고 이자가 끊임없이 계산된다면 이 경우 실효이자율은 다음과 같다.

$$1+i = \lim_{m \to \infty}\left(1+\frac{0.12}{m}\right)^m = e^{0.12} = 1.1274 \qquad \therefore i = 0.1274 \ \ (12.74\%)$$

즉, 이자가 아무리 자주 계산되어도 명목이자율이 12%라면 그 실효이자율은 12.74%를 넘지 못한다는 것을 보여주고 있다.

제2장 명목이자율과 실효이자율 계산사례

들어가기에 앞서

앞의 1장에서 명목이자율과 실효이자율의 개념에 대해 알아보았다. 이번 장에서는 다양한 문제들을 통해 이 두 가지의 관계를 직접 확인해보는 과정을 갖고자 한다. 어떤 문제든지 아무리 이해가 잘된 것처럼 보이더라도 반드시 문제를 푸는 과정을 통해 확실히 다져둘 필요가 있는데 이처럼 하나의 장을 만들어 계산사례를 따로 두는 이유는 명목이자율과 실효이자율에 대한 구체적인 이해의 중요성은 아무리 강조해도 지나치지 않기 때문이다.

1. 초급문제

문제 1 원금 100만원, 연간 명목이자율 12%, 이자는 매달 1번씩 계산되는 경우 5년 후 원리금합계는?

풀이)

$$100\left[1+\frac{0.12}{12}\right]^{12\times5} = 100\,[1+0.01]^{60} = 181.6\text{ 만원}$$

해설) 매달 1%의 이자율로 5년 동안 12×5=60번 이자가 부과가 됨

재무계산기 풀이

투자원금이 100만원이므로 『*PV* = 100.0000 CHS』을 입력한다. 여기에서 CHS를 입력하는 이유는 일반적으로 재무계산기 사용시 현금유출은 음(−)의 부호를 현금유입은 양(+)의 부호를 사용하는데 투자한 원금은 현금유출로 보아 음(−)의 부호 즉, CHS를 입력하는 것이다.

연간 명목이자율 12%는 매달 1번씩 계산되기 때문에 매달 적용되는 이자율은 12%/12=1%이다. 따라서 『*i*=12gi or 12 ↲12÷*i*』을 입력한다.

문제에서 주어진 기간은 5년이지만 실제로는 이자가 매달 1번씩 계산되기 때문에 이자가 적용되는 기간은 5×12=60개월이다. 따라서 『*n*=5gn or 5 ↲ 12×*n*』을 입력한다.

미래 원리금을 도출하는 문제이기 때문에 정답 도출을 위해 『FV』을 누르면 『181.6697 (181.6만원)』이 도출된다.

재무계산기 입력 방법

『100.0000 CHS PV, 12gi(=12 ↲12÷*i*), 5gn (=5 ↲12×*n*), *FV*= 181.6697 (181.6만원) 』

[TIP]

이 재무계산기 풀이는 『f4』을 눌러 소수점 4번째 자리까지 나오도록 설정한 상태로 풀이한 것이다. 위의 100만원을 입력할 때 실제로 『100.0000』을 입력하는 것이 아니라 『100』만 입력하면 자동으로 『100.0000』으로 입력된다.

소수점 자리의 설정은 『f』『소수점 자리 수』로 설정한다.

문제 2 위의 문 1)에서 연간 실효이자율을 구하라.

풀이)

$$1+i=\left[1+\frac{0.12}{12}\right]^{12}=[1.01]^{12}=1.126 \qquad \therefore i=0.1268\ (12.68\%)$$

해설) 이자가 매달 부과되는 관계로 연간 명목이자율 12%보다 높은 이자율 12.68%가 매년 실제로 적용된다고 볼 수 있음.

재무계산기 풀이

실효이자율 계산시 원칙적으로는 현재 투자원금을 1이라고 가정하기 때문에 『PV=1.0000 CHS』을 입력한다.

연간 적용되는 이자율은 『i=12gi or 12 ↵12÷i』을 입력한다.

여기에서 주의할 점은 전체 투자기간 동안의 실효이자율이 아닌 연간 즉, 1연간의 실효이자율을 구하는 문제이기 때문에 『n=1gn or 1 ↵12×n』 을 입력하는 것이다.

PV, i, n 입력 후 『FV』을 누르면 『1.1268』이 도출된다.

이것은 현재 1.0000을 투자하여(PV) 1년 후 1.1268(FV)을 얻는다는 의미이므로 연간 실효이자율은 『{(1.1268−1.0000)/1.0000}=0.1268』 즉, 『12.6825%』이다.

재무계산기 입력 방법

『1.0000 CHS PV, 12gi (=12 ↵12 ÷ *i*), 1gn (=1 ↵12 × *n*), *FV* = 1.1268 ↵1 − = 0.1268 ↵100 × = 12.6825% 』

[TIP]

실효이자율을 산출하고 그 산출한 이자율을 그대로 활용하여 풀어야 하는 문제일 경우 『*PV* = 100.0000 CHS』을 입력한다. 여기에 1.0000이 아닌 100.0000을 입력하는 이유는 『*f* FIN』키를 활용하여 문제를 풀기 위함인데 『*f* FIN』키의 활용은 다음 문제에서 설명하도록 하겠다.

문제 3 명목이자율이 아닌 실효이자율을 사용하여 문 1) 과 동일한 결과가 나오는지 여부를 확인하라.

풀이)

$$100\,[1 + 0.1268]^5 = 181.6 \text{ 만원}$$

해설) 연간 실효이자율이 12.68%이라는 말은 연간 이 이자율이 적용된다는 것을 의미함.

재무계산기 풀이

실효이자율을 산출하고 그 산출한 실효이자율을 그대로 활용하여 푸는 문제이기 때문에 『*PV* = 100.0000 CHS』을 입력한다. 『*i*』와 『*n*』은 위의 실효이자율을 계산할 때와 동일하게 입력하고 『*FV*』을 누르면 『112.6825』이 나온다. 이 값에서 최초 가정한 *PV*의 값 100.0000을 뺀다. 현재 112.6825가 보이는 상태에서 『?』을 입력하고 『100.0000』을 입력하고 『−』을 누르면 『12.6825』가 도출된다.

현재 100.0000을 투자하여(*PV*) 1년 후 112.6825(*FV*)을 얻는다는 의미이므로 연간 실효이자율은 『(112.6825－100.000)＝12.6825%』 이다.

여기에서 『*f* FIN』을 누르는데 *f* FIN은 현재의 화면에 보이는 수치를 제외한 저장된 모든 수치를 지우는 키이다. 즉 현재에 보이는 12.6825 외의 전에 입력된 100.0000 CHS PV, 12gi, 1gn, *FV*＝112.6825을 저장 장치에서 삭제하는 것이다.

현재 화면에 보이는 12.6825는 연간 실효이자율이기 때문에 『*i*』에 입력하고 투자원금 『*PV*＝100.0000 CHS』와 투자기간 『*n*＝5』(연간 실효이자율이 적용되기 때문에 투자기간은 5년)을 입력하고 『*FV*』을 누르면 『181.6697 (181.6만원)』이 도출된다.

재무계산기 입력 방법

『100.0000 CHS PV, 12gi(＝12 ↵12÷*i*), 1gn(＝1 ↵12×*n*), *FV*＝112.6825 ↵100－＝12.6825

f FIN *i*, 100.0000 CHS PV, 5n, *FV*＝181.6697 (181.6만원) 』

2. 중급문제

문제 1 은행에서 어떤 대출자금에 대한 이자율을 연 10%로 공시하고 있다. 그러나 은행은 실제 매일 이자를 계산한다면 오늘 빌리는 대출금 1,000만원에 대한 원리금합계는 2년(1년＝365일)후에 얼마가 되는가?

풀이)

$$1{,}000\left[1+\frac{0.1}{365}\right]^{365\times 2} = 1{,}000[1+0.000274]^{730} = 1{,}221.4\text{ 만원}$$

해설) 연 10%는 이른바 명목이자율이다.

재무계산기 풀이

투자원금이 1,000만원이므로 『PV=1000.0000 CHS』을 입력한다.

연 10%는 명목이자율이고 이자는 매일 계산되기 때문에 실제 적용되는 이자율은 10%/365≒0.027%이다. 따라서 『i=10 ↲365÷i』을 입력한다.

문제에서 주어진 기간은 2년이지만 실제로 이자는 매일 계산되기 때문에 이자가 적용되는 기간은 2×365=730일이다. 따라서 『n=2 ↲365×n』을 입력한다.

미래 원리금을 구하기 위해 『FV』을 누르면 『1221.3693』이 도출된다.

재무계산기 입력 방법

『1000.0000 CHS PV, 10 ↲365÷i, 2 ↲365×n,
FV=1221.3693(1,221.4만원) 』

[TIP]

초급문제 1번과 같은 패턴이지만 초급문제 1번에서는 『gi』나 『gn』을 사용하였고 이번 문제는 직접 수식을 넣은 이유는 『gi』나 『gn』는 명목이자율을 년에서 월로 환산할 때 사용하는 키 즉, 『gi』는 『 ↲12÷i』의 단축키이고 『gn』는 『 ↲12×n』의 단축키이기 때문이다.

문제 2 위의 예에서 원리금합계가 3,000만원이 되는데 까지 걸리는 시간은 얼마일까?

풀이)

$$1{,}000 \therefore \left[1 + \frac{0.1}{365}\right]^{X} = 3{,}000\text{ 만원}, \quad x = 4{,}010.48\text{일}$$

해설) 위의 식에서 x를 간단히 구할 수 있는 (로그함수 동원 등) 수학적 방법은 없다. 따라서 이것저것 대입해보거나 재무계산기 사용하기, 아니면 '엑셀' 프로그램의 '목표값 찾기' 기능을 이용하는 수 밖에 없다.

재무계산기 풀이

투자원금이 1,000만원이므로 『PV=1000.0000 CHS』을 입력하고 미래의 원리금 합계는 3,000만원이므로 『FV=3000.0000』을 입력한다.

여기에서는 부호(CHS)의 입력에 주의하여야 한다. 만약 PV와 FV에 같은 부호 즉, PV나 FV에 둘 다 CHS키를 입력하거나 둘 다 입력하지 않은 경우 『Error 5』가 발생한다. 현금유입과 유출에 따른 부호 입력에 신경쓰길 바란다.

연 10%는 명목이자율이고 이자는 매일 계산되기 때문에 실제 적용되는 이자율은 10%/365≒0.027%이다. 따라서 『i=10 ↲365÷i』을 입력한다.

투자기간을 구하기 위해 『n』을 누르면 『4011.0000』이 도출된다.

재무계산기 입력 방법

『1000.0000 CHS PV, 3000.0000 FV, 10 ↲365÷i, n=4011.0000 (4,011일) 』

[TIP]

정답이 4010.48이 아닌 4011.0000으로 도출되는 것은 HP 12c 계산기로 투자기간(n)을 구하는 경우 투자기간(n)은 계산기의 특성상 소수의 모든 자리를 반올림 하여 항상 정수로 표현되기 때문이다.

문제 3 1,000만원을 은행에서 대출 후 2년이 지나서 상환해야 할 금액이 1,500만원인 것으로 통보를 받았다. 매일 이자가 계산된다고 하면 그 동안 적용된 연간 명목이자율과 실효이자율은 각각 얼마일까?

풀이) 먼저 실효이자율을 구해보면

$$1,000[1+i]^2 = 1,500 \qquad [1+i]^2 = 1.5 \qquad 1+i = \sqrt{1.5}$$

$$1+i = 1.224 \qquad i = 0.224$$

다음으로 명목이자율을 구하는 방법은

$$\text{i)}\quad 1{,}000\left[1+\frac{x}{365}\right]^{365\times 2}=1{,}500\text{만원},\qquad \therefore x=0.2027$$

혹은

$$\text{ii)}\quad 1+i=\left[1+\frac{i^{(m)}}{m}\right]^{m}\ \text{즉}\quad 1+0.224=\left[1+\frac{i^{(365)}}{365}\right]^{365\times 2}$$ 를 통해 구할 수 있음.

해설) 문 2)와 마찬가지로 재무계산기나 엑셀 프로그램이 필요함.

재무계산기 풀이

i) 실효이자율

현재 대출한 금액은 1,000만원이므로 『PV=1000.0000』을 입력하고 2년 후 상환하여야 하는 금액은 1,500만원이므로 『FV=1500.0000 CHS』을 입력한다. 앞에서 말한 바와 같이 현금유출과 유입에 따른 부호 입력에 주의하여야 한다.

실효이자율은 이자가 기간단위당 (이 문제에서는 년간) 한 번 계산되는 경우의 이자율을 말하기 때문에 『n=2n』을 입력한다.

실효이자율을 구하기 위해 『i』을 누르면 『22.4745』이 도출된다.

ii) 명목이자율

위와 동일하게 『PV=1000.0000』와 『FV=1500.0000 CHS』을 입력한다.

이자는 매일 계산되기 때문에 명목이자율이 실제로 적용되는 기간은 2×365=730일이다. 따라서 『n=2 ↵365×n』을 입력한다.

명목이자율을 구하기 위해 『i』을 누르면 『0.0556』이 도출된다.

매일 이자가 계산되기 때문에 도출된 0.0556이란 값은 연간 명목이자율이 아닌 1일의 명목이자율이다. 연간 명목이자율을 구하는 문제이기 때문에 0.056의 값에 365을 곱하여야 한다는 점에 주의하길 바란다.

따라서 연간 명목이자율은 『0.056 ↵365×=20.2789(%)』이다.

재무계산기 입력 방법

i) 실효이자율

『1000.0000 PV, 1500.0000 CHS FV, 2*n*, *i* = 22.4745(%) 』

ii) 명목이자율

『1000.0000 PV, 1500.0000 CHS FV, 2 ↲365×*n*, *i*=0.0556 ↲365× = 20.2789(%) 』

문제 4 지금 1,000만원 대출에 대한 조건으로 1년 후 200만원, 4년 후 500만원을 상환하고 나머지 잔액을 5년 후에 갚기로 하였다. 대출 이자율이 $i^{(2)}=0.08$일 경우 5년 후 잔금의 크기는?

풀이) 간단한 방법은 실효이자율을 통해 해결하는 것이다. 이 경우

$$1+i=\left[1+\frac{0.08}{2}\right]^2=1.0816, \qquad \therefore i=0.0816$$

$$1{,}000=200[1+0.0816]^{-1}+500[1+0.0816]^{-4}+x[1+0.0816]^{-5}$$

$$\therefore x=665.73\text{만원}$$

재무계산기 풀이

이 문제의 경우 위의 풀이) 식에서 보여지는 바와 같이 현재 대출한 1,000만원과 각 현금흐름에서 상환한 금액의 현재가치의 합이 일치한다는 식을 이용하여 풀어야 한다.

실효이자율을 산출하고 그 산출한 실효이자율을 그대로 활용하여 푸는 문제이기 때문에 실효이자율을 산출하기 위해 『*PV*=100.0000 CHS』, 『*i*=8 ↲2÷*i*』, 『*n*=2*n*』을 입력한 후 『*FV*』을 누르면 『108.1600』이 나온다. 이 값에서 최초 가정한 *PV*의 값 100.0000을 뺀다. 현재 108.1600이 보이는 상태에서 『 ↲』

을 입력하고 『100.0000』을 입력하고 『－』을 누르면 실효이자율 『8.1600』이 도출된다.

이 상태에서 『*f* FIN』을 입력하고 『*i*』에 입력한다. 그러면 *i*에는 실효이자율 8.1600%가 입력된 상태가 된다.

상환한 금액의 현재가치를 구하기 위하여 『*FV*＝200.0000 CHS』, 『*n*＝1n』을 입력하고 『*PV*』을 누르면 『184.9112』이 도출된다.

이 『184.9112』는 1년 후 상환하는 200만원의 현재가치를 의미한다. 이 값은 나중에 사용되어지기 때문에 『STO 1』로 저장한다. 이 뜻은 『1』에다 『184.9112』을 저장한다는 의미이다.

여기에서 『STO』는 수치를 저장하는 키로서 『STO』『저장번호』을 입력하여 지정한 저장번호에다가 수치를 저장하는 키이다.

4년 후 500만원의 현재가치를 구하기 위해 『*FV*＝500.0000 CHS』, 『*n*＝4n』을 입력하고 『*PV*』을 누르면 『365.3451』가 도출된다.

이 『365.3451』는 4년 후 상환하는 500만원의 현재가치를 의미한다. 이 값에 기존에 1번에 저장한 1년 후 상환하는 200만원의 현재가치를 더해야 한다. 저장된 수치를 불러오기 위해서 『RCL』키를 사용한다.

『RCL』키는 저장된 수치를 불러오는 키로서 『RCL』『저장번호』을 입력하여 지정된 저장번호에 저장된 수치를 불러오는 키이다.

『365.3451』가 보이는 상태에서 『↲』을 누르고 『RCL 1』을 입력하여 수치를 불러온 후 『＋』을 입력한다. 그러면 『550.2563』가 도출된다. 이 『550.2563』은 1년 후 상환하는 200만원의 현재가치와 4년 후 상환하는 500만원의 현재가치의 합을 의미한다.

정답도출을 위해 1000.0000에서 550.2563을 빼야한다. 현재 550.2563이 보이는 상태에서 『CHS』을 입력하여 음수로 전환 후 『↲』을 입력하고 『1000.0000』을 입력하고 『＋』을 누르면 『449.7437』가 도출된다.

현재까지의 과정을 식으로 정리하면

$$1{,}000 = 200[1+0.0816]^{-1} + 500[1+0.0816]^{-4} + x[1+0.0816]^{-5}$$

$$1{,}000.0000 = 184.9112 + 365.3451 + x[1+0.0816]^{-5}$$

$$1000.0000 = 550.2563 + x[1+0.0816]^{-5}$$
$$449.7437 = x[1+0.0816]^{-5}$$

이 『449.7437』는 5년 후 상환해야 하는 잔금의 현재가치를 의미한다. 5년 후 잔금을 구하기 위해 (현재가치를 5년 후의 가치로 전환시키기 위해) 현재 『449.7437』가 보이는 화면에서 『CHS PV』, 『*n*=5n』을 입력한 후 『*FV*』을 누르면 『665.7305』가 도출된다.

재무계산기 입력 방법

『100.0000 CHS PV, 8 ↵2 ÷ *i*, 2n, *FV*=108.1600 ↵100 − = 8.1600
f FIN *i*, 200.0000 CHS FV, 1n, *PV*=184.9112 STO 1
500.0000 CHS FV, 4n, *PV*=365.3451 ↵RCL 1 + = 550.2563
CHS ↵1000.0000 + =449.7437 CHS PV, 5n, *FV*=665.7305(665.73만원)』

[TIP]

현금흐름 할인(Discounted Cash Flow : DCF) 방식을 이용하여 풀어야 하는 문제일 경우 현금흐름이 일정한 경우 『PMT』을 이용하여 쉽게 풀 수 있지만 위의 문제와 같이 현금흐름이 불규칙적인 경우에는 하나씩 계산하거나 『g CF(Cash Flow)』을 사용하여야 한다.

『g CF(Cash Flow)』는 각 현금흐름을 입력하여 한 번에 계산하는 방법인데 자세한 사용법은 다음 문제에서 설명하도록 하겠다.

3. 고급문제

문제 5 5년 후 결혼자금 1,000만원을 마련하기 위해 지금 200만원을 은행에 예금하고 2년 후에 또 400만원을 예금하였다. 시작기준 3년 후 긴급히 200만원을 꺼내어 썼고 어머니께서 시작기준 4년 후 나머지 필요금액을 충당해 주셨다(즉시 예금). 어머니께서 주신 금액은? 해당 금리를 $i^{(2)}=0.06$로 가정하시오.

풀이) 먼저 돈의 흐름을 정리해보면 다음과 같다.

그림 2-3

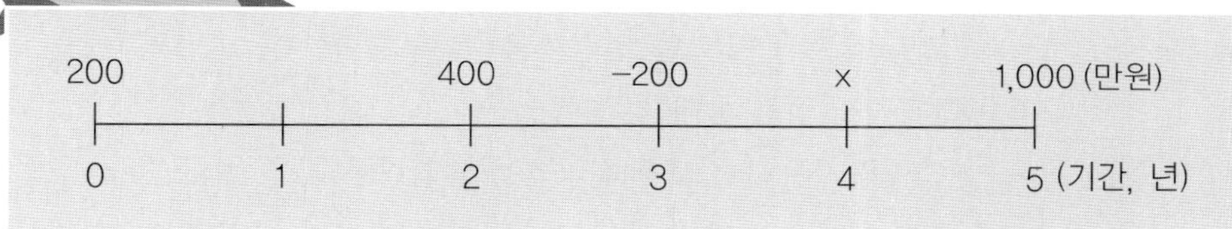

계산을 좀 더 용이하게 하기 위해 명목금리 $i^{(2)}=0.06$를 실효금리로 바꾸면

$$1+i=\left[1+\frac{0.06}{2}\right]^2=(1.03)^2=1.0609 \qquad \therefore i=0609$$

$$200(1.0609)^5+400(1.0609)^3-200(1.0609)^2+x(1.0609)^1=1{,}000\text{만원}$$

$$200(1.344)+400(1.194)-200(1.125)+x(1.0609)=1{,}000\text{만원}$$

$$x(1.0609)=478.6 \qquad \therefore x=451.13\text{만원}$$

재무계산기 풀이

이 문제의 경우 위의 풀이) 식에서 보여지는 바와 같이 각 현금흐름의 미래가치의 합과 5년 후 목표 결혼자금인 1,000만원이 일치한다는 식을 이용하여 풀어야 한다.

문제 4) 풀이와 같이 각각의 현금흐름의 미래가치(*FV*)를 일일이 계산한 후 『STO』을 이용하여 풀 수도 있지만 여기서는 『g CF』을 사용하여 한 번에 풀어보도록 하겠다.

『g CF』을 사용하여 모든 현금흐름의 현재가치 합 즉, 순현재가치(Net Present Value : NPV) 를 산출한 후 그 『NPV』을 미래가치로 전환하는 방법으로 한번에 풀도록 하겠다.

실효이자율을 산출하고 그 산출한 실효이자율을 그대로 활용하여 푸는 문제이기 때문에 실효이자율을 산출하기 위해 『PV=100.0000 CHS』, 『i=6 ↵2÷i』, 『n=2n』을 입력한 후 『FV』을 누르면 『106.0900』가 나온다. 이 값에서 최초 가정한 PV의 값 100.0000을 뺀다. 현재 106.0900이 보이는 상태에서 『 ↵』을 입력하고 『100.0000』을 입력하고 『−』을 누르면 실효이자율 『6.0900』이 도출된다.

이 상태에서 『f FIN』을 입력하고 『i』에 입력한다. 그러면 i에는 실효이자율 6.0900%가 입력된 상태가 된다.

『g CF』을 사용하여 모든 현금흐름을 입력한다.

『g CF』의 사용방법에 대해 간단하게 살펴보면 『g CF0』에 현재시점의 현금흐름을 입력하고 그 다음 시점부터는 『g CFj』을 사용하여 차례대로 입력한다. 주의할 점은 현금흐름이 없다고 하더라도 『0』으로 입력해야 한다는 것이다.

만일 중복되는 현금흐름이 발생한 경우에는 『g Nj』사용하여 한번에 입력한다. 『g Nj』의 사용에 대해서는 Part 3 문제 4)에서 자세히 설명되어 있으니 참고하길 바란다.

현금유출과 유입에 따른 부호가 잘못 입력되면 전혀 다른 값이 도출되므로 부호의 입력에 특히 주의하길 바란다.

* 현재시점 : 200만원 현금유입 발생 = 『200.0000 g CF0』입력
* 1년 : 현금흐름 없음 = 『0.0000 g CFj』입력
* 2년 : 400만원 현금유입 발생 = 『400.0000 g CFj』
* 3년 : 200만원 현금유출 발생 = 『200.0000 CHS g CFj』입력

현금흐름 입력 후 『f NPV』을 누르면 『387.8980』이 도출된다.

이 『387.8980』은 현재시점부터 3년까지의 현금흐름의 현재가치의 합(NPV)을 의미한다. 이 NPV를 5년 후의 미래가치로 전환하기 위해 『CHS PV』, 『n

= 5n」을 입력한 후 『FV」을 누르면 『521.3024」이 도출된다. 이 『521.3024」이 현재시점부터 3년까지의 현금흐름의 미래가치를 의미한다.

정답도출을 위해 1000.0000에서 521.3024을 빼야한다. 현재 521.3024이 보이는 상태에서 『CHS」을 입력하여 음수로 전환 후 『 ↲ 」을 입력하고 『1000.0000」을 입력하고 『+」을 누르면 『478.6976」가 도출된다.

현재까지의 과정을 식으로 정리하면

$$200(1.0609)^5 + 400(1.0609)^3 - 200(1.0609)^2 + x(1.0609)^1 = 1{,}000 \text{ 만원}$$

$$521.3024 + x(1.0609) = 10{,}000.000$$

$$x(1.0609) = 478.6976$$

이 『478.6976」는 5년 시점의 결혼자금의 부족금액을 의미한다.

4년 시점의 충당금액을 구하는 문제이므로 5년 시점의 부족자금을 4년 시점의 현재가치로 전환시키기 위해 『CHS FV」, 『$n=1n$」을 입력한 후 『PV」을 누르면 『451.2184」가 도출된다.

재무계산기 입력 방법

『100.0000 CHS PV, 6 ↲2 ÷ *i*, 2*n*, *FV*=106.0900 ↲100 − = 6.0900 *f* FIN i, 200.0000 g CF0, 0.0000 g CFj, 400.0000 g CFj, 200.0000 CHS g CFj, *f* NPV=387.8980 CHS PV, 5*n*, *FV*=521.3024 CHS ↲1000.0000 + = 478.6976 CHS FV, 1*n*, *PV*=451.2184 (451.21만원) 」

[TIP]

『g CF」을 사용하면 순현재가치 (Net Present Value : NPV) 뿐 아니라 내부수익률 (Internal Rate of Return : IRR) 도 쉽게 계산할 수 있다.

내부수익률은 『g CF」을 사용하여 현금흐름을 입력하고 『f IRR」을 누르면 쉽게 도출된다.

문제 6 3년 후 원리금 지불하기로 약속하고 단리 7%에 100만원을 빌린 후 만기가 되었을 때 갚지 못하자 이 후 3년 동안 매년 말 이자율.8% 복리조건에 균등상환 하라고 한다면 매년 상환금액은? 단 이자는 1년에 네 번 계산된다.

풀이) 이러한 종류의 문제들은 연금관련 계리를 다룰 때 흔히 마주치게 될 것이다. 먼저 갚지 못한 돈의 원리금을 계산하면 단리이기 때문에 $100(1+0.07\times3)=$ 121만원이다. 단리의 경우 이자가 한 기간당 몇 번 계산이 되는지에 영향을 받지 않는다. 왜냐하면 단리의 원리금합계 수식은 $(1+it)$인데 이 때 하나의 t를 몇 개로 쪼개든 결과상 차이가 없기 때문이다.

이제 만 3년이 지난 시점의 원리금합계 121만원을 이제 3회에 걸쳐 3년 동안 갚아야 한다. 즉, 위 그림의 4, 5, 6시점 각각의 들의 3시점에서의 현재가치가 121만원이 되어야 하는 것이다. 먼저 $i^{(4)}=0.08$를 연간 실효이자율로 바꾸면 $1+i=\left[1+\frac{0.08}{4}\right]^4=1.02^4=1.082$ 이고 $i=0.082$ (8.2%)이다. 이제 각 시점들의 현재가치(3시점)를 구해서 모두 합하면

$$\frac{x}{(1+0.082)^1}+\frac{x}{(1+0.082)^2}+\frac{x}{(1+0.082)^3}=0.0924x+0.854+0.789x$$

$$=2.567x \qquad \therefore 121=2.567x, \quad x=47.137 \text{ 만원}$$

즉, 3년에 걸쳐 47.137만원의 돈을 상환해야 하는 것이다.

재무계산기 풀이

이 문제의 경우 현금흐름이 일정하기 때문에 『PMT』을 이용하여 쉽게 풀 수 있다. 『PMT』는 정액연금이나 균등분할상환과 같이 현금흐름이 일정한 경우에 사용한다.

실효이자율을 산출하고 그 산출한 실효이자율을 그대로 활용하여 푸는 문제이기 때문에 실효이자율을 산출하기 위해 『PV=100.0000 CHS』, 『i=8 ↵4÷i』, 『n=4n』을 입력한 후 『FV』을 누르면 『108.2432』가 나온다. 이 값에서 최초 가정한 PV의 값 100.0000을 뺀다. 현재 108.2432가 보이는 상태에서 『 ↵』을 입력하고 『100.0000』을 입력하고 『−』을 누르면 실효이자율 『8.2432』이 도출된다.

이 상태에서 『f FIN』을 입력하고 『i』에 입력한다. 그러면 i에는 실효이자율 8.2432%가 입력된 상태가 된다.

3년 후 1차 만기 때 갚지 못한 금액을 계산하기 위해 『100.0000 ↵ 1 ↵ 0.07 ↵ 3 × + × 』을 입력하면 『121.0000』이 도출된다.

이 『121.0000』는 앞으로 3년 동안 매년 말 이자율 8% 복리조건으로 균등상환해야 하는 금액이기 때문에 『PV』에 입력한다. 즉,

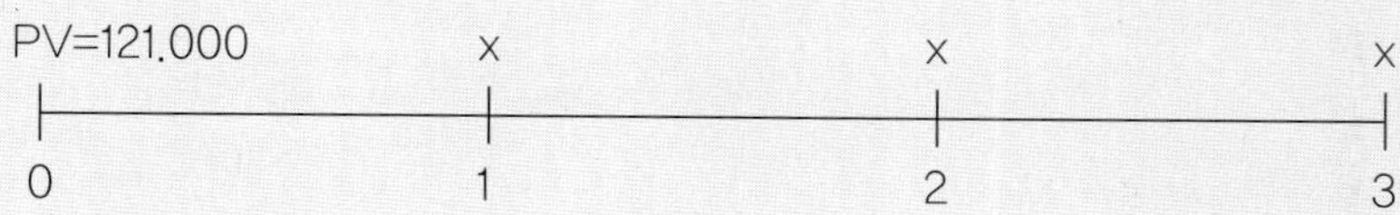

매년 상환금액 즉, 『x』를 구하는 문제이다.

3년 동안의 상환이기 때문에 『n=3n』을 입력하고 각 기간의 현금 흐름이 동일하기 때문에 『PMT』을 누르면 『−47.1582』이 도출된다.

재무계산기 입력 방법

『100.0000 CHS PV, 8 ↵4÷i, 4n, FV=108.2432 ↵100 − = 8.2432
f FIN i, 100.0000 ↵ 1 ↵ 0.07 ↵ 3 × + × = 121.0000 PV, 3n,
PMT = − 47.1582 (47.158만원) 』

[TIP]

현금흐름이 일정할 경우 『PMT』을 사용하는데 『PMT』에는 현금흐름이 매기간 초에 발생하는 기시급 모드(Begin Mode), 현금흐름이 매기간 말에 발생하는 기말급 모드(End Mode)의 2가지 모드가 존재한다.

최초의 재무계산기는 기말급 모드로 설정되어 있다.

기말급 모드에서 기시급 모드로 전환하기 위해서는 『g BEG』을 누르고 기시급 모드에서 기말급 모드로 전환하기 위해서는 『g END』을 누른다.

현재 어느 모드에 있는지를 확인하려면 화면 하단에 『BEG』가 나타나 있으면 기시급 모드이고 아무것도 없으면 기말급 모드이다.

이 모드를 잘못 설정하면 전혀 다른 값이 도출되기 때문에 현금흐름에 따른 기시급 모드와 기말급 모드의 설정에 주의하길 바란다.

제3장 이자력(force of interest)

들어가기에 앞서

이번 장에서는 연금에 관한 내용에 들어가기 전 지금까지의 내용과는 연결되지 않은 약간 생소한 개념으로서 이자력(force of interest)에 대해 알아보고자 한다. 이자력(force of interest)이란 보험계리 중 이자론에 관한 교과과정에 예외 없이 등장하는 개념인데 현실생활 속에서는 별로 적용될 일이 거의 없는 다소 학문적이며 이론적인 것이다. 그러나 그럼에도 불구하고 각종 보험계리관련 시험에 등장하는 만큼 알고 넘어가야 할 내용이기도 하다.

1. 이자력(force of interest)의 개념

이자력(force of interest)이란 아주 미세한 시간의 흐름 동안 이자가 보여주고 있는 이자의 활동력(intensity)으로 정의할 수 있다.[6)]

위에서 배운 바와 같이 원금 $A(0)$, $a(0)$을 기초로 하여 적립되며 t기간 후 각각에 대한 원리금 합계를 나타내는 $A(t)$, $a(t)$는 단 하나의 요소를 통해 자신의 크기변화를 이루게 된다. 그것은 바로 이자이며 이에 따라 우리는 때때로 이 이자가 가지고 있는 힘(force) 혹은 활동력을 확인할 필요를 느끼게 된다. 그리고 다음 〈그림 2-3〉은 원금 1원($t=0$)이 이자의 힘에 의해서 그 크기를 변화시켜나가는 과정을 잘 보여주고 있다.

그림 2-3 원금 1원(t=0)에 의한 적립금의 확대 과정

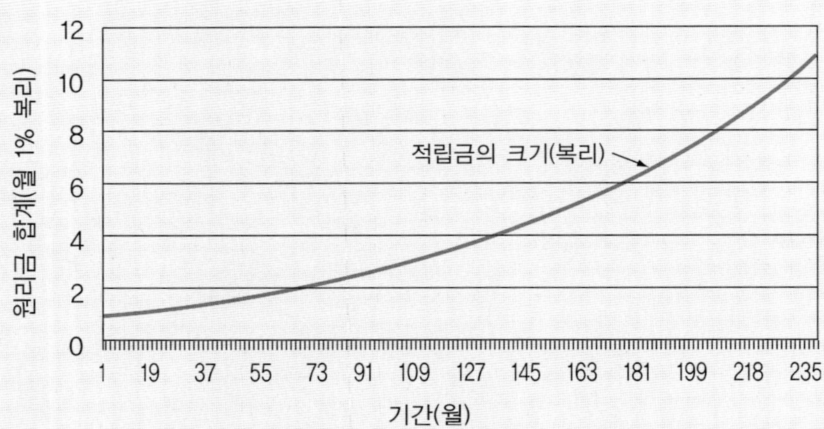

그렇다면 이자의 힘 혹은 활동력을 어떻게 나타낼 수 있을까? 기본적으로 이자의 활동력 자체는 이자가 원리금합계에 미치는 영향력을 의미한다고 볼 수 있다. 이러한 경우 이것을 나타낼 수 있는 대표적 방법으로는 원리금 합계 $A(t)$, $a(t)$의 변화율

6) 이자력에 대한 정의와 개념에 대한 설명은 Kellison(1991), 전게서 p.22를 참조하기 바란다.

이 있는데 이 두 가지는 시간이 경과하면서 이자의 힘에 의해 원리금합계가 어느 정도로 변화해가는지 보여주게 된다. 변화율의 수학적 표현으로서는 이 함수들의 미분계수를 들 수 있다. 미분계수, 즉 $A'(t)$는 축의 특정 위치에서 축의 미세변화에 대한 혹은 $f(x)$의 변화크기를 비율로 나타낸 것이다.

그런데 이자력이 이자 자체의 힘 혹은 활동력을 나타내고자 하는 의도를 가지고 있는데 비해 $A'(t)$는 시기 원금의 크기에 영향을 받도록 되어있다. 예를 들어 위의 〈그림 2−3〉을 보게 되면 복리($(1+i)^t$)의 경우 비록 시간이 경과해도 이자의 힘은 동일함에도 불구하고 원금의 크기가 달라지기 때문에 원리금의 합계가 가파른 상승세(변화율)를 나타내고 있다. 따라서 원금자체가 가지고 있는 영향력을 상쇄하기 위해서는 이것을 원금 $A(t)$로 나눠줄 필요가 있다. 예를 들어 복리의 경우 $200(1+i)^t$의 미분계수인 $200t(1+i)^{t-1}$는 $100(1+i)^t$의 미분계수 $100t(1+i)^{t-1}$에 비해 두 배의 차이가 나는데 비해 실제 동일한 이자율(i)을 가지고 있기 때문에 두 가지 경우에 있어 이자 자체(i)가 가지고 있는 힘은 동일하기 때문이다.

2. 이자력(force of interest)의 수식과 이해

위에서 언급한 이유에 따라 t시점에 있어 이자력(force of interest), δ_t는 다음과 같다. 즉,

$$\delta_t = \frac{A'(t)}{A(t)} = \frac{a'(t)}{a(t)}$$

그러면 이식을 사용하여 복리와 단리 각각에 있어서 이자력, 즉, 이자의 힘 혹은 집중력(intensity)을 수식으로 나타내보자.

먼저 복리의 경우를 보면 다음과 같다.

$$\delta_t = \frac{\frac{d}{dt}(1+i)^t}{(1+i)^t} = \frac{(1+i)^t \log_e(1+i)}{(1+i)^t} = \log_e(1+i)$$

참고로 $A=(1+i)^t$로 두고 양쪽에 로그를 취하면

$\log A = \log(1+i)^t = t\log(1+i)$가 된다. 다시 양쪽을 t로 미분하면

$\frac{A'(t)}{A} = \log(1+i) \rightarrow A'(t) = A\log(1+i)$가 됨.

한편 $\frac{d}{dt}\log A = \frac{\frac{d}{dt}A}{A} = \frac{A'(t)}{A}$

다음으로 단리의 경우는

$$\delta_t = \frac{\frac{d}{dt}a(t)}{a(t)} = \frac{\frac{d}{dt}(1+it)}{1+it} = \frac{i}{1+it}$$

여기에서 볼 수 있는 바와 같이 복리의 경우는 이자력이 시간(t)의 영향을 받지 않고 일정하다는 것을 알 수 있으며 반면에 단리의 경우는 이자의 영향력(힘)이 시간이 갈수록(t가 커질수록) 줄어든다는 것을 알 수 있다.

한편 어떤 기간 동안 이자력이 일정할 경우 실효이자율 역시 같은 기간동안 일정해진다.

즉, $\delta_t = \delta$인 경우 n기간 후 1원에 대한 원리금 $a(n) = e^{\int_0^n \delta_r dr} = e^{n\delta}$ 가 되고 이것을 복리의 원리금합계인 $(1+i)^n$과 같게 놓으면 $1+i=e^{\delta}$가 되는데 이를 통해 $i=e^{\delta}-1$ 즉, 하나의 상수로 나타낼 수 있기 때문이다.

참고로 이자력과 $a(t)$ 와의 관계는 다음과 같다.

$$a(t) = e^{\int_0^t \delta_r dr} = \frac{a(t)}{a(0)} = \frac{A(t)}{A(0)} \left(\because \ \delta_t = \frac{d}{dt}\log_e A(t) = \frac{d}{dt}\log_e a(t) \right.$$

$$\left. \text{이고 양쪽을 적분하면} \ \int_0^t \delta_r dr = \log_e \frac{A(t)}{A(0)} \right)$$

그런데 여기서 관심을 기울어야 할 사실이 하나가 있다. 이자력이 일정할 경우

$$1+i = e^{\delta} = \left[1+\frac{i^{(m)}}{m}\right]^m \text{ 이고} \quad \lim_{m\to\infty}\left[1+\frac{i^{(m)}}{m}\right]^m = e^{i^{(m)}}$$

즉, $\lim_{m\to\infty} i^{(m)} = \delta$ 인데 이것은 δ가 이자가 끊임없이 계산되는 경우의 명목이자율과 동일하다는 것을 말해주고 있다.

Part 3

연 금 (annuity)

제1장 연금의 이해와 종류

제2장 기말급연금 및 기시급연금 계산사례

제3장 연금계리의 종합적 이해

제1장 연금의 이해와 종류

들어가기에 앞서

Part 3에서는 연금(annuity)에 대해서 공부하고자 한다. 연금과 관련한 수식과 기호들 이른바 연금계리를 배우는 이유는 간단한데 그 이유를 설명하면 다음과 같다.

먼저 돈의 흐름 혹은 현금흐름과 관련한 각종 경제적 문제를 해결함에 있어서 필요한 대부분의 지식은 우리가 지금까지 배운 내용들을 통해 이미 습득하였다고 볼 수 있다. 그런데 막상 현실에 적용하려다 보면 어려움에 부딪히는 경우가 있다. 예를 들어 다음의 그림과 같은 문제를 푼다고 가정하자. 즉, 국가가 어떤 기관에게 향후 매달 100만원씩 모두 1,000달(83년 4개월)동안 연금형태로 꼬박꼬박 돈을 지불해야 한다고 가정해보자. 일정 이자율을 가정하는 경우 이 돈들의 현재가치를 구하고자 한다면 어떻게 해야 할까?

그림 3-1

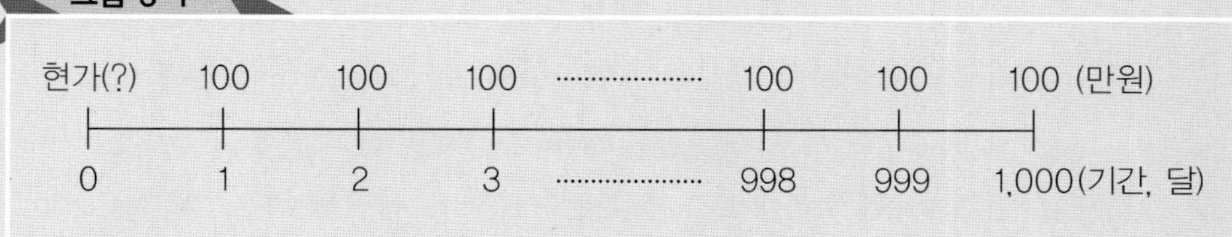

물론 하나 하나씩 현재가치를 구한 다음 이것들을 모두 합할 수 있다. 그러나 이것을 손으로 직접 하기는 불가능하고 만일 컴퓨터를 동원하려면 직접 프로그램을 짜거나 다른 사람에게 부탁을 해야 하는 번거로움을 겪어야 할 것이다. 연금계리는 이와 유사한 문제들을 간단히 해결해주는 방법을 배우는 것이다.

1. 연금의 개념

연금이란 사전에 정해진 기간(연금지급기간) 중에 일정한 간격(1년, 1개월 등)을 두고 일정금액을 계속해서 지불하는 혹은 수급하는 것을 말한다. 예를 들어 월세, 자동차 할부금, 은행이자, 은퇴자들의 공적연금 등이 모두 여기에 해당한다.

우리가 연금계리를 배우는 주된 이유는 연금처럼 금액이 일정하거나 그 크기가 규칙성을 가지는 경우 이러한 현금흐름의 가치를 간단하게 계산할 수 있는 방법을 찾을 수 있기 때문인데 현실적으로 연금과 유사한 형태의 현금흐름은 상당히 많다고 볼 수 있다.

연금은 지급기간의 확정여부에 따라 두 가지로 먼저 나눌 수 있다.

① 확정연금: 연금제도나 연금상품을 통해 지급되는 연금을 제외한 대부분의 연금형 현금흐름들이 여기에 속한다. 이것은 소정의 지급 혹은 수급기간이 미리 확정되어 그 기간 중에는 무조건적으로 지급되는 연금을 말하는데 Part 3에서 다루는 모든 내용은 확정연금에 관한 것이다. 그리고 종신형 개인연금상품의 경우에도 10년 확정, 20년 확정 등의 상품들이 있어 이 기간 동안에는 연금수익자의 생사여부와 관계없이 연금이 지급되도록 하고 있는데 이것은 연금수익자가 예상보다 빨리 사망하는 경우 불이익을 볼 가능성을 고려한 것이다.

② 생명연금: 어느 특정인(주로 연금수급자)의 생존을 조건으로 하여 지급되는 연금으로서 국민연금, 그리고 종신형 개인연금상품 등이 여기에 해당된다. 생명연금의 경우는 그 가치를 계산할 때 지급기간의 불확실성 문제가 따라오는데 이 경우 대부분 수급확률을 가정함으로써 해결하게 된다. 이 책의 Part 6(생명보험수리의 기초), Part 7(생명보험상품과 이자론)부분이 이것과 관련이 있다.

다음으로 연금의 종류는 매기(년 혹은 월 등)의 초에 지급되느냐 아니면 매기의 말에 지급되느냐에 따라 i) 기말급연금(期末給年金, annuity immediate)과 ii) 기시급연금(期始給年金, annuity due)으로 나누어진다. 이 두 가지의 차이는 연금계리상 유의해야 할 부분이기 때문에 다음 장에서 자세히 다뤄질 것이다.

2. 연금산식의 도출

1) 기말급연금(annuity immediate)

기말급연금의 사례는 다음 그림과 같다.

그림 3-2

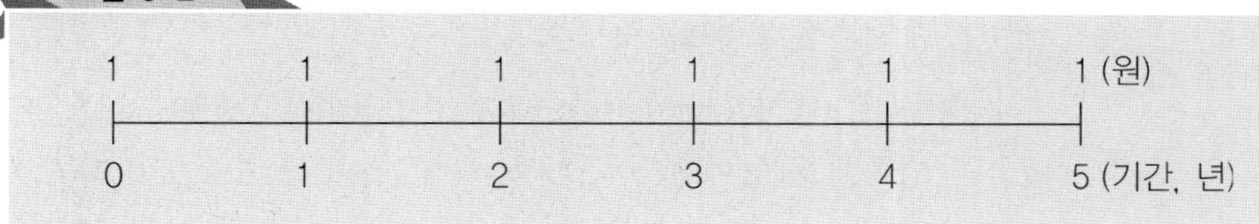

즉, 위의 그림처럼 어떤 사람에게 5년 동안 매년 말에 1원씩 지불하기로 했다고 하자. 이 향후 5년에 걸쳐 받게 될 돈에 대한 적정 이자율(할인율)이 연간 7%라고 한다면 이 5회에 걸친 지불금의 0(지금)시점에서의 현재가치는 얼마이며 또한 지금부터 만 5년 후인 5시점에서의 미래가치는 얼마일까? 단 이자는 1년에 한 번 계산된다.

이 문제를 푸는 방법은 기존에 이미 배운 대로 매년도 지급금 하나 하나에 대해 현재가치 혹은 미래가치를 구한 다음 이를 합하면 될 것이다. 그런데 위의 사례처럼 지급금액이 일정한 경우는 그 구하고자 하는 합계를 간단한 식으로 나타낼 수 있는 방법이 있음을 알 수 있다. 예를 들어 현재가치의 합계를 *PV*라고 두면

$$PV = \frac{1}{(1+0.07)^1} + \frac{1}{(1+0.07)^2} + \frac{1}{(1+0.07)^3} + \frac{1}{(1+0.07)^4} + \frac{1}{(1+0.07)^5}$$

$$= (1+0.07)^{-1} + (1+0.07)^{-2} + (1+0.07)^{-3} + (1+0.07)^{-4} + (1+0.07)^{-5}$$

그런데 이 식을 자세히 보면 바로 앞의 식에 $(1+0.07)^{-1}$을 곱하면 바로 뒤의 식이 된다는 것을 알 수 있으며 이것은 과거 중, 고등학교수학시간에 배운 어떤 것을 기억나게 한다. 즉,

$$S(5) = a + ar + ar^2 + ar^3 + ar^4$$

바로 등비수열의 합을 나타낸다. 그런데 등비수열의 합은 간단한 공식을 통해 나타낼 수 있다. 즉, 식 안에 총 개(바로 위의 경우는 5개)의 구성요소가 있을 때 $S(n)$은 다음과 같이 표기할 수 있다.

$$S(n) = \frac{a(1-r^n)}{1-r}$$

참고로 이 식의 도출방법은 다음과 같다

$$S(n) = a + ar + ar^2 + \cdots + ar^{n-2} + ar^{n-1}$$

이 식의 양쪽에 을 곱하면

$$rS(n) = ar + ar^2 + ar^3 \cdots + ar^{n-1} + ar^n$$

위의 식에서 아래 식을 빼면

$$S(n)(1-r) = a - ar^n = a(1-r^n) \qquad \therefore S(n) = \frac{a(1-r^n)}{1-r}$$

따라서 위에서 알고자 하는 PV의 값을 도출한 식을 통해 구하면

$$PV = \frac{a(1-r^n)}{1-r} = \frac{(1+0.07)^{-1}[1-(1+0.07)^{-5}]}{1-(1+0.07)^{-1}}$$

$$= \frac{\frac{1}{1.07}\left(1-\frac{1}{1.07^5}\right)}{1-\frac{1}{1.07}} = \frac{\frac{1}{1.07}\left(\frac{1.07^5-1}{1.07^5}\right)}{\frac{0.07}{1.07}} = \frac{\left(\frac{1.07^5-1}{1.07^5}\right)}{0.07}$$

$$= \frac{\frac{0.40255}{1.40255}}{0.07} = \frac{0.287}{0.07} = 4.1002\text{원}$$

이 됨을 알 수 있다.

이제 기말급연금의 가치를 구함에 있어 사용하는 수식을 도출해보면 다음과 같다.

그림 3-3 $a_{\overline{n}|}$, $S_{\overline{n}|}$의 현금흐름(계산시점은 각각 0과 n임)

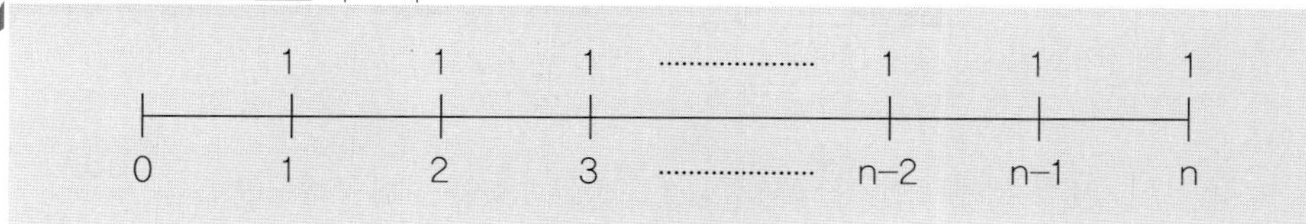

만일 매기간 실효이자율(할인율)이 이고 위의 〈그림 3-3〉과 같이 매기 말에 1원씩 모두 기 동안 지불하는 연금의 현재가치(0시점)를 $a_{\overline{n}|}$이라고 표기하면

$a_n = (1+i)^{-1} + (1+i)^{-2} + \cdots + (1+i)^{n-1} + (1+i)^{n}$ 이고 이것은 다시

$$a_n = \frac{(1+i)^{-1}\left[1-(1+i)^{-n}\right]}{1-(1+i)^{-1}} = \frac{\frac{1}{(1+i)}\left[\frac{(1+i)^n-1}{(1+i)^n}\right]}{\frac{i}{(1+i)}} = \frac{\left[\frac{(1+i)^n-1}{(1+i)^n}\right]}{i}$$

$$= \frac{(1+i)^n-1}{i(1+i)^n}$$

로 표기할 수 있다.

위에서 연금의 현재가치를 구하는 것에 대해 알아봤는데 다음으로는 미래가치를 구하는 방법에 대해 알아보자. 만일 위의 사례(〈그림 3-2〉)에서 미래가치를 FV라고 표기하면 구성요소가 많지 않은 관계로 하나씩 계산해서 이를 합해보면 될 것이다.

$$FV = (1+0.07)^4 + (1+0.07)^3 + (1+0.07)^2 + (1+0.07)^1 + (1+0.07)^0$$

$$= 1.3108 + 1.2250 + 1.1449 + 1.07 + 1 = 5.7507\text{원}$$

이제 연금의 미래가치를 구하는 수식을 알아보고 이 수식에 의한 결과와 비교해보자.

만일 현재가치를 구하는 방법과 동일한 가정을 하고 동일한 방법을 택한다면 연금의 미래가치를 $S_{\overline{n}|}$이라고 표기할 때

$$S_n = 1 + (1+i)^1 + (1+i)^2 + \cdots + (1+i)^{n-2} + (1+i)^{n-1}$$

(여기서는 편의상 마지막 n기부터 먼저 표기함)

$$= \frac{1\left[1-(1+i)^n\right]}{1-(1+i)} = \frac{(1+i)^n - 1}{i} \text{ 가 된다.}$$

바로 위에서 언급한 *FV*를 방금 도출한 수식을 통해 구해보면 $S_{\overline{5}|} = \dfrac{1.07^5 - 1}{0.07} = 5.7507$ 이며 위의 *FV*와 동일함을 알 수 있다.

2) 기시급연금(annuity due)

기시급연금은 〈그림 3-4〉와 〈그림 3-3〉을 비교해보면 알 수 있듯이 기말급연금과 지급회수는 동일하나 매기 초에 지급된다는 차이만 있을 뿐이다.

그림 3-3 $\ddot{a}_{\overline{n}|}$과 $\ddot{S}_{\overline{n}|}$의 현금흐름(계산시점은 각각 0과 n임)

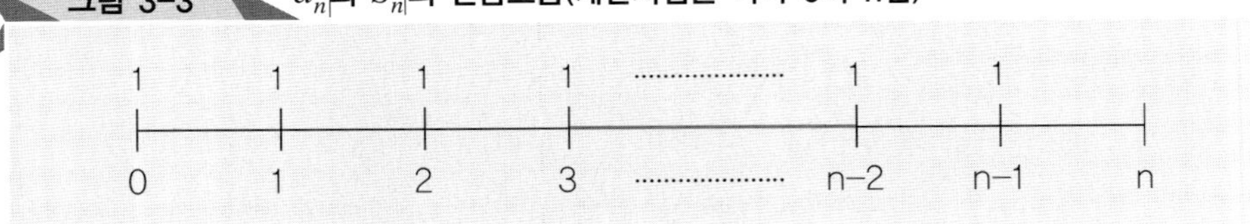

먼저 기시급연금의 현재가치를 기말급연금과 구별하여 $\ddot{a}_{\overline{n}|}$로 표시하면

$$\ddot{a}_{\overline{n}|} = 1 + (1+i)^{-1} + (1+i)^{-2} + \cdots + (1+i)^{n-2} + (1+i)^{n-1}$$

기말급연금과 마찬가지 방법으로 했을 때

$$\ddot{a}_{\overline{n}|} = \frac{1\left[1-(1+i)^{-n}\right]}{1-(1+i)^{-1}} = \frac{\dfrac{(1+i)^n - 1}{(1+i)^n}}{\dfrac{i}{1+i}} = \frac{(1+i)\left[(1+i)^n - 1\right]}{i(1+i)^n} \text{ 가 된다.}$$

다음으로 기시급연금의 미래가치를 $\ddot{S}_{\overline{n}|}$로 표기하면

$\ddot{S}_{\overline{n}|} = (1+i) + (1+i)^2 + \cdots + (1+i)^{n-1} + (1+i)^n$ 가 되고 이것은 다시

$\ddot{S}_{\overline{n}|} = \dfrac{(1+i)\left[1-(1+i)^n\right]}{1-(1+i)} = \dfrac{(1+i)\left[(1+i)^n-1\right]}{i}$ 로 나타낼 수 있다.

3) 기말급연금과 기시급연금의 수식관계

기시급연금과 기말급연금의 관계를 말로써 정리해보면 먼저 연금의 현재가치를 나타내는 $a_{\overline{5}|}$, $\ddot{a}_{\overline{5}|}$둘 다 연금을 받는 시점이 기간의 초 혹은 기간의 말이냐가 다를 뿐 처음 연금 받는 기간의 연초의 가치로 나타낸 것이다. 그리고 연금의 현재가치와 마찬가지로 연금의 미래가치를 나타내는 $s_{\overline{5}|}$, $\ddot{s}_{\overline{5}|}$둘 다 연금을 받는 시점이 기간의 초이냐 말이냐가 다를 뿐 결국 마지막 연금을 받는 기간의 기말 시점을 기준으로 하는 연금의 가치를 표시하고 있음을 이해할 필요가 있다.

이제 기말급연금과 기시급연금의 현재가치 및 미래가치를 계산하는 수식간의 관계에 대해 알아보자.

먼저 수식간의 관계를 보면

$$a_{\overline{n}|} = \frac{(1+i)^n-1}{i(1+i)^n}, \quad \ddot{a}_{\overline{n}|} = \frac{(1+i)\left[(1+i)^n-1\right]}{i(1+i)^n}$$

이기 때문에 $\ddot{a}_{\overline{n}|} = a_{\overline{n}|}(1+i)$ 임을 알 수 있다.

마찬가지로 $\ddot{S}_{\overline{n}|} = S_{\overline{n}|}(1+i)$ 로서 기말급연금에 $(1+i)$를 곱하면 기시급연금의 가치가 산출된다는 것을 알 수 있다.

그리고 논리적으로 봤을 때도 기시급과 기말급 모두 동일한 회수의 현금흐름이 발생했으나 계산시점이 서로 다르기 때문에 1기간 동안의 이자가 작용했다고도 말할 수 있을 것이다.

한편 $a_{\overline{n}|}$, $S_{\overline{n}|}$은 대부분의 보험계리 교재에 그 가치를 표로 만들어 보여주고 있으나 $\ddot{a}_{\overline{n}|}$과 $\ddot{S}_{\overline{n}|}$은 그렇지 않다. 따라서 $\ddot{a}_{\overline{n}|}$과 $\ddot{S}_{\overline{n}|}$은 $a_{\overline{n}|}$, $S_{\overline{n}|}$과의 수식상 관계를 통해 추가적으로 구해야 한다.

4) 영구연금(perpetuity)

지금까지는 연금지급기간이 유한한 경우를 대부분 상정하였다고 볼 수 있는데 만일 연금이 영원히 지급된다면 그 가치는 어느 정도일까?

즉, $a_{\overline{\infty}|} = (1+i)^{-1} + (1+i)^{-2} + (1+i)^{-3} + \cdots + (1+i)^{-100} + \cdots = ?$

얼른 생각하기에 영원이라는 말이 들어가는 만큼 연금의 가치가 무한대에 이를 것 같은 생각이 들지만 현실은 그렇지 않다.

영구적 연금의 가치는 간단한 수학적 표현을 통해 구할 수 있다. 즉, 연금가치 계산 수식에서 $n \to \infty$ 에 이르도록 하는 것이다. 구체적으로 보면

$$\lim_{n\to\infty} a_n = \lim_{n\to\infty} \frac{(1+i)^n - 1}{i(1+i)^n} = \lim_{n\to\infty} \frac{1}{i} - \lim_{n\to\infty} \frac{1}{i(1+i)^n} = \frac{1}{i}$$

이 결과에서 보듯이 지급기간이 아무리 길어져도 그 가치(기말급연금)는 지급연금액에 $1/i$ 를 곱한 숫자를 넘어가지 못한다는 것이다. 예를 들어 매년 100만원의 연금을 영원히 받는 경우 해당 이자율(할인율)이 8%이라고 가정하면 연금의 총 가치(현재가치)는 $100\left(\frac{1}{0.08}\right) = 1{,}250$만원에 국한된다. 이처럼 영구연금의 가치가 특정숫자에 제한되는 것은 뒤로 갈수록 분모(할인의 힘)가 커져 각 구성요소의 현재가치가 0에 가까워지기 때문이다. 한편 기시급연금의 경우는 당연히 기말급연금에 (1+0.08)을 곱해야 한다.

5) 중세 로마 시대의 연금계리[7)]

AD 3세기의 로마에서는 유언과 상속에 관한 법률에서 법적 상속인의 지분이 전체 유산가치의 1/4이하가 되는 것을 금지하고 있었다고 한다. 이에 따라 부유한 로

7) Mackenzie, "Annuity Markets and Pension Reform", Cambridge University Press, New York, 2006. P. 1.

마인들의 경우 때때로 법적 상속인이 아닌 사람을 통하여 상속인에게 연금이 우회적으로 지급되도록 하였는데 이러한 책략은 상속세를 줄이고 또한 부차적으로 행운을 잡지 못한 친척을 괴롭히는 기능을 하였다고 한다. 한편 법적상속인에 대한 최소한의 지분액과 상속세를 계산하기 위해서는 총연금액의 현재가치를 계산할 수단이 필요했는데 다음과 같은 원칙을 따랐다고 한다. 즉 연금수령자의 나이가 30세 미만인 경우는 연금액에 30을 곱하고 31-60세 사이인 경우는 60에서 나이를 뺀 숫자에 연금액을 곱하였다.

문제 1 매년 말 1,000만원씩 30년 동안 적립되는 적립금의 현재가치는 얼마인가? 단 적용이자율은 연간 5%이다.

풀이)

$$1{,}000\times\frac{1-(1+0.05)^{-30}}{0.05}=1{,}000\times\frac{1-0.2313}{0.05}=15{,}372.4\text{만원}$$

즉, 약 1억 5,372.4만원이다.
한편 연금기호를 사용하면

$$1{,}000a_{\overline{30|}}=1{,}000(15.3724)=15{,}372.4\text{만원}$$

문제 2 매년 초 1,000만원씩 20년 동안 적립되는 적립금의 현재가치는 얼마인가? 단 적용이자율은 연간 7%이다.

풀이)

$$1{,}000\times\frac{1-(1+0.07)^{-20}}{0.07}\times(1.07)=1{,}000\times\frac{1-0.2584}{0.07}\times(1.07)=11{,}335.58\text{만원}$$

연금기호 사용시

$$1{,}000\ddot{a}_{\overline{20|}}=1{,}000a_{\overline{20|}}(1+0.07)=1{,}000(10.5940)(1.07)=11{,}335.58\text{만원}$$

문제 3 30년 후에 기말급연금방식으로 하여 1억원을 장만하고 싶다면 매년 적립하여야 할 금액은? 단 이자율은 연간 5%를 적용한다.

풀이)

$$x \times \frac{(1+0.05)^{30}-1}{0.05} = x \times 66.439 = 100,000,000 \qquad \therefore x=1,505,140\text{원}$$

연금기호를 사용하면

$$xs_{\overline{30|}} = 100,000,000 \qquad x(66.439) = 100,000,000 \qquad \therefore x = 1,505,140\text{원}$$

문제 4 매년 초 100만원씩 10번 받도록 되어 있는 연금을 20번에 걸쳐 연초에 받는 것으로 대체한다면 적절한 연금액은 얼마인가? 단 연간 이자율은 7%로 가정하라.

풀이) 적절한 연금액을 x로 두고 이 문제를 연금기호로 표시하면

$$100a_{\overline{10|}} = x\ddot{a}_{\overline{20|}} \qquad 100(7.0235) = x(1+0.07)a_{\overline{20|}} = x(1.07)(10.5940)$$

$$\therefore x = 61.96\text{만원}$$

문제 5 10년 동안 매년 초 50만원씩 받는 연금을 수익률 5%에 적립한 다음 이 돈을 근거로 하여 15년 동안 매년 말 정액의 장학금으로 지급하고자 한다. 연금의 할인율을 연간 4%로 가정한다면 가능한 연금액은 얼마인가?

풀이) 먼저 적립금의 크기를 계산하면

$$50\ddot{s}_{\overline{10|}i=0.05} = 50(1.05)s_{\overline{10|}i=0.05} = 50(1.05)(12.5778) = 660.33$$

따라서 $660.33 = xa_{\overline{15|}i=0.04} = x(11.1183) \qquad \therefore x=59.39$만원

문제 6 매년 초 100만원씩 받는 영구연금을 15년 동안의 정액연금으로 대체하고자 한다면 가능한 지급액은 얼마인가? 단 두 가지 연금에 있어 적정할인율은 각각 연간 5%와 4%로 가정하라.

풀이) 영구연금의 현재가치는 $100\frac{1}{0.05}=2{,}000$만원이다.

따라서 가능한 연금액의 크기는 다음과 같다.

$$2{,}000=xa_{\overline{15}|i=0.04}=x(11.1183) \qquad \therefore\ x=179.88\text{만원}$$

문제 7 다음과 같은 두 가지 선택이 있을 때 두 가지 조건을 동일하게 하는 일시금의 크기 x는 얼마인가? 단 적정할인율은 연간 6%를 가정하라.

선택 1) 20년간 매년 초에 연금 200만원 제공

선택 2) 동일한 기간 동안 매년 초에 연금 150만원 제공 및 연금시작 시점에서 x원의 일시금 제공

풀이) 우선 연금액에 있어 매년 50만원씩 차이가 발생한다. 따라서 이 돈의 가치에 해당하는 금액을 일시금으로 지급해야 한다. 즉,

$$50\ddot{a}_{\overline{20}|i=0.06}=50(1.06)(11.470)=608.91\text{만원}$$

따라서 607.91만원이 되어야 두 가지 선택이 동일해 진다.

제2장 기말급연금 및 기시급연금 계산사례

들어가기에 앞서

이번 장은 연금의 가치계산을 실제로 해보는 과정이다. 연금가치를 계산하는 과정을 학생들과 가지다 보면 Part 1(이자론 기초개념) 및 Part 2(명목이자율과 실효이자율)에서 미처 느끼지 못한 문제에 부딪히는 것을 자주 보게 된다. 그것은 한 마디로 "숫자와 가치"의 차이에 대해 가지는 혼동현상이다. 이자론은 시간의 흐름을 고려한 가치의 계산에 관한 것이다. 즉, 비록 동일한 숫자라고 하더라도 그것이 위치한 시간에 따라 그 가치는 달라지는 것이다. 따라서 명심해야 할 두 가지가 있다.

그 하나는 아래의 그림처럼 반드시 그림을 그리라는 것이다. 이 그림에는 돈의 흐름을 기입하되 그 바로 밑에는 그 현금흐름이 발생한 시간대를 써 놓아야 한다.

또 다른 하나는 내가 어떤 숫자의 가치를 판단하는 시간이 어디냐 하는 것을 분명히 확인하고 계산에 들어가라는 것이다. 즉, 가치판단 시점에 말뚝을 박는 기분으로 선을 확 그어놓고 이 시점의 가치로 판단한다는 것을 수시로 확인해야 한다.

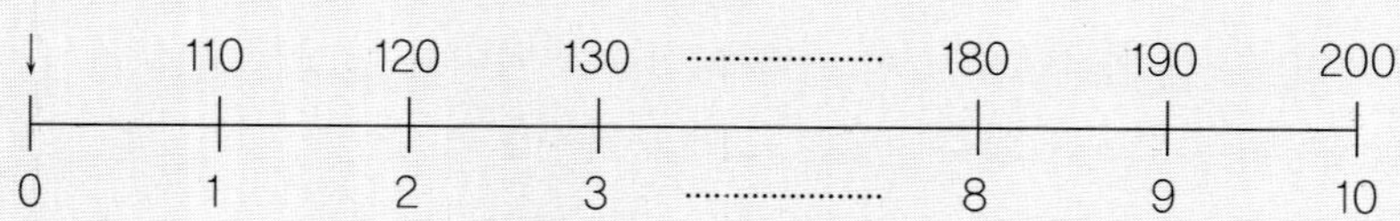

1. 초급문제

문제 1 어떤 사람에게 10년 동안 매년 초에 100만원씩 지불하기로 했다. 이 향후 10년에 걸쳐 받게 될 돈에 대한 적정 이자율(할인율)이 연간 8%라고 할 때 한다면 이 10회에 걸친 지불금의 0(지금)시점에서의 현재가치는? 단 이자는 일년에 한 번 계산된다.

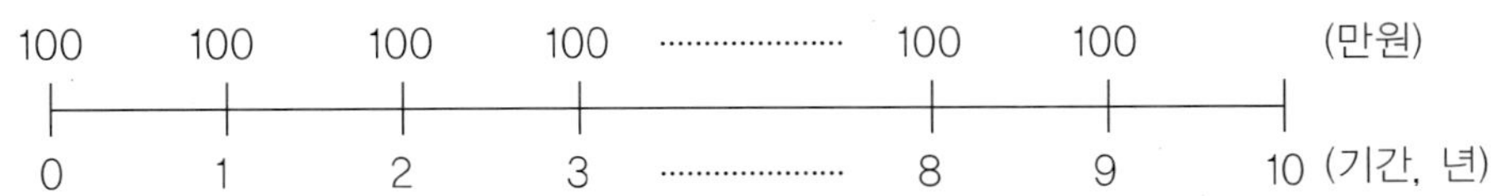

풀이) 이제 현재가치를 계산해야 할 구성요소가 10개로서 비교적 많아진 관계로 하나씩 계산해나가는 것은 힘들어졌다. 따라서 계리기호를 통해 필요수식을 표현하고 실제 계산에 있어서는 부록의 〈보험계리용 이자율표〉내지 재무계산기나 엑셀프로그램 등을 사용하여야 한다. 이 책에서는 주로 부록의 표를 이용하되 재무계산기를 이용했을 경우를 추가적으로 제시하고자 한다.

위 사례에서 연금의 현재가치는

$100\ddot{a}_{\overline{10}|}=100(1+0.08)a_{\overline{10}|}$로 나타낼 수 있다. 부록이나 재무계산기를 통하는 경우 복리이자율이 8%인 경우 $a_{\overline{10}|}=6.7101$이며 따라서 100(1.08)(6.7101)= 724.69만원이 된다.

참고로 이자율 8%시 $a_{\overline{10}|}$의 가치를 알고자 하는 경우 부록의 〈보험계리용 이자율표〉에서는 이자율 8% 부분에서 $a_{\overline{n}|}$열의 $n=10$인 항목을 찾으면 된다.

재무계산기 풀이

현금흐름이 일정한 경우 즉, 정액연금의 현재가치를 푸는 문제이므로 『*PMT*』을 이용하여 쉽게 풀 수 있다.

2부 문제 6) [TIP] 에서 설명한 바와 같이 현금흐름이 매기간 초에 발생하기 때문에 『g BEG』을 눌러 기시급 모드(Begin Mode)로 전환한다.

기말급 모드(End Mode) 설정하여 계산하면 전혀 다른 값이 도출되기 때문에 현금흐름에 따른 기시급 모드와 기말급 모드의 설정에 주의하길 바란다.

매기간마다 100만원씩 지불되기 때문에 『*PMT*=100.0000 CHS』을 입력한다.

이자는 기간단위당 (이 문제에서는 년간) 한 번 계산되기 때문에 실효이자율은 8%이다. 따라서 『i = 8』을 입력한다.

10년간 10회에 걸쳐 지불되기 때문에 『n = 10』을 입력한다.

현재가치를 구하기 위해 『*PV*』을 누르면 『724.6888』이 도출된다.

재무계산기 입력 방법

『 g BEG, 100.0000 CHS PMT, 8i, 10n, *PV* = 724.6888 (724.69만원) 』

문제 2 위의 예에서 이자가 1년에 4번 계산된다고 했을 경우 현재가치는?

풀이) 이자가 1년에 4번 계산되기 때문에 명목이자율을 실효이자율로 환산할 필요가 있다. 먼저 실효이자율은 $1+i=\left(1+\frac{0.08}{4}\right)^4=1.082$. 따라서 실효이자율은 연간 8.2%이다. 이처럼 (실효)이자율이 정수(1, 2, 3 등)로 나가지 않는 경우는 부록의 표를 이용할 수 없어 여타 방법을 사용해야 한다. 예를 들어 연금수식을 이용하게 되면 $a_{\overline{n}|}=\frac{(1+i)^n-1}{i(1+i)^n}$

$a_{\overline{10}|}=\frac{(1+0.082)^{10}-1}{0.082(1+0.082)^{10}}=6.65$이고 따라서

$100\ddot{a}_{\overline{10}|}=100(1+0.082)a_{\overline{10}|}=719.53$만원이 된다. 위의 문 1)과 비교 했을 때 현재가치가 줄어드는 이유는 이자가 자주 계산됨으로써 적용되는 이자율(할인율) 자체가 커졌기 때문이다.

재무계산기 풀이

이 문제는 우선 명목이자율을 실효이자율로 환산하여야 한다.

실효이자율을 산출하고 그 산출한 실효이자율을 그대로 활용하여 푸는 문제이기 때문에 실효이자율을 산출하기 위해 『*PV*=100.0000 CHS』, 『*i* = 8 ↵4÷*i*』, 『*n* = 4*n*』을 입력한 후 『*FV*』을 누르면 『108.2432』가 나온다. 이 값에서 최초 가정한 *PV*의 값 100.0000을 뺀다. 현재 108.2432가 보이는 상태에서 『↵』을 입력하고 『100.0000』을 입력하고 『−』을 누르면 실효이자율 『8.2432』이 도출된다.

이 상태에서 『*f* FIN』을 입력하고 『*i*』에 입력한다. 그러면 *i*에는 실효이자율 8.2432%가 입력된 상태가 된다.

현금흐름이 매기간 초에 발생하기 때문에 『*g* BEG』을 눌러 기시급 모드(Begin Mode)로 전환한다.

매기간마다 100만원씩 지불되기 때문에 『PMT = 100.0000 CHS』을 입력하고 10년간 10회에 걸쳐 지불되기 때문에 『*n* = 10』을 입력한다.

현재가치를 구하기 위해 『*PV*』을 누르면 『718.4199』이 도출된다.

재무계산기 입력 방법

『100.0000 CHS PV, 8 ↵4÷*i*, 4*n*, *FV* = 108.2432 ↵ 100 − = 8.2432
f FIN i, *g* BEG, 100.0000 CHS PMT, 10n, *PV* = 718.4199
(718.42만원) 』

2. 중급문제

문제 3 3년 후 원리금 지불하기로 약속하고 단리 7%에 100만원을 빌린 후 만기가 되었을 때 갚지 못하자 이 후 3년 동안 매년 말 이자율 7% 복리조건에 균등상환 하라고 한다면 매년 상환금액은? 단 이자는 1년에 한 번 계산된다.

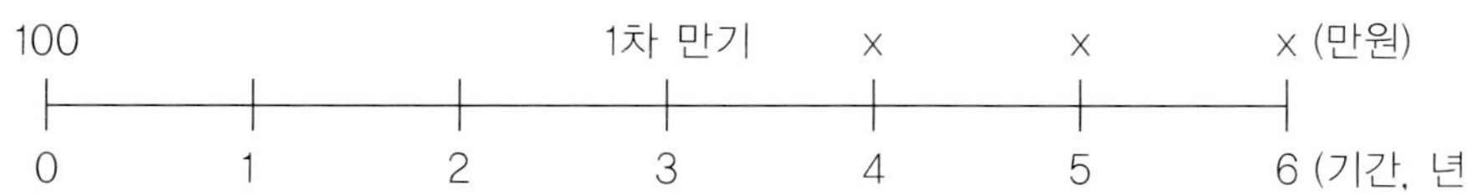

풀이) 먼저 갚지 못한 돈의 원리금을 계산하면 단리이기 때문에 100(1+0.07×3)=121만원이다. 만 3년이 지난 시점의 이 돈을 이제 3회에 걸쳐 3년 동안 갚아야 한다. 즉, 위 그림의 4, 5, 6 시점 각각의 들의 3시점에서의 현재가치가 121만원이 되어야 하는 것이다.

한편 3시점에 있어서 각각의 x 들의 값을 합한 값은 $xa_{\overline{3|}}$로 나타낼 수 있다. 따라서 3시점에서 $xa_{\overline{3|}}=121$이고 부록 표에서 $a_{\overline{3|}}=2.6243$이기 때문에 $x(2.6243)=121$ $\therefore x=46.108$만원으로 3년 동안 이 금액을 상환해야 한다.

재무계산기 풀이

3년 후 1차 만기 때 갚지 못한 금액을 계산하기 위해 『100.0000 ↲ 1 ↲ 0.07 ↲ 3 × + × 』을 입력하면 『121.0000』이 도출된다.

이 『121.0000』는 앞으로 3년 동안 매년 말 이자율 7% 복리조건으로 균등상환해야 하는 금액이기 때문에 『*PV*』에 입력한다. 즉,

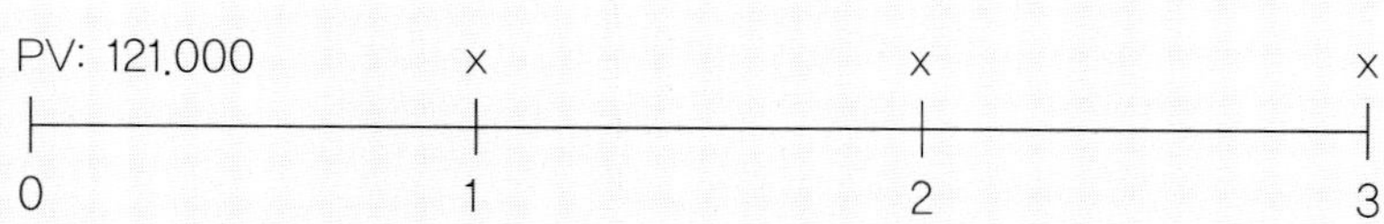

매년 상환금액 즉, 『*x*』를 구하는 문제이다.

이자는 기간단위당(이 문제에서는 년간) 한 번 계산되기 때문에 실효이자율은 7%이다. 따라서 『i = 7』을 입력하고 3년 동안의 상환이기 때문에 『n = 3n』을 입력한다.

각 기간의 현금 흐름이 동일하기 때문에 매년 상환금액을 구하기 위해 『PMT』을 누르면 『−46.1073』이 도출된다.

재무계산기 입력 방법

『100.0000 ↲ 1 ↲ 0.07 ↲ 3 × + × = 121.0000 PV, 7i, 3n,
PMT = −46.1073 (46.107만원) 』

문제 4 주거공간을 마련하되 i) 매년 초 100만원씩 10년 동안 아파트 렌트비를 내는 경우 ii) 아파트 매매 즉시 계약금 500만원, 5년 후에 1,000만원을 주는 조건으로 산 뒤 매매 시점에서 10년 후 1,000만원에 되파는 경우 i), ii) 중 어느 것이 유리한가? 이자율은 8%이고 이자는 1년에 1번 계산된다.

(i)

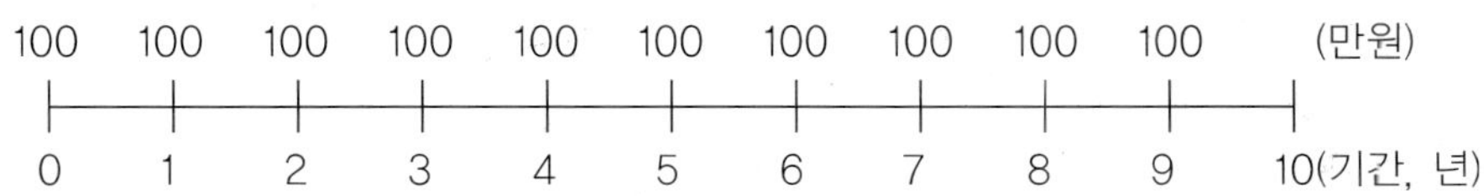

(ii) 매도

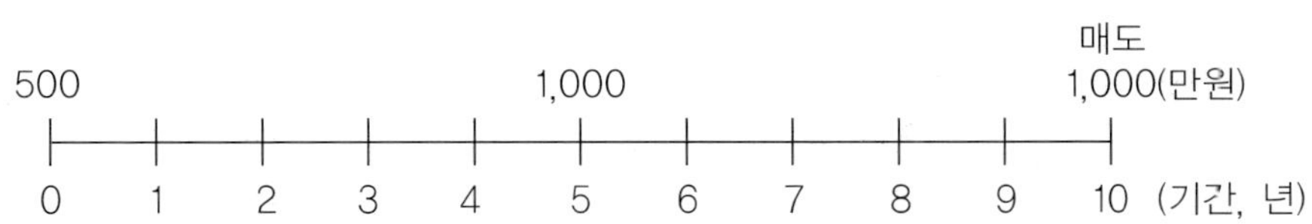

풀이) 두 가지 경우를 비교하되 0시점에서의 현재가치 계산을 통해 알아보자. 먼저 i)의 경우 지불하게 될 렌트비의 현재가치는

$$1000\ddot{a}_{\overline{10|}}=100(1+0.08)a_{\overline{10|}}=100(1.08)(6.7011)=724.691\text{만원이다.}$$

다음으로 ii)의 경우 $500+1{,}000(1+0.08)^{-5}-1{,}000(1+0.08)^{-10}=500+681-463=718$만원이다. 즉, ii)가 상대적으로 i)에 비해 더 적은 돈이 소요됨을 알 수 있다.

재무계산기 풀이

(i)의 경우 현금흐름이 일정하기 때문에 『PMT』을 이용하여 풀이하고 (ii)의 경우 현금흐름이 불규칙적이기 때문에 『*g* CF(Cash Flow)』을 이용하여 풀도록 하겠다.

(i) 풀이

이 문제는 문 1)과 동일한 문제이다.

현금흐름이 일정한 경우이므로 『PMT』을 이용하여 쉽게 풀 수 있다.

현금흐름이 매기간 초에 발생하기 때문에 『*g* BEG』을 눌러 기시급 모드(Begin Mode)로 전환한다.

매기간 100만원씩 지불되기 때문에 『PMT = 100.0000 CHS』을 입력한다.

이자는 기간단위당 (이 문제에서는 연간) 한 번 계산되기 때문에 실효이자율은 8%이다. 따라서 『*i* = 8』을 입력한다.

10년간 10회에 걸쳐 지불되기 때문에 『*n* = 10』을 입력한다.

현재가치를 구하기 위해 『*PV*』을 누르면 『724.6888』이 도출된다.

(ii) 풀이

『*g* CF』을 사용하여 모든 현금흐름의 현재가치의 합 즉, 순현재가치(Net Present Value : NPV) 를 산출하는 방식으로 문제를 풀도록 한다.

『*g* CF』을 사용하여 모든 현금흐름을 입력한다.

『*g* CF0』와 『*g* CFj』을 사용하게 현금흐름을 입력하는 방법은 2부 문 5)에서 설명하였기 때문에 여기에서는 『*g* CF0』와 『*g* CFj』뿐만 아니라 『*g* Nj』을 사용하여 보다 간단하게 현금흐름을 입력하는 방법에 대해 설명을 하고자 한다.

『*g* Nj』을 사용하지 않고 현금흐름 입력시

* 현재시점 : 500만원 현금유출 발생 = 『500.0000 CHS *g* CF0』입력
* 1년 : 현금흐름 없음 = 『0.0000 *g* CFj』입력
* 2년 : 현금흐름 없음 = 『0.0000 *g* CFj』입력

＊3년 : 현금흐름 없음 = 『0.0000 *g* CFj』입력

＊4년 : 현금흐름 없음 = 『0.0000 *g* CFj』입력

＊5년 : 1,000만원 현금유출 발생 = 『1000.0000 CHS *g* CFj』입력

＊6년 : 현금흐름 없음 = 『0.0000 *g* CFj』입력

＊7년 : 현금흐름 없음 = 『0.0000 *g* CFj』입력

＊8년 : 현금흐름 없음 = 『0.0000 *g* CFj』입력

＊9년 : 현금흐름 없음 = 『0.0000 *g* CFj』입력

＊10년 : 1,000만원 현금유입 발생 = 『1000.0000 *g* CFj』입력

『*g* Nj』을 사용하지 않고 『*g* CF0』와 『*g* CFj』만으로 현금흐름 입력할 경우 모든 현금흐름을 일일이 입력하여야 한다.

하지만 중복된 현금흐름을 『*g* Nj』을 사용하여 입력할 경우 입력과정이 매우 간단해 진다.

『*g* Nj』을 사용하여 현금흐름 입력시

＊현재시점 : 500만원 현금유출 발생 = 『500.0000 CHS *g* CF0』입력

＊1년 ~ 4년: 현금흐름 없음 = 『0.0000 *g* CFj』입력

4번의 현금흐름 중복이 발생하므로 『4 *g* Nj』입력

＊5년 : 1,000만원 현금유출 발생 = 『1000.0000 CHS *g* CFj』입력

＊6년 ~ 9년: 현금흐름 없음 = 『0.0000 *g* CFj』입력

4번의 현금흐름 중복이 발생하므로 『4 *g* Nj』입력

＊10년 : 1,000만원 현금유입 발생 = 『1000.0000 *g* CFj』입력

이렇게 현금흐름을 입력한 후 실효이자율 8% 즉, 『i = 8』을 입력한다.

모든 현금흐름의 현재가치의 합(NPV)을 구하기 위해 『*f* NPV』을 누르면 『-717.3897』이 도출된다. 즉 717.3897의 비용이 소요된다.

재무계산기 입력 방법

(i) 풀이

『 *g* BEG, 100.0000 CHS PMT, 8i, 10n, PV = 724.6888 (724.69만원) 』

(ii) 풀이

『500.0000 CHS g CF0, 0.0000 g CFj, 4 g Nj, 1000.0000 CHS g CFj, 0.0000 g CFj, 4 g Nj, 1000.0000 g CFj, 8i, f NPV = −717.3897 (717.39만원)』

따라서 ii)가 상대적으로 i)에 비해 더 적은 돈이 소요됨을 알 수 있다.

문제 5 1,000만원에 대한 부채상환을 하되 동일한 금액으로 2년 거치 후 5년 동안 매년 말에 하라고 한다. 년간 상환금액은? 단 해당 이자율은 10%이고 이자는 1년에 한 번 계산하는 것으로 한다.

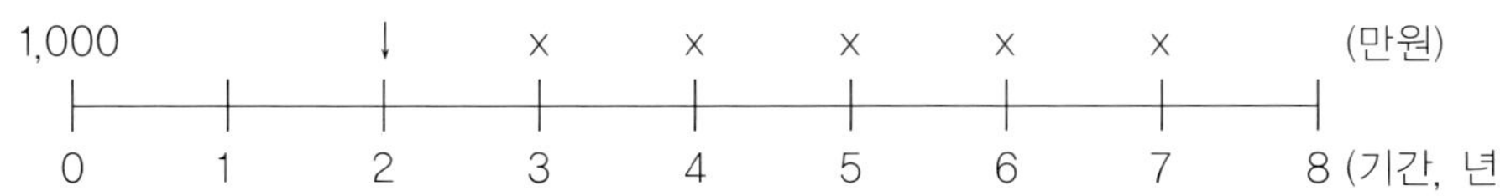

풀이) 이 문제는 기간 3에서 기간 7에 걸치는 x들의 0시점에서의 현재가치의 합이 1,000만원이 될 것을 요구하고 있다. 그리고 x들이 연금의 형태로 되어있기 때문에 가능한 한 연금수식을 사용하는 것이 좋다. 그런데 만일 $xa_{\overline{5}|}$를 사용하고자 한다면 이것이 어느 시점의 가치를 말하고 있는지를 정확히 알아야 하며 이 부분은 연금가치 계산에 있어 매우 중요한 내용이다. 독자들이 각자 대답을 해보라. 어디인가? 그 답은 2시점, 즉 ↓가 있는 시점의 가치를 가리킨다는 사실이다.

먼저 $xa_{\overline{5}|} = x(3.7908) = 3.7908x$이다. 그런데 이것은 2시점의 가치를 의미하기 때문에 이 금액을 1,000만원의 가치와 일치시키기 위해서는 0시점의 가치로 다시 바꿔줘야 한다.

$xa_{\overline{5}|}(1+0.1)^{-2} = x(3.7908)(0.826) = 1{,}000$이고 $\quad \therefore\ x = 319.37$만원

재무계산기 풀이

균등상환 금액을 구하는 문제이기 때문에 『PMT』을 이용하여 풀이한다.

상환해야 할 원금이 1,000만원이므로 『*PV* = 1000.0000』을 입력한다.

이자는 기간 단위당(이 문제에서는 연간) 한 번 계산되므로 실효이자율은 10%이다. 따라서, 『*i* = 10』을 입력한다.

상환기간은 5년간 5회에 걸쳐 지불되기 때문에 『*n* = 5』을 입력한다.

연간 상환금액을 구하기 위해 『PMT』을 누르면 『−263.7975』가 도출된다.

여기에서 주의할 점은 현재 계산된 『PMT = −263.7975』는 0시점에서 지불해야 할 상환금액 (현재시점의 가치)이므로 실제로 지불해야 할 상환금액을 계산하기 위해 2년 시점 (↓가 있는 시점)의 가치로 전환하여야 한다.

현재 계산된 『PMT = −263.7975』을 2년 시점의 미래가치로 전환해야 하므로 『*f* FIN』을 입력하고 『PV』에 입력한다.

적용되는 실효이자율은 10%이므로 『*i* = 10』을 입력하고 2년 시점의 가치로 전환해야 하므로 『*n* = 2』을 입력한다.

2년 시점의 미래가치를 구하기 위해 『*FV*』을 누르면 『319.1950』이 도출된다.

재무계산기 입력 방법

『1000.0000 PV, 10i, 5n, PMT = −263.7975 *f* FIN PV, 10i, 2n,
FV = 319.1950 (319.195만원)』

[TIP]

이 문제는 2년 후 실제 상환해야 할 원금을 산정한 후 연간 상환금액을 구하는 방식으로 풀이할 수도 있다. 이해를 돕기 위해 이 풀이방식에 대해서도 설명하도록 하겠다.

우선, 2년 후 실제 상환해야 할 원금을 산정해야 한다.

현재 상환 원금이 1,000만원이므로 『*PV* = 1000.0000』을 입력한다.

실효이자율은 10%이므로, 『*i* = 10』을 입력한다.

2년 후 실제 상환원금을 구하기 위해 『*n* = 2』을 입력하고 『*FV*』을 누르면 『−1210.0000』이 도출된다. 즉,

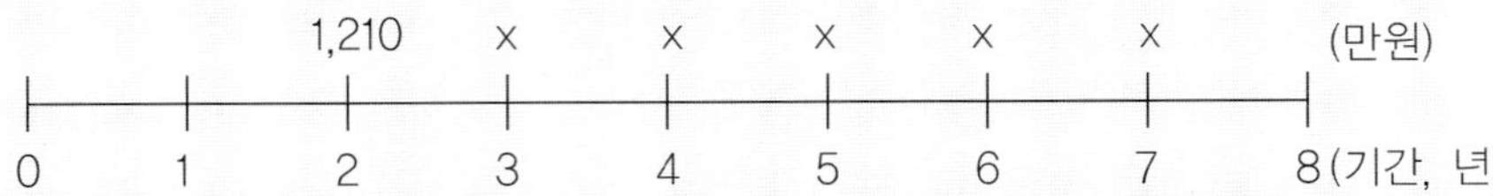

결국, 1,210만원을 5년 동안 매년 말에 10%로 상환할 경우 연간 상환금액을 구하면 된다.

상환해야 할 원금이 위에서 도출한 『−1210.0000』이므로 『*f* FIN』을 입력하고 『*PV*』에 입력한다.

적용되는 실효이자율은 10%이므로 『*i* = 10』을 입력하고 상환기간은 5년간 5회에 걸쳐 지불되기 때문에 『*n* = 5』을 입력한다.

상환금액을 구하기 위해 『PMT』을 누르면 『319.1950』이 도출된다.

계산결과 동일한 『319.1950』이 도출됨을 확인할 수 있다.

재무계산기 입력 방법

『 1000.0000 PV, 10i, 2n, *FV* = −1210.0000, *f* FIN PV, 10i, 5n, *PMT* = 319.1950(319.195만원)』

3. 고급문제

문제 6 처음 1년 동안 매분기 초에 20만원씩 적립되고 그 이후 2년 동안은 매분기 초에 10만원씩 적립되는 경우 현재시점(0시점)의 가치를 구하라. 단 이자는 적립시기와 동일하게 분기에 한 번 계산되고 연간 명목이자율은 12%이다.

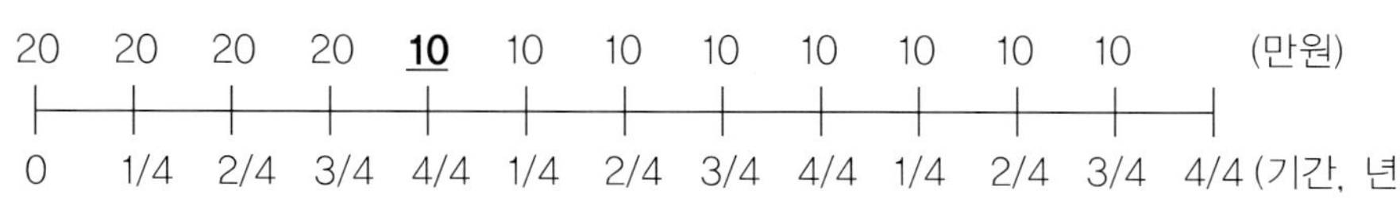

풀이) 먼저 이자와 적립시기가 동일한 만큼 분기를 하나의 기간으로 간주해서 계산하는 것이 간편하다. 문제는 이자율인데 이미 배운 바와 같이(Part 2 1장 참조) 명목이자율이 12%이라는 말은 분기(1/4년)당 이자율이 0.12/4 즉, 0.03이라는 말과

동일하다. 이 내용에 대해 아직 이해가 되지 않는 독자는 실효이자율을 계산하는 방법을 생각해보라. 분기당 이자율이 0.12%/4 일 때 일년 동안의 실제이자율을 구하는 과정은 $1+i=\left(1+\frac{0.12}{4}\right)^4=(1+0.03)^4=1.126$이다. 즉, 1기간(여기서는 분기)당 이자율이 3%인 경우 4기간 후의 1원에 대한 원리금합계를 구하는 수식과 동일함을 알 수 있다.

이제 나머지 과정은 연금수식을 이용하게 된다. 답을 구하는 과정은 두 가지가 가능하다.

우선 첫 번째로 10만원과 20만원 두 부분의 적립금 각각에 대해 현재가치를 구한 다음 더하는 방법이 가능하다. 먼저 4번의 20만원 적립금들의 0시점에서의 현재가치는 $20\ddot{a}_{\overline{4|}}=20(1+0.03)a_{\overline{4|}}=20(1.03)(3.7171)=76.572$만원이다.

이어서 10만원의 적립금들의 가치는 $10\ddot{a}_{\overline{8|}}$로 표기할 수 있는데 다만 이것은 위의 그림에서 10이 처음 시작되는 시점(<u>10</u>)에서의 가치를 나타낸다. 따라서 위의 (문5)와 마찬가지로 이것을 0점에서의 가치로 바꾸어주어야 한다.

구체적으로 $(1+0.03)^{-4}10a_{\overline{8|}}=1.03^{-4}\times10\times(1+0.03)a_{\overline{8|}}$

$=0.888\times10\times1.03\times7.0197=64.205$만원이다. 따라서 두 숫자를 합하게 되면 그 값은 140.8만원이다.

두 번째는 약간의 기교를 발휘하는 것인데 위의 20만원 부분을 2개의 10만원으로 나누는 방법이다. 이 경우 $10\ddot{a}_{\overline{4|}}$와 $10\ddot{a}_{12}$를 각각 구한 다음 더하면 된다.

즉, $10\ddot{a}_{\overline{12|}}+10\ddot{a}_{\overline{4|}}=10(1+0.03)a_{\overline{12|}}+10(1+0.03)a_{\overline{4|}}$

$=10(1.03)(9.954)+10(1.03)(3.7171)=140.8$만원이 되며 위의 방법과 동일한 결과를 낳음을 알 수 있다.

재무계산기 풀이

이 문제의 경우 2가지의 풀이방법이 가능하다.

(i) 『PMT』을 사용하여 적립금 각각의 현재가치를 구한 다음 더하는 방법

(ii) 『*g* CF』을 사용하여 현금흐름 입력 후 『NPV』을 구하는 방법

(i) 풀이

20만원 적립금의 현재가치

현금흐름이 매기간 초에 발생하기 때문에 『g BEG』을 눌러 기시급 모드(Begin Mode)로 전환한다.

기간마다 20만원씩 지불되기 때문에 『PMT = 20.0000 CHS』을 입력한다.

연간 명목이자율 12%는 매분기 1번씩 계산되기 때문에 매분기 적용되는 이자율은 12%/4=3%이다. 따라서 『i = 12 ↵4÷i』을 입력한다.

문제에서 주어진 기간은 1년이지만 실제로는 이자가 매분기 1번씩 계산되기 때문에 이자가 적용되는 기간은 1×4=4분기이다. 따라서 『n = 1 ↵4×n』을 입력한다.

현재가치를 도출하기 위해 『PV』을 누르면 『76.5722』이 도출된다.

이 『76.5722』는 나중에 사용되어지기 때문에 『STO 1』로 저장한다.

10만원 적립금의 현재가치

기간마다 10만원씩 지불되기 때문에 『PMT = 10.0000 CHS』을 입력하고 이자가 적용되는 기간 2×4=8분기이다. 따라서 『n = 2 ↵4×n』을 입력한다.

현재가치를 도출하기 위해 『PV』을 누르면 『72.3028』이 도출된다.

여기에서 주의할 점은 위의 도출된 값 『72.3028』은 첫 번째 해 4/4분기 시점 (↓가 있는 시점)의 가치이므로 이 가치를 현재시점(0시점)의 가치로 전환해야 한다.

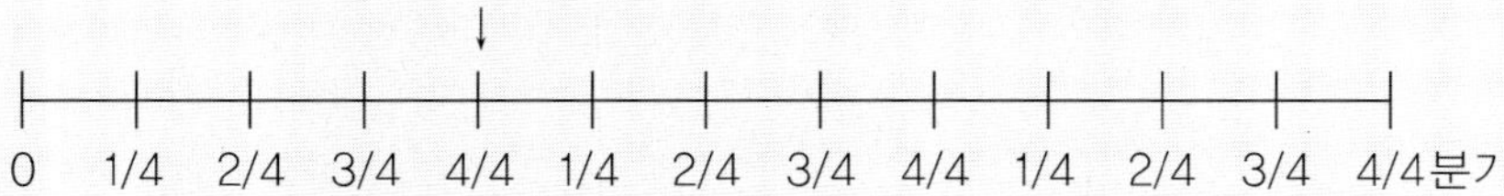

계산된 『72.3028』을 현재시점의 가치로 전환해야 하므로 『f FIN』을 입력하고 『CHS FV』에 입력한다.

적용되는 이자율 『i = 12 ↵4÷i』을 입력하고 현재시점의 가치로 전환해야 하므로 『n = 4』을 입력한다.

현재가치를 구하기 위해 『PV』을 누르면 『64.2401』이 도출된다.

20만원 적립금의 현재가치와 10만원 적립금의 현재가치를 더해야 한다.

현재 64.2401이 보이는 상태에서 『↵』을 누르고 『RCL 1』을 입력하여 20만원 적립금의 현재가치(76.5722)를 불러온 후 『+』을 입력하면 『140.8124』이 도출된다.

(ii) 풀이

『*g* CF』을 사용하여 모든 현금흐름을 입력한다.

* 현재시점 : 『20.0000 *g* CF0』입력
* 1/4 ~ 3/4 : 『20.0000 *g* CFj』입력

3번의 현금흐름 중복이 발생하므로 『3 g Nj』입력

* 4/4 ~ : 『10.0000 g CFj』입력

8번의 현금흐름 중복이 발생하므로 『8 g Nj』입력

모든 현금흐름을 입력한 후 적용되는 이자율 『i = 12 ↵4 ÷ i』을 입력하고

모든 현금흐름의 현재가치의 합(NPV)을 구하기 위해 『*f* NPV』을 누르면 『140.8124』이 도출된다.

재무계산기 입력 방법

(i) 풀이

『 *g* BEG, 20.0000 CHS PMT, 12 ↵4 ÷ i, 1 ↵4 × n, PV = 76.5722 STO 1
10.0000 CHS PMT, 2 ↵4 × n, PV = 72.3028 f FIN CHS FV, 12 ↵4 ÷ i,
4n, PV = 64.2401 ↵ RCL 1 + = 140.8124 (140.81만원) 』

(ii) 풀이

『 20.0000 g CF0, 20.0000 g CFj, 3 g Nj, 10.0000 g CFj, 8 g Nj
12 ↵4 ÷ i, f NPV = 140.8124 (140.81만원) 』

[TIP]

위의 풀이에서도 보이는 바와 같이 『*g* CF』을 이용하면 여러 계산과정을 한번에 계산하기 때문에 계산과정이 더욱 간편해진다. 따라서 보다 쉬운 문제풀이를 위해 『*g* CF』을 이용한 현금흐름 입력을 습득하고 연습하길 바란다.

문제 7 현금 구입시 100만원짜리 컴퓨터를 8년 할부(연말 지불)로 구입하고자 한다. 처음 5번의 할부금을 내었으나 여섯 번째와 일곱 번째의 할부금 지불을 못하였다고 하면 8년째 지불해야 할 금액은? 연체에 대한 할증은 없음. 해당이자율은 8%이고 1년에 1번 이자가 계산된다.

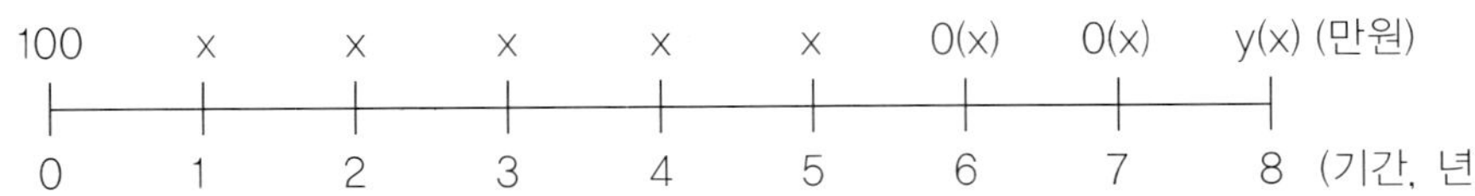

풀이) 문제에서는 6, 7번째의 할부금을 내지 못했기 때문에 지급의무를 완수하기 위해서 마지막 8번째에서 몰아서 낸다고 하면 도대체 얼마를 지급해야 적정한 것인지 묻고 있다. 따라서 상식적인 차원에서 봤을 때 가장 먼저 해야 할 일은 매년 납부하는 돈 x가 얼마인지 알아보는 것이다.

우선 8번 내도록 되어있는 x의 합과 100만원의 가치는 동일해야 한다. 그렇지 않으면 당사자 둘 중의 하나는 현금거래에 비교했을 때 손해를 봐야 하기 때문이다. 수식으로 표현하면

$$100 = xa_{\overline{8|}} \quad x = \frac{100}{a_{\overline{8|}}} = \frac{100}{5.7466} = 17.40$$

즉, 매년 17만 4천원을 8번 지불하면 현금으로 100만원 내고 사는 것과 동일한 거래가 된다는 것을 보여주고 있다. 그러면 8번째에 내야 할 돈은 6, 7번째 내지 못한 돈을 추가했을 때 $3 \times 17.4 = 52.2$만원일까? 당연히 아니다. 이것은 원금에 불과하고 이자에 해당하는 돈을 추가로 내야 한다. 즉, $17.4(1+0.08)^2 + 17.4(1+0.08)^1 + 17.4 = 20.3 + 18.8 + 17.4 = 56.5$만원을 내야 하는 것이다. 그럼 여기서 이 계산의 정확성 여부를 확인하는 차원에서 지불한 모든 돈의 현재가치가 100만원이 되는지 알아보자. 먼저 5번 지불한 돈의 현재가치는 $17.4a_{\overline{5|}} = 17.4(3.9927) = 69.473$만원 그리고 마지막 8번째 돈의 현재가치는 $56.5(1+0.08)^{-8} = 30.52$이고 두 개를 합하게 되면 거의 100만원이 되는 것을 알 수 있다. (약간의 차이가 나는 것은 소수점 몇 째 자리까지 반영하느냐에 따라 발생하는 것이다.)

재무계산기 풀이

우선 『PMT』을 사용하여 매년 상환해야 할 금액을 산출한다.

상환해야 할 원금은 100만원이므로 『*PV* = 100.0000』을 입력한다.

이자는 기간 단위당(이 문제에서는 년간) 한 번 계산되기 때문에 실효이자율은 8%이다. 따라서 『*i* = 8』을 입력한다.

8회 간에 걸쳐 지불하여야 하기 때문에 『*n* = 8』을 입력한다.

상환금액을 산출하기 위해 『PMT』을 누르면 『−17.4015』이 도출된다.

이 문제에선 6년, 7년에 할부금을 지불하지 못하고 8년에 지불하여야 한다. 즉,

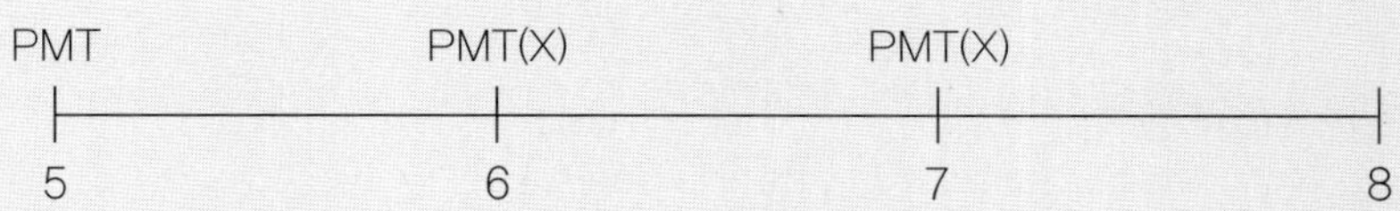

8년째 지불해야 하는 금액은 6년, 7년, 8년 즉, 3년간 매년 말 『PMT』을 지불할 경우의 미래가치와 동일하다.

산출한 매년 상환금액 『PMT = −17.4015』을 그대로 활용하여야 하기 때문에 −17.4015가 보이는 화면에서 『*f* FIN』을 입력하고 『PMT』에 입력한다.

적용되는 이자율은 8% 『*i* = 8』와 기간 『*n* = 3』을 입력한다.

미래가치를 구하기 위해 『*FV*』을 누르면 『56.4922』가 도출된다.

즉, 『6, 7년째의 원금+이자』와 『8년째의 원금』을 합하여 8년 째 56.49만원을 지불하여야 한다.

재무계산기 입력 방법

『 100.0000 PV, 8i, 8n, PMT = −17.4015 *f* FIN PMT, 8i, 3n,
FV = 56.4922 (56.49만원) 』

제3장 연금계리의 종합적 이해

들어가기에 앞서

이번 장에서는 지금까지 학습을 통해 습득한 연금에 대한 이해를 종합해보는 과정이다. 물론 적지 않은 문제를 풀어봤고 어느 정도 연금계리에 대해 감이 잡혔으리라 생각이 든다. 하지만 새로운 문제를 접하다 보면 종종 자신이 아직 제대로 이해하지 못한 부분이 있음을 발견하게 된다. 본 장은 실전에 적용되는 문제를 포함하고 있고 또한 시간대를 이리저리 옮김으로써 약간의 혼란이 조장될 가능성이 있으니 정신 바짝 차리고 임해주기를 부탁 드린다.

1. 유형 Ⅰ: 자동차 할부금

문제 1 1,000만원 짜리 자동차를 현금으로 구입하는 대신에 3년 할부로 매달 초에 지급하도록 한다면 얼마씩 할부금을 받아야 할까? 단 이 경우에 있어 적절한 연간 이자율(할인율)은 12%이고 이자는 매달 1번씩 계산되는 것으로 가정한다.

풀이) 이 문제는 자동차를 거래하는 당사자간 공정한 거래가 이루어지기 위해서 3년 할부금의 지금 시점의 가치가 현금구입가와 동등할 것을 요구하고 있다. 만일 단순히 $\frac{1,000}{3\times12}=27.7778$만원이라는 금액을 매달 납부하도록 한다면 자동차를 파는 사람이 손해를 보게 되는 것은 당연하다. 계산을 해보면 먼저 매달 부과되는 이자율은 $\frac{0.12}{12}=0.01$이고 매달 1번씩 납부하는 경우 3년 동안 $3\times12=36$번 납부해야 한다. 따라서

$$x\ddot{a}_{\overline{36|}}=1,000 \qquad x(1+0.01)a_{\overline{36|}}=x(1.01)(30.1075)=1,000$$
$$\therefore x=32.885$$

즉, 한 달에 32.885만원씩 납부해야 한다.

- 지금까지 계산의 편의를 위하여 이자가 계산되는 시점과 연금이 지급되는 시점을 일치하도록 하였다. 그러나 현실은 그렇지 아니한데 두 개가 일치하지 않은 경우의 계산방법은 Part 4 연금의 적용에서 다루어진다.

문제 2 위와 동일한 경우로서 만일 1년 동안 할부금을 납부하고 난 후 나머지 2년 동안의 할부금을 1년 후에 일시금으로 갚을 수 있도록 한다면 적절한 일시금의 크기는?

풀이) 1년 동안 매달 할부금을 갚아왔으므로 1년이 지난 시점에서는 앞으로 2년 동안 매달 내야 할 돈의 현재가치(1년 시점 기준)를 계산해주면 된다. 즉,

$$32.885a_{\overline{24|}}=32.885(1+0.01)a_{\overline{24|}}=32.885(1.01)(21.2434)=705.5$$

만원이다.

그런데 다른 방법으로 계산할 수도 있다. 즉, 모든 것을 1년 시점을 기준으로 바꿔보자. 이 경우 1년 시점에서 부채청산을 위해 내야 할 돈은 원래 내야 할 돈에다가 그 동안 낸 돈을 빼주면 될 것이다. 그런데 원래 내야 할 돈 1,000만원은 0시점에서의 가치를 나타내기 때문에 이것을 1시점에서의 가치로 바꾸어주어야 한다. 먼저 처음 1,000만원은 1년 시점에서 $1,000(1+0.01)^{12}=1,000(1.12683)=1,126.83$만원이다. 왜냐하면 매달 이자율이 1%이고 1년 동안 이자가 12번 계산되기 때문이다. 다음으로 그 동안 납부한 할부금의 가치는

$$(32.885)\ddot{s}_{\overline{12|}}=(32.885)(1+0.01)s_{\overline{12|}}=(32.885)(1.01)(12.6825)=421.235$$

만원이다.

$\therefore 1126.83-421.235=705.5$만원로서 위와 동일한 결과를 나타냄을 알 수 있다. (소수점 이하 반올림 문제 등으로 약간의 오차는 어쩔 수 없다)

2. 유형 Ⅱ : 정기 지불가능 금액 등

문제 1 보험회사 상품 중에는 목돈을 맡기게 되면 일정기간 동안 정액연금을 지급하는 상품이 있다. 어떤 상품의 경우 1,000만원을 보험료로 맡기게 되면 10년 동안 매달 초에 연금을 지급한다고 할 때 매달 받게 될 연금액은 얼마인가? 단 이 상품의 경우 적절한 이자율(할인율)은 연간 6%로써 이자는 매달 계산되며 이고 수수료 등에 대한 고려는 이미 이자율 속에 포함되어 있다고 가정하라.

풀이) 먼저 매달 적용되는 이자율은 $\frac{0.06}{12}=0.005$ 즉, 0.5%이다.

앞의 문 1)과 동일한 방식으로 풀면

$$1,000x\ddot{a}_{\overline{12\times10}|}=x(1.005)a_{\overline{120}|}=x(1.005)(90.073) \qquad \therefore\ x=11.047\text{만원}$$

문제 2 위의 문 1)에 이어 만일 매달 12만원씩 지불한다고 하면 몇 달 동안 연금지급이 가능한가? 단, 이자율 등 나머지 가정은 문 1)과 동일하다.

풀이) 이 문제를 수식으로 표현하면 다음과 같다.

$$1,000\geq 12\ddot{a}_{\overline{x}|} \qquad 1,000\geq 12(1+0.005)a_{\overline{x}|} \qquad \text{즉, } a_{\overline{x}|}\leq 82.92$$

이제 x의 값을 구해야 하는데 이 값은 연금수식(이자율 $r=0.005$)을 통해 시행착오를 거치거나 아니면 엑셀프로그램 혹은 재무계산기가 동원이 되어야 한다. 계산해보면 $107<x<108$임을 알 수 있다. 따라서 매달 12만원씩 지급하는 경우 107개월 지급이 가능해진다.

문제 3 문 2)와 연결하여 매달 초 12만원씩 107개월 동안 지급하고 나머지 잔액을 마지막 연금 지불시기에 지급하려고 한다. 추가로 지불하여야 할 금액 $x1$은? 그리고 이 잔액을 다음달(108개월 째)에 따로 지불한다고 하면 이 금액의 크기 $x2$는?

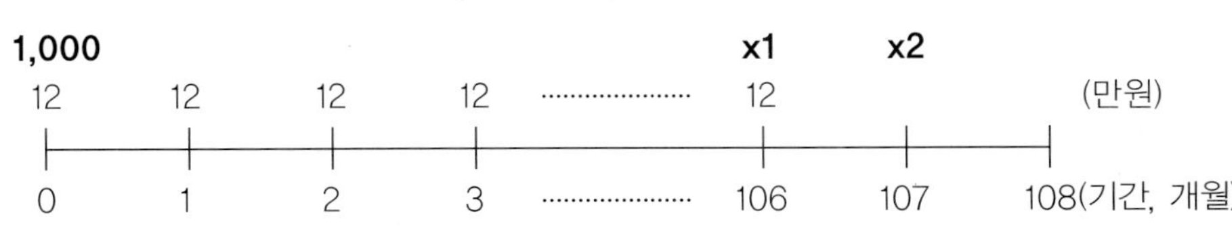

풀이) 먼저 $x1$의 값부터 구해보자. 이 문제를 푸는 방법은 위의 문제들과 유사하다. 말하자면 1,000만원의 특정시점에서의 가치와 동일한 시점을 기준으로 그 대가로 받는 돈들의 가치, 즉 12만원씩 매달 받는 돈의 가치에 $x1$의 가치를 더한 값이

서로 일치하면 된다. 예를 들어 0시점을 기준으로 하는 다음과 같은 수식을 쓴다고 가정하자.

$$1{,}000 = 12\ddot{a}_{\overline{107}|} + x1 = 12(1.005)a_{\overline{107}|} + x1 = 12(1.005)(82.71) + x1$$
$$\therefore\ x1 = 2.52\text{만원}$$

자, 그럼 이것이 107개월째에 추가로 지급해야 할 금액인가? 가르치는 학생들에게 이 문제를 내보면 항상 이 부분에서 헷갈려 함을 종종 볼 수 있다. 답은 "아니다"이다. 이 값은 $x1$의 0시점에서의 가치를 나타내고 있으며 107개월째에 추가로 내야 할 금액은 이 돈에 그동안의 이자를 추가해 주어야 한다. 따라서 $x1 = 2.52(1+0.005)^{106} = 4.27$만원이다. 단 여기서 매월 초 지급되는 연금이기 때문에 107이 아니라 106이 되는 것을 유의하기 바란다.

그러면 여기서 이것의 정답여부를 확인할 겸 다른 방식을 통해 풀어보도록 하자. 예를 들어 106시점을 가치계산의 기준시점으로 바꾼다면 먼저 1,000만원은 $1{,}000(1+0.005)^{106} = 1{,}696.69$만원이다.

다음으로 모든 연금의 106시점에서의 가치는

$$12\ddot{s}_{\overline{106}|} + 12 = 12(1+0.005)s_{\overline{106}|} + 12 = 12(1.005)(139.338) + 12$$
$$= 1{,}680.42 + 12 = 1{,}692.42$$

- 여기서 $\ddot{s}_{\overline{106}|}$은 0시점에서 시작하여 105시점까지 매달 12만원씩 106번 지급된 돈의 106시점에서의 가치를 나타낸다는 것을 유의하기 바란다. 이해가 잘 되지 않는 학생은 $\ddot{s}_{\overline{n}|}$ 수식의 설명부분을 다시 확인할 필요가 있다. 위의 식에서 추가된 12는 아직 계산에 들어가지 않은 106시점의 12 를 나타낸 것이다.

따라서 1,692.42에 106시점에서의 추가금액 4.27만원을 더하면 1,696.69만원가 되어 두 가지가 일치함을 알 수 있다.

자 그럼 이제 $x2$, 즉 다음 달(108개월 째)에 따로 지불할 경우의 금액의 크기는 얼마인가? 이것을 구하는 방법으로는 시점을 0 혹은 107시점으로 놓고 모든 돈의 가치를 다시 계산해보는 것이 있을 수 있다. 그러나 결국 그 답은 $x1 = 4.27$만원에 1달 치 이자를 더한 금액 즉, $4.27(1+0.005)^1 = 4.29$만원임을 확인할 수 있을 것이다.

3. 유형 Ⅲ: 지급시간대가 서로 다른 연금상품의 비교

문제 1 어떤 국가에서 국민의 노후문제를 걱정한 나머지 연금을 지급하기로 결정하였다. 이에 따라 모든 국민에게 다음의 세 가지 중 하나를 선택하도록 하였는데 어느 것이 가장 유리할까? 단 미래 오랜 기간에 걸쳐 지급되는 이 연금에 대한 적정할인율(이자율)은 연간 12%이고 이자는 한달에 한 번 계산된다고 가정하자.

선택 1) 지금부터 만 8년간 매달 말 100만원씩 수령하는 것

선택 2) 지금부터 만 8년 후에 매달 말 100만원씩 연금수령을 시작하되 그 후 만 12년간 연금을 받는 것

선택 3) 지금부터 만 20년 후 연금수령을 시작하여 영원토록 매달 말 100만원씩 연금을 받을 수 있고 아니면 1억을 20년 시점에 일시금으로 받는 것

풀이) 이 문제를 학생들에게 내어 보면 '영원'이라는 단어가 주는 무게감 때문에 선택 3)을 선호하는 경향이 있는데 독자가 육감적으로 느끼는 답과 실제 답의 차이를 확인해보기 바란다.

세 가지 선택의 가치를 판단함에 있어 0시점에서의 현재가치를 각각 따져보기로 하자. 물론 8년 시점이나 20년 시점을 기준으로 가치를 계산할 수도 있는데 그 결과는 동일하다. 한편 연금지급이 이루어지는 매월에 적용되는 이자율은 $\frac{0.12}{12}=0.01$임을 이미 우리는 알고 있다.

먼저 선택 1)의 경우 0시점의 현재가치는 수식으로 표현할 때

$$100a_{\overline{12\times8}|}=100a_{\overline{96}|}=100(61.5277)=6,152.77\text{만원}$$

다음으로 선택 2)를 알아보자. 먼저 12년간 받는 연금의 가치를 $100a_{\overline{12\times12}|}=100a_{\overline{144}|}$로 표기하게 되면 이것은 8년 시점에서의 가치를 나타내게 된다(이 부분을 확실히 이해

하는 것이 매우 중요하다. 이해가 잘되지 않는 학생은 연금기호들이 가지는 뜻을 다시 한번 확인하기 바란다). 따라서 이것을 0시점의 가치로 변환하기 위해서는 $(1+0.01)^{-(8\times12)}=(1.01)^{-96}=0.385$를 곱해주어야 한다. 정리하면

$$(1+0.01)^{-96}100a_{\overline{144|}}=(0.385)100(76.137)=2,931.27\text{만원}$$

마지막으로 선택 3)의 경우 먼저 20년 시점에서 일시금으로 받는 것과 영원히 연금으로 받는 것이 차이가 있는지 알아보자. 영원히 지속되는 연금의 가치는 위의 1장 영구연금(perpetuity)부분에서 이미 배웠다. 즉, 영구연금의 가치는 0이며 일시금과 동일하다는 것을 알 수 있다. 일시금과 연금의 크기가 같은 이유는 간단하다. 연금 100만원은 1억원에 대한 매달 이자(1억원×0.01)와 같고 이 이자를 영원히 받는다고 생각할 수 있기 때문이다. 그럼 원금 1억원은? 이 돈은 영원의 시간이 지난 후에 받을 수 있지만 영원 후에 1억원은 그 가치가 0이다.

그럼 이제 20년 시점의 1억원의 가치를 0시점의 가치로 환산해보자. 즉, $(1+0.01)^{-20\times12}$(1억원)$=0.0918\times$(1억원)=918만원이다.

이제 그 결과를 비교해보면 세 가지 선택간에 상당한 차이가 있음을 발견하고 놀랄 것이다. 사실 육안으로 봤을 때 그렇게 큰 차이가 보이지 않던 것이 이렇게 큰 차이가 난 것은 이자율(할인율)이 연간 12%로서 상당히 높았기 때문인 것으로 대부분 풀이할 수 있다. 그러나 이자율이 낮아진다 하더라도 상대적 차이는 어느 정도 유지된다고 볼 수 있는데(독자들이 실제 계산을 시도해보기를 권유한다) 이것은 다시 한번 복리의 위력을 보여주는 것이기도 하다.

4. 연금기호의 심층이해

이제 지금까지 배운 내용을 연금기호를 통해 정리해보자. 아래에 나오는 내용을 완벽하게 이해해야만 교재의 처음부터 지금까지 배운 지식들이 정리가 되어있다고 볼 수 있다.

예를 들어 다음의 그림과 같은 매년 1원씩 5번 지급되는 연금형태의 현금흐름이 있다고 하자. 그리고 편의상 0시점이 현재 시점이라고 가정해보자. 그럼 다음에 질문에 대해 대답해보라.

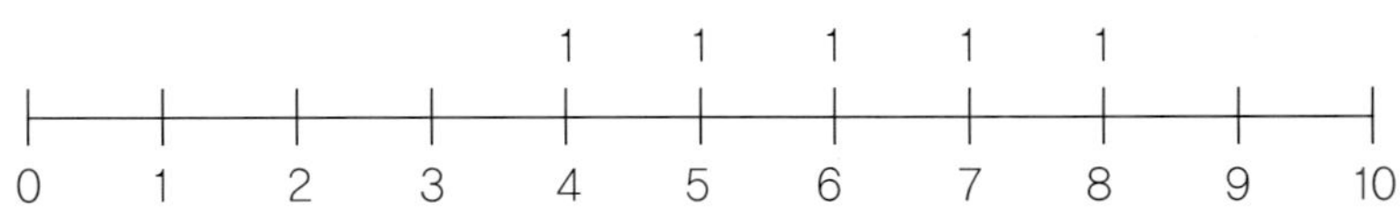

질문 1) $a_{\overline{5}|}$, $\ddot{a}_{\overline{5}|}$, $s_{\overline{5}|}$, $\ddot{s}_{\overline{5}|}$는 어느 시점에서 이 돈들의 가치를 나타내고 있는가?

질문 2) 0시점에서 이 돈들의 가치를 표시하되 아는 대로 모두 적어보라. 몇 가지가 가능한가?

질문 3) 2와 10시점에서 각각 이 돈들의 가치를 표시하되 모든 방법을 동원해보라.

풀이 1) 연금기호의 뜻을 알고 있으면 간단한 문제다. 먼저 $a_{\overline{5}|}$는 연금이 처음 지급되는 시점에서 한 기간 전의 가치 혹은 매년 연금을 받는 다면 12월 31일에 받는 연금의 가치를 1월 1일 시점에서의 가치로 나타낸 것이다. 그리고 $\ddot{a}_{\overline{5}|}$는 처음 연금을 받는 시점에서의 가치 혹은 1월 1일의 가치를 말한다. 위에서 언급한 바를 다시 한번 정리하면 결국 $a_{\overline{5}|}$(시점 3), $\ddot{a}_{\overline{5}|}$(시점 4)둘 다 연금을 받는 시점이 기간의 초 혹은 기간의 말이냐가 다를 뿐 처음 연금 받는 기간의 연초의 가치로 나타낸 것이라고 말할 수 있다.

다음으로 $s_{\overline{5}|}$는 마지막으로 연금을 받는 시점에서의 가치를 나타내고 $\ddot{s}_{\overline{5}|}$는 마지막 연금을 받는 시점에서 한 기간 후의 시점 혹은 매년 연금을 받는다면 돈은 1월 1일 받되 12월 31일에서의 가치를 나타낸다. 연금의 현재가치와 마찬가지로 $s_{\overline{5}|}$(시점 8), $\ddot{s}_{\overline{5}|}$(시점 9) 둘 다 연금을 받는 시점이 기간의 초이냐 말이냐가 다를 뿐 결국 마지막

연금을 받는 기간의 기말 시점을 기준으로 하는 연금의 미래가치를 표시하고 있음을 알 수 있다.

풀이 2) 그림에 있는 현금흐름의 가치를 0시점의 가치로 표현하는 방법은 크게 두 가지가 있다. 그 하나는 연금의 가치를 특정시점의 가치로 변환하는 것이고 다른 하나는 연금기호만을 이용하는 것이다. 전자의 경우는 $(1+i)^{-3}a_{\overline{5}|}$ 즉, 3시점의 연금의 가치를 나타내는 $a_{\overline{5}|}$를 0시점의 가치로 할인한 것이며 $(1+i)^{-4}\ddot{a}_{\overline{5}|}$으로 표현이 가능하다. 연금기호만을 사용하는 후자의 방법은 다음 그림과 같이 가상의 연금을 받는 것으로 하여 0시점에서의 연금의 가치 $a_{\overline{8}|}$를 구한 다음 가상의 연금의 가치만큼 삭감하는 것이다. 수식으로 표현하면 $a_{\overline{8}|}-a_{\overline{3}|}$이 된다.

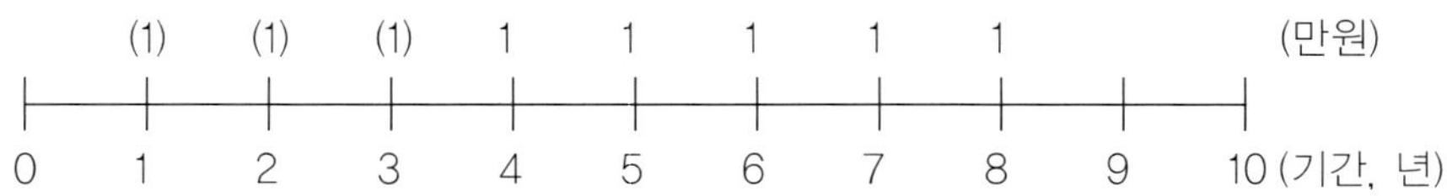

구체적인 예를 들어보자. 예를 들어 하나의 기간 동안 적용되는 이자율이 7%라면 $(1+i)^{-3}a_{\overline{5}|}=(1+0.07)^{-3}(4.10)=3.347$이고 $a_{\overline{8}|}-a_{\overline{3}|}=5.971-2.624=3.347$로서 동일한 값임을 알 수 있다.

풀이 3) 위의 문 2)의 경우와 동일한 방법을 적용할 수 있다. 먼저 시점 2를 기준으로 연금의 가치를 표현하게 되면 $(1+i)^{-1}a_{\overline{5}|}$, $a_{\overline{6}|}-a_{\overline{1}|}$, 등이 가능하며 여기서 $a_{\overline{1}|}=(1+i)^{-1}$과 같은 값이다. 그리고 시점 10을 기준으로 하는 경우는 $s_{\overline{5}|}(1+i)^2$, $s_{\overline{7}|}-s_{\overline{2}|}$(아래 그림 참조) 등이 가능하다.

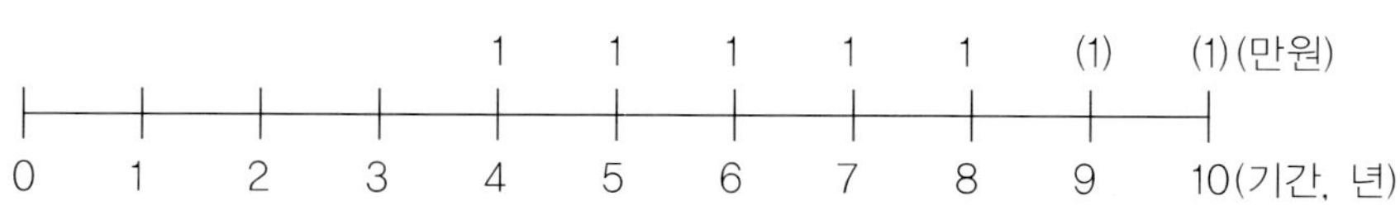

문제 1 다음과 같은 두 가지 선택이 있을 때 두 가지 조건을 동일하게 하는 일시금의 크기 x는 얼마인가? 단 적정할인율은 연간 7%로 가정한다.

선택 1) 20년간 매년 초에 연금 200만원 제공

선택 2) 동일한 기간 동안 매년 말 연금 150만원 제공 + 만 10년이 경과 후 일시금 x원 추가 제공

풀이) 두 가지 선택의 가치를 0시점의 현재가치로 나타내면

먼저 선택 1)의 경우

$$200\ddot{a}_{\overline{20}|i=0.07}=200(1.07)(10.5940)=2,267.12\text{만원}$$

다음으로 선택 2)의 경우 연금만의 현재가치는

$$150a_{\overline{20}|i=0.07}=150(10.5940)=1,589.10\text{만원}$$

따라서 0시점 기준 2,267.12−1,589.10=678.01만원의 일시금지급이 필요한데 이 돈의 10년 후 가치는 $678.01\times(1+0.07)^{10}=1,333.75$만원이며 이 돈이 10년 후 지급되어야 한다.

문제 2 1,000만원 대출금으로 매년 말 총 10번에 걸친 분할금으로 상환하고 하였으나 5번의 연금지급 후 나머지 5번을 일시금으로 대치하고자 한다. 적절한 대체금액의 크기는 얼마인가? 단 연간 이자율은 5%로 가정한다.

풀이) 먼저 분할금의 크기를 x로 두면

$$1,000=xa_{\overline{10}|i=0.05}=x(7.7217) \qquad \therefore\ x=129.51\text{만원}$$

다음으로 미지급된 5번의 연금의 경우 만 10년이 경과한 시점에서의 현재가치는

$129.51a_{\overline{5}|i=0.05}=129.51(4.3295)=560.71$만원이며 이 돈이 일시금으로 지급되어야 한다.

문제 3 1,000원을 사용하여 매년 말 100원씩 가능한 한 시간까지 지불을 하고자 한다. 몇 번의 지불이 가능한가? 단 연간 이자율은 7%로 가정한다.

풀이) $100\times\frac{1-(1+0.07)^{-x}}{0.07}=1,000$ 즉, $\frac{1-(1+0.07)^{-x}}{0.07}=10$이며 재무계산기나 부록을 이용하면 이자율 7%의 경우 $17<x<18$을 알 수 있다 따라서 17번의 지급이 가능하다.

문제 4 다음의 두 가지 선택 중 어느 것이 유리한가? 단 이자율은 연간 8%라고 가정한다.

선택 1) 매년 초 1천만원씩 20년 동안 아파트 렌트비를 내는 경우
선택 2) 아파트 매매 즉시 계약금 5천만원, 5년 후에 1억원을 주는 조건으로 산 뒤 매매 시점에서 20년 후 1억원에 되파는 경우

풀이) 먼저 선택 1)의 경우 0 시점 기준 총 지급액은

$$1,000\ddot{a}_{\overline{20}|i=0.08}=1,000(1.08)(9.8181)=10,603.55\text{만원}$$

다음으로 선택 2)의 경우 0 시점 기준 실제 지급액은

$$\begin{aligned}&5,000+10,000(1+0.08)^{-5}-10,000(1+0.08)^{-20}\\&=5,000+10,000(0.6806)-10,000(0.2146)=9,660\text{만원}\end{aligned}$$

따라서 실제 지불액은 선택 2)가 더 적다.

문제 5 5,000만원으로 10년 동안 매년 말 200만원씩 연금을 지급하고 나머지 잔액으로 영구히 매년 말 연금을 지급하고자 한다면 지급가능 금액은 얼마인가? 단 적정 이자율(할인율)은 연간 5%라고 가정하라.

풀이) 먼저 10년 후 잔액의 크기는 다음과 같다.

$$5,000(1+0.05)^{10}-10s_{\overline{10}|i=0.05}=5,000(1.6289)-200(12.5779)$$
$$=8,144.5-2,515.58=5,628.92$$

영구히 연금을 지급하는 경우 $5,628.92=xa_{\overline{\infty}|i=0.05}=x\dfrac{1}{0.05}$

$\therefore x=281.45$만원 이며 따라서 이 금액을 매년 말 영구히 지불할 수 있다.

문제 6 2,000만원 대출을 5년 동안 매 반기(반년)말에 할부금을 통해 갚으려 한다. 이자가 매달마다 계산되고 명목 이자율 연 12%라면 분기별 지불금액은 얼마인가?

풀이) 먼저 월간 이자율이 $\dfrac{0.12}{12}=0.01$이고 따라서 반기별 적용 실효이자율은 $1+i=(1+0.01)^6 \quad \therefore i=0.0615$이다.

분기별 지불금액 x는 다음과 같다.

$2,000=xa_{\overline{10}|i=0.0615}=x(7.3081) \qquad \therefore x=273.67$만원이다.

문제 7 현재 25세로 나이가 동일하고 은퇴까지의 기간이 35년 남은 두 사람의 은퇴자금의 크기를 계산하시오.

A: 매년 말 200만원을 처음 10년 동안 적립. 그 이후 25년간은 입금을 멈추되 지금의 인출이 없어 이자는 계속 추가됨

B: 처음 10년 동안은 적립금 없음. 10년 경과 후 적립을 시작하여 그 후 25년 동안 A와 동일한 금액을 매년 적립함.

단, 두 사람 모두 연간 투자수익률은 7%를 가정

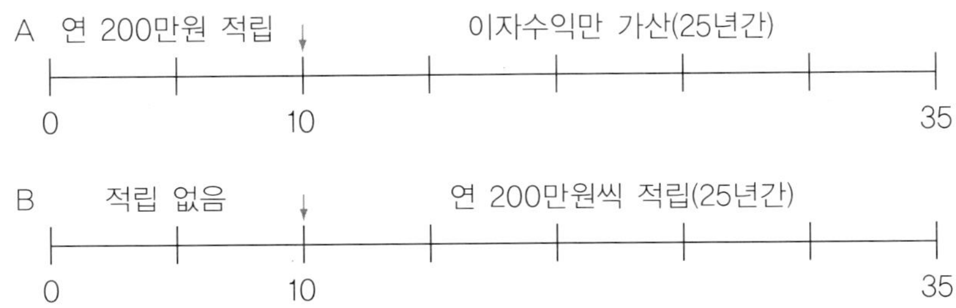

풀이) 먼저 A의 경우 10년 후 적립금총액은

$$200s_{\overline{10}|i=0.07} = 200(13.8164) = 2,763.28\text{만원}$$

그리고 총 35년 경과시 총적립금은

$$2,763.28(1+0.07)^{25} = 14,997.51\text{만원}$$

B의 경우 총적립금은

$$200s_{\overline{25}|i=0.07} = 200(63.2490) = 12,659.8$$

따라서 실제 자금의 적립된 기간이 10년으로 B보다 짧았음에도 불구하고 A의 총 적립금이 B보다 더 큰 것을 알 수 있다.

Part 4

연금의 적용

제1장 이자계산 횟수와 지급횟수가 상이한 경우

들어가기에 앞서

Part 4에서는 연금에 관한 공부를 하되 다소 단계가 올라간 심화학습을 하고자 한다. 만일 Part 4를 문제없이 소화할 수 있다면 일상에서 발생하는 연금계리관련 문제들을 해결함에 있어서는 별 어려움이 없을 것으로 본다.

그러나 Part 4에서는 여전히 수급기간이 확정된 경우만을 다루게 될 것인데 이것은 연금의 수급가능성에 대한 불확실성이 존재하지 않고 따라서 확률문제가 도입되지 않는다는 것과 동일한 의미이다.

먼저 제1장에서는 이자계산시점과 지급시점이 상이한 경우를 다루게 된다. 즉, 지금까지와는 달리 연금이 지급되는 시점에 이자의 계산도 함께 이루어지는 것을 가정하지 않는다는 것인데 현실의 금융거래도 이와 마찬가지이다. 현실에서는 비록 통상적으로 월 단위로 일정금액(연금 등)을 주거나 혹은 받거나 하더라도 이자계산은 거의 매일 이루어지는 것이 상례이다.

한편 대부분의 보험계리 교재는 이자계산시점과 지급시점이 상이한 경우의 실제문제를 푸는 과정을 보여주기도 하고 또한 실제 숫자가 아닌 연금계리 부호를 동원함으로써 간단한 표현방법(후자는 흔히 대수적 표현(algebraic expression)이라고 불린다) 이른바 공식을 도출하기도 한다. 본 교재는 이자론의 기본교재인 만큼 전자에 치중할 것이며 후자에 관한 내용은 타 교재를 참고하기 바란다.

1. 이자계산 횟수가 지급횟수 보다 잦은 경우

이자계산시점과 지급시점이 상이한 경우의 문제를 푸는데 있어 핵심은 이자계산 시점과 지급이 이루어지는 시점을 일치시킨다는 것이다. 그 이유는 이렇게 하는 경우 개념상이나 혹은 계산상 문제풀이가 간단해지기 때문이다. 문제는 어느 것을 변환시켜서 서로를 일치시키느냐 하는 것인데 지급시점은 이미 정해져 있으므로 문제에서 이미 제시된 바 하나의 기간당 주어진 이자를 실제 지급이 이루어지는 기간의 이자율로 변환시키게 된다.

그럼 이자계산 횟수가 지급횟수보다 잦은 경우의 사례부터 먼저 들어 보도록 하자. 그런데 이것과 유사한 내용이 실효이자율을 계산하는 과정에서 이미 다루어졌으므로 본 장에서는 간단히 넘어가고자 한다.

문제 1 반기(6개월)초에 한 번씩 100만원을 적립하여 2년 동안 적립하는 경우 2년 후 적립금의 크기는 얼마인가? 단 이자는 석달에 한 번 계산되고 이자율은 연간 8%인 것으로 가정한다.

풀이)

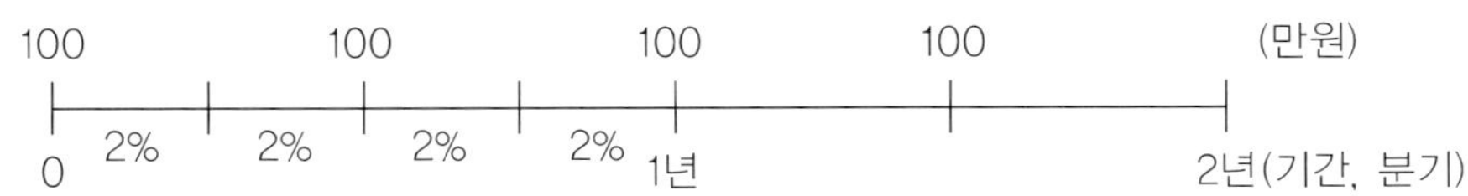

위의 그림에서 보는 바와 같이 돈의 유입은 반기(6개월)에 한 번이고 이자계산은 3개월에 한 번으로 되어있다. 따라서 돈의 유입과 이자가 계산되는 시점을 일치시키기 위해서는 반기(6개월)에 해당하는 이자율을 구해야 한다. 그러면 실효이자율을 구하는 과정을 떠올려보자. 반기(6개월)에는 두 번의 3개월이 있다. 그리고 연간 명목이자율이 8%이면 3개월간의 이자율은 $\frac{0.08}{4}$ =0.02(2%) 이다. 따라서 반기의 이자율을 i 라고 하면

$$1+i=(1+0.02)^2=1.0404 \qquad \therefore i=0.0404\ (4.04\%)$$

즉, 당연한 결과이지만 4% 보다는 조금 높게 나오는 것을 알 수 있다.

- 여기서 0.0404는 반기(6개월)동안의 실효이자율이라고 말할 수 있다. 여기서 혹시 혼란이 오는 학생이 있을까 하는 조바심에서 한 가지를 확인시켜주고자 한다. 먼저 오래 전에 풀어보았던 바 연간 실효이자율은 얼마인지 알아보자. 연간 실효이자율을 라고 하면 1년에 이자가 4번 계산되기 때문에

$$1+j=\left(1+\frac{0.08}{4}\right)^4=(1+0.02)^4=1.0824 \qquad \therefore\ j=0.0824$$

이제 반기이자율을 사용하여 일년 동안의 실효이자율(위의 j와 구분을 위해 $j(2)$라고부르자)은 얼마인지 확인해보자.

$$1+j(2)=(1+0.0404)^2=1.0824 \qquad \therefore\ j(2)=0.0824$$

즉, j와 $j(2)$가 서로 일치함을 알 수 있는데 어떤 방식으로 계산하든지 연간 실효이자율은 변함이 없다는 것을 확인할 수 있다.

이제 돈이 유입되는 반기마다의 이자율을 알았으므로 연금의 미래가치는 연금기호를 통해 다음과 같이 표현하고 또한 계산할 수 있다.

$$100\ddot{s}_{\overline{4}|}=100(1+0.0404)s_{\overline{4}|}=100(1.0404)(4.249)=442.06\text{만원}$$

재무계산기 풀이

실효이자율을 산출하고 그 산출한 실효이자율을 그대로 활용하여 푸는 문제이기 때문에 『PV = 100.0000 CHS』을 입력한다.

연 8%는 명목이자율이고 이자는 분기(3개월)마다 계산되기 때문에 분기(3개월)의 이자율은 8%/4≒2%이다. 따라서 『i = 8 ↲4÷i』을 입력한다.

연간 이자는 분기(3개월)마다 계산되기 때문에 『1년=4분기(4회)』이므로 『n = 4n』을 입력한다.

PV, i, n 입력 후『FV』을 누르면 『108.2432』이 도출된다.

이것은 현재 100.0000을 투자하여(PV) 1년 후 108.2432(FV)을 얻는다는 의미이므로 연간 실효이자율은 『(108.2432－100.0000)＝8.2432%』이다.

여기에서 주의할 점은 현금흐름이 반기(6개월)마다 발생하기 때문에 연간 명목이자율 8%를 연간 실효이자율이 아닌 반기(6개월)의 실효이자율로 변환하여야 한다는 점이다.

1년은 두 번의 반기(6개월)로 구성되어 있기 때문에 연간 실효이자율을 반기(6개월)의 실효이자율로 변환하기 위해 『n = 2n』을 입력하고 『i』을 누르면 반기(6개월)의 실효이자율 『4.0400』이 도출된다.

이 상태에서 『f FIN』을 입력하고 『i』에 입력한다. 그러면 i 에는 반기(6개월)의 실효이자율 4.0400%가 입력된 상태가 된다.

현금흐름이 매기간 초에 발생하기 때문에 『g BEG』을 눌러 기시급 모드(Begin Mode)로 전환한다. [2부 문제 6) [TIP] 참조]

반기(6개월)마다 100만원씩 적립하므로 『PMT = 100.0000 CHS』을 입력한다.

문제에서 주어진 기간은 2년이지만 반기(6개월)마다 현금흐름이 발생하기 때문에 실제 적용되는 기간 『2년＝4반기』이므로 『n = 4n』을 입력한다.

미래 적립금을 구하기 위해 『FV』을 누르면 『442.0654』이 도출된다.

재무계산기 입력 방법

『 100.0000 CHS PV, 8 ↵4 ÷ i, 4n, FV = 108.2432, 2n, i = 4.0400
f FIN i, g BEG, 100.0000 CHS PMT, 4n, FV=442.0654 (442.06만원)』

문제 2 1,000만원에 대한 부채상환을 하되 1년에 2번 반기(반년)말에 100만원을 2회 내고 이어 x씩 분기 말에 4번을 지급하기로 하였다. 만일 이자가 한달에 한 번씩 계산되고 명목이자율이 연간 12%라면 x의 크기는?

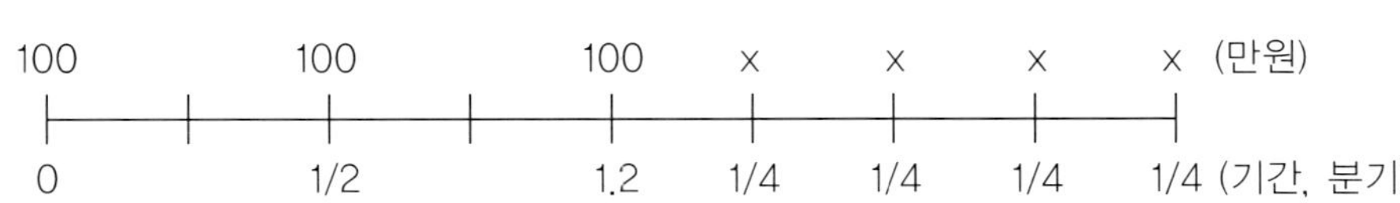

풀이) 이자가 한달에 한 번 계산되는데 비해 돈의 흐름은 분기와 반기마다 이루어지고 있다. 따라서 원활한 계산을 위해서 각각의 현금흐름이 이루어지는 기간마다의 실효이자율을 구해서 현금흐름과 이자계산시기를 맞추어 줄 필요가 있다. 이미 배운 바와 같이 먼저 반기(6개월)당 실효이자율을 $i(2)$라고 표기하면

$$1+i(2)=\left(1+\frac{0.12}{12}\right)^6=(1+0.01)^6=1.0615 \qquad \therefore\ i(2)=0.0615$$

다음으로 분기당 실효이자율 $i(4)$는

$$1+i(4)=\left(1+\frac{0.12}{12}\right)^3=(1+0.01)^3=1.0303 \qquad \therefore\ i(4)=0.0303$$

먼저 두 번에 걸친 반기마다 100만원씩 상환되는 돈의 0 시점에서의 현재가치는
$100(1+0.0615)^{-1}+100(1+0.0615)^{-2}$
혹은 $100a_{\overline{2}|i=0.0615}=100(1.8295)=182.95$만원

- 참고로 보험계리에서는 적용된 이자율(예: 0.01)을 연금기호에 표시하고 싶은 경우 $a_{\overline{n}|i=0.01}$라고 표기한다.

다음으로 4번에 걸쳐 분기마다 x원씩 지불되는 돈들의 현재가치

$$xa_{4\,i=0.0303}=x\frac{1-(1+0.0303)^{-4}}{0.0303}=x\frac{1-0.88745}{0.0303}=\frac{0.11255}{0.0303}=3.714x$$

종합해보면 $1,000=100a_{\overline{2}|i=0.0615}+xa_{\overline{4}|i=0.0303}=182.95+3.714x$
$\therefore\ x=219.99$만원이다.

재무계산기 풀이

이 문제의 경우 현재 대출한 1,000만원과 각 현금흐름에서 상환한 금액의 현재가치의 합이 일치한다는 식을 이용하여 풀어야 한다.

우선, 두 번에 걸친 반기마다 100만원씩 상환되는 돈의 현재가치를 구한다.

실효이자율을 산출하고 그 산출한 실효이자율을 그대로 활용하여 푸는 문제이기 때문에 『*PV* = 100.0000 CHS』을 입력한다.

연 12%는 명목이자율이고 이자는 매월마다 계산되기 때문에 『*i* = 12gi or 12 ↲12÷*i*』, 『*n* = 1gn or 1 ↲12×*n*』을 입력한 후 『*FV*』을 누르면 『112.6825』가 나온다.

1년은 2개의 반기(6개월)로 구성되어 있기 때문에 연간 실효이자율을 반기(6개월)의 실효이자율로 변환하기 위해 『*n* = 2*n*』을 입력하고 『*i*』을 누르면 반기(6개월)의 실효이자율 『6.1520』이 도출된다.

이 상태에서 『*f* FIN』을 입력하고 『*i*』에 입력한다. 그러면 *i*에는 반기(6개월)의 실효이자율 6.1520%가 입력된 상태가 된다.

반기(6개월)마다 100만원씩 상환하므로 『*PMT* = 100.0000 CHS』을 입력하고 1년간 2회에 걸쳐 상환하였으므로 『*n* = 2*n*』을 입력한다.

현재가치를 구하기 위해 『*PV*』을 누르면 『182.9494』이 도출된다.

즉, 『182.9494』은 두 번에 걸친 반기마다 100만원씩 상환되는 돈의 현재가치이다.

정답도출을 위해 1,000.0000에서 182.9494을 빼야한다. 현재 182.9494가 보이는 상태에서 『CHS』을 입력하여 음수로 전환 후 『 ↲』을 입력하고 『1000.0000』을 입력하고 『+』을 누르면 『817.0506』이 도출된다. 즉,

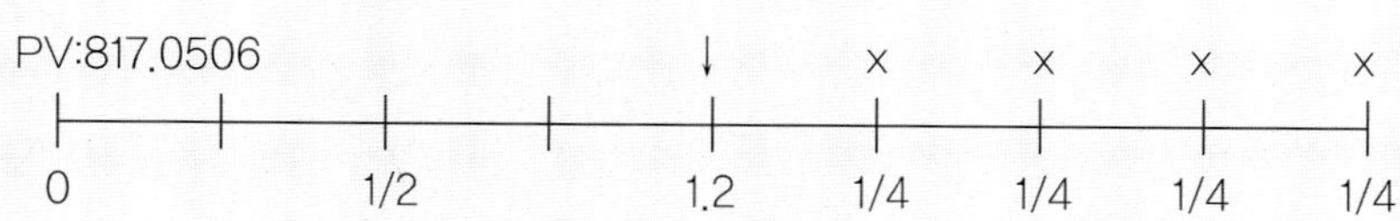

이 『817.0506』은 현재시점(0시점)의 가치이기 때문에 『↓』시점의 가치로 전환하여야 한다.

가치전환을 위해 『f FIN』을 입력하고 『CHS PV』에 입력한다.

적용되는 이자율 『i = 6.1520』와 기간 『n = 2n』을 입력하고 『FV』을 누르면 『920.6728』이 도출된다.

이 『920.6728』은 4번에 걸쳐 분기마다 x원씩 지불되는 돈의 현재가치이다. 이 값은 나중에 사용되어지기 때문에 『STO 1』로 저장하고 기존에 입력된 수치를 삭제하기 위해『f FIN』을 입력한다.

매분기 상환금액을 구하기 위해 분기당 실효이자율을 산출한다.

실효이자율을 산출하고 그 산출한 실효이자율을 그대로 활용하여 푸는 문제이기 때문에 『PV = 100.0000 CHS』을 입력한다.

연 12%는 명목이자율이고 이자는 매월마다 계산되기 때문에 『i = 12gi or 12 ↲12 ÷ i』, 『n = 1gn or 1 ↲12 × n』을 입력한 후 『FV』을 누르면 『112.6825』가 나온다.

1년은 4개의 분기(3개월)로 구성되어 있기 때문에 연간 실효이자율을 분기(3개월)의 실효이자율로 변환하기 위해 『n = 4n』을 입력하고 『i』을 누르면 분기(3개월)의 실효이자율 『3.0301』이 도출된다.

이 상태에서 『f FIN』을 입력하고 『i』에 입력한다. 그러면 i에는 분기(3개월)의 실효이자율 3.0301%가 입력된 상태가 된다.

『RCL 1』을 입력하여 저장한 『920.6728』값을 불러온다.

이 『920.6728』은 4번에 걸쳐 분기마다 x원씩 지불되는 돈의 현재가치이기 때문에 『PV』에 입력한다.

따라서,

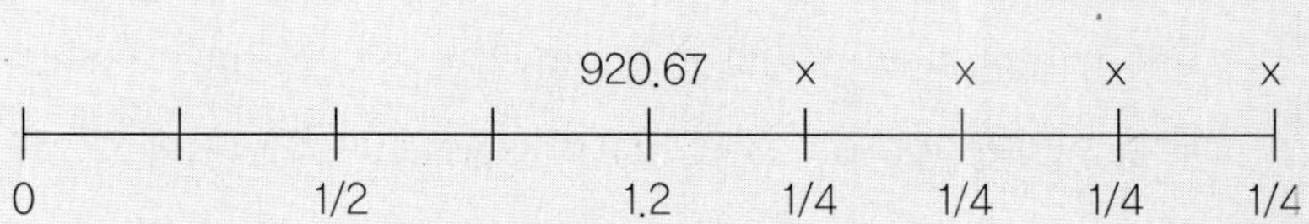

매분기 상환금액 즉, 『x』를 구하는 문제이다.

1년간 4분기에 걸친 상환이기 때문에 『n = 4n』을 입력하고 상환금액 『x』을 구하기 위해 『PMT』을 누르면 『−247.8642』이 도출된다.

재무계산기 입력 방법

『100.0000 CHS PV, 12gi(=12 ↵12÷*i*), 1gn(=1 ↵12×*n*), *FV*=112.6825
2*n*, *i* = 6.1520 *f* FIN *i*, 100.0000 CHS PMT, 2*n*, *PV* = 182.9494
CHS ↵ 1000.0000 + = 817.0506 *f* FIN CHS PV, 6.1520*i*, 2*n*,
FV = 920.6728 STO 1, *f* FIN, 100.0000 CHS PV, 12gi (=12 ↵12÷*i*),
1gn (=1 ↵12×*n*), FV = 112.6825, 4*n*, *i* = 3.0301
f FIN *i*, ↵ RCL 1 PV, 4*n*, PMT = −247.8642 (247.86만원) 』

2. 지급횟수가 이자계산 횟수보다 잦은 경우

지급횟수가 이자계산 횟수보다 많은 경우는 이미 언급한 대로 지급시기에 맞추어서 이자계산 시기를 바꿔주어야 한다. 예를 들어 이자가 일년에 한 번 계산되고 현금흐름이 일년에 두 번 이루어지는 경우는 이자를 일년에 두 번 계산되는 것으로 바꾸되 단 이자가 미치는 영향력은 결국 동일하도록 만들어야 할 것이다. 이것을 다른 말로 바꾸면 실효이자율이 동일하도록 만든다는 것과 동일한 의미이다. 이런 과정은 이미 알고 있는바 이자계산이 현금흐름보다 자주 이루어지는 경우의 실효이자율을 구하는 과정과 정반대다. 예를 들어 보자. 만일 이자가 연말에 한 번 10%씩 계산되는 경우를 매반기마다 한 번씩 계산되는 것으로 바꾸고자 한다면 반기마다의 이자율은 얼마여야 적정할까?

만일 위의 두 가지 경우가 동일한 결과를 낳으려면 반기마다 한 번씩 즉, 일년에 두 번 이자가 계산되는 것의 실효이자율이 10%가 되어야 할 것이다.

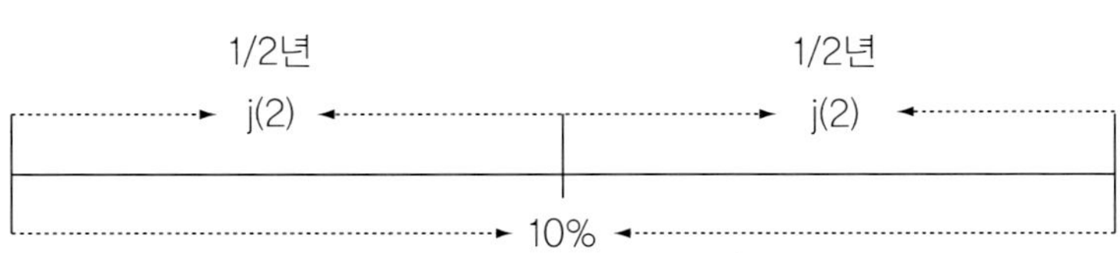

마찬가지로 반기의 적정 이자율을 $j(2)$라고 표기하면 1년 동안 연간 10%를 적용했을 경우나 반기마다 $j(2)$를 적용했을 경우나 원금 1원에 대한 원리금 합계 역시 동일해야 할 것이다. 즉, 수식으로 표현하면

$$1(1+j(2))^2=1(1+0.01)^1$$

이 때 $1+j(2)=1.01^{1/2}=\sqrt{1.01}=1.00499 \quad \therefore j(2)=0.00499$ 가 된다.

이제 문제풀이를 통해 좀 더 이해도를 높여보자.

문제 1 1,000만원의 대출을 2년 동안 두달에 한 번씩 마지막 날짜에 정액의 할부금을 통해 갚으려고 한다. 이자가 반기(반년)마다 한 번 계산되고 연간 (명목)이자율이 8%라면 매기간 지불 금액은?

풀이) 연간 명목이자율이 8%인 경우 반기(반년)마다 적용되는 이자율은 $\frac{0.08}{2}=$ 0.04(4%)로 정해진다. 이제 이미 정해진 이자율을 대출금이 지불되는 2개월간의 이자율($j(6)$로 표기)로 환산해 주어야 하는데 반년에는 2개월이 3번이 포함되어 있다. 따라서 수식으로 나타내면

$$(1+j(6))^3=1+0.04 \text{ 즉, } 1+j(6)=1.04^{1/3}=1.013 \quad \therefore j(6)=0.013$$

이다.

이제 2개월마다의 이자율이 0.013으로 정해졌으므로

$$1{,}000=xa_{\overline{6\times2}|i=0.013}=x(11.033) \qquad \therefore x=\frac{1{,}000}{11.044}=90.546\text{만원이 된다.}$$

실제로 이러한 내용을 가르치다 보면 이해를 하는 데 다소 어려움을 겪는 것을 종종 보게 되는데 지급횟수가 이자계산횟수보다 잦은 경우의 문제를 푸는 것에 대해 좀 더 부연해서 설명해보자.

먼저 이자계산시기를 지급시기와 굳이 맞추어야 할 이유는 명백하다. 왜냐하면 예를 들어 이자는 분기마다 계산되는데 만일 연금의 지급이 매달 이루어진다면 이 돈의 가치를 어떻게 계산해야 하는지 막연해지기 때문이다.

다음으로 연금의 가치를 계산하기 위해서 특정기간의 이자율을 결정하는 문제를 다시 살펴보자. 예를 들어 연간 명목이자율이 12%라고 가정하고 이자계산은 분기에 한 번씩 이루어진다고 가정해보자.

이렇게 되면 이미 배운 바와 같이 분기(3개월)별 이자(실효)가 $\frac{0.12}{4}=0.03$으로 확정된다. 그리고 이것을 근거로 연간 실효이자율도 구하게 되는데 이것은 우리가 이미 많이 다루어왔다.

그러면 이제 월간 이자율은 얼마로 봐야 할까? 당연히 $\frac{0.03}{3}=0.01$이 아니다. 왜냐하면 만일 이렇게 되는 경우 분기별 실효이자율은 $(1+0.01)^3-1=0.0303$이 되어 이미 확정된 분기별 이자율 3%를 넘어버린다.

명심해야 할 사실은 우리가 필요로 하는 월별 이자율이란 주어져 있지 않은 숫자이며 다만 우리의 필요로 인해서 구하는 숫자라는 것이다. 따라서 굳이 월간 이자율을 구하고자 하는 경우 분명한 전제조건은 이것이 주어진 분기별 이자율(여기서는 3%)과 서로 상등(equivalent)해야 한다는 사실이다. 왜냐하면 그럴 경우에만 이 이자율을 적용해도 돈과 관련한 이해당사자들간 손해를 보는 측이 발생하지 않게 되는 것이다.

그러면 이 분기별 이자율 3%와 상등한 월간 이자율 j는 얼마인가? 당연히 이 이자율로 3번 굴러간 경우의 원리금합계가 분기 이자율이 한 번 적용된 경우의 원리금합계와 동일해야 한다.

즉, $(1+j)^3=(1+0.03)$이 라야 하는 것인데 이 때 j는 0.01보다 조금 적은 숫자(0.0099)가 될 것이다.

재무계산기 풀이

먼저 현금흐름이 두달에 한 번씩 발생하기 때문에 연간 명목이자율 8%를 2개월의 실효이자율로 변환하여야 한다.

실효이자율을 산출하고 그 산출한 실효이자율을 그대로 활용하여 푸는 문제이기 때문에 『*PV*=100.0000 CHS』을 입력한다.

연 8%는 명목이자율이고 이자는 반기(6개월)마다 계산되기 때문에 『*i*=8 ↵ 2÷*i*』, 『*n*=2*n*』을 입력한 후 『*FV*』을 누르면 『108.1600』이 나온다.

1년은 6개의 2개월로 구성되어 있기 때문에 연간 실효이자율을 2개월의 실효이자율로 변환하기 위해 『*n*=6*n*』을 입력하고 『*i*』을 누르면 2개월의 실효이자율 『1.3159』가 도출된다.

이 상태에서 『*f* FIN』을 입력하고 『*i*』에 입력한다. 그러면 *i*에는 2개월의 실효이자율 1.3159%가 입력된 상태가 된다.

대출원금이 1,000만원이므로 『*PV*=1000.0000』을 입력한다.

상환기간은 2년이지만 두달에 한 번씩 상환하므로 실제 상환횟수는 12회이다. 따라서 『*n*=12*n*』을 입력한다.

매기간 상환금액을 구하는 문제이므로 『*PMT*』을 누르면 『−90.6321』이 도출된다.

재무계산기 입력 방법

『100.0000 CHS PV, 8 ↵2÷*i*, 2*n*, *FV*=108.1600, 6*n*, *i*=1.3159
f FIN *i*, 1000.0000 PV, 12*n*, *PMT*=−90.6321(90.632만원) 』

문제 2 1,000만원에 대한 부채상환을 하되 1년에 2번 반기(반년)말에 100만원을 2회 내고 이어 *x*씩 분기 말에 4번을 지급하기로 하였다. 만일 일년 중 반기(반년)마다 1회씩, 즉 1년에 두 번 이자가 계산되고 명목이자율이 연간 12%라면 *x*의 크기는?

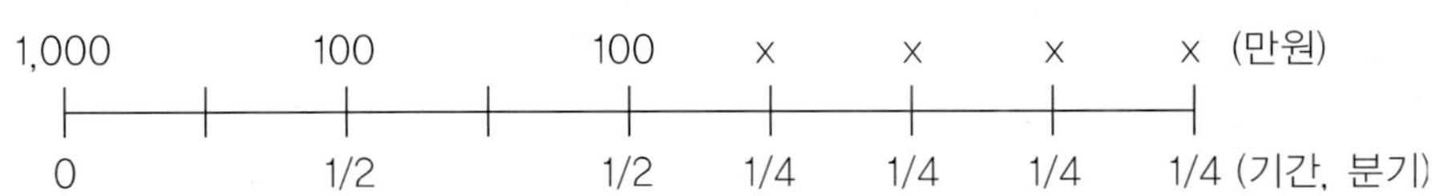

풀이) 앞의 문제 2)와 같은 내용이지만 이자가 계산되는 횟수가 다른 경우의 문제이다. 먼저 100만원의 상환금과 관련이 있으며 일년에 이자가 두 번 계산되는 경우 반기당 이자율은 $\frac{0.12}{2}=0.06$이다. 이제 x원이라는 상환금과 관련이 있는 분기당 적정이자율($j(4)$)을 구해주어야 한다. 하나의 반기에는 2개의 분기가 있다. 따라서

$$(1+j(4))^2 = 1+0.06 \quad 1+j(4) = 1.06^{1/2} = \sqrt{1.06} = 1.0295$$

$$\therefore j(4) = 0.0295$$

이제 두 가지 이자율이 모두 있으므로 다음과 같은 계산이 가능하다.

$$1,000 = 100a_{\overline{2}|i=0.06} + x(1+0.06)^{-2}a_{\overline{4}|i=0.0295}$$

$$= 100(1.8334) + x(0.890)(3.7215) = 183.34 + 3.312x$$

$$\therefore x = 246.57$$

재무계산기 풀이

이 문제의 경우 현재 대출한 1,000만원과 각 현금흐름에서 상환한 금액의 현재가치의 합이 일치한다는 식을 이용하여 풀어야 한다.

우선, 명목이자율 12%를 반기와 분기의 실효이자율로 변환하여야 한다.

실효이자율을 산출하고 그 산출한 실효이자율을 그대로 활용하여 푸는 문제이기 때문에 『PV=100.0000 CHS』을 입력한다.

연 12%는 명목이자율이고 이자는 반기(6개월)마다 계산되므로 『i=12 ↵2 ÷i』, 『n=2n』을 입력하고 『FV』을 누르면 『112.3600』이 나온다.

1년은 4개의 분기(3개월)로 구성되어 있기 때문에 연간 실효이자율을 분기(3개월)의 실효이자율로 변환하기 위해 『n=4n』을 입력하고 『i』을 누르면 분기(3개월)의 실효이자율 『2.9563』이 도출된다. 이 분기의 실효이자율은 나중에 사용되어지기 때문에 『STO 1』로 저장한다.

1년은 2개의 반기(6개월)로 구성되어 있기 때문에 연간 실효이자율을 반기(6개월)의 실효이자율로 변환하기 위해 『n=2n』을 입력하고 『i』을 누르면 반기

(6개월)의 실효이자율 『6.0000』이 도출된다.

이 상태에서 『*f* FIN』을 입력하고 『*i*』에 입력한다. 그러면 *i*에는 반기(6개월)의 실효이자율 6.0000%가 입력된 상태가 된다.

반기(6개월)마다 100만원씩 상환하므로 『*PMT*=100.0000 CHS』을 입력하고 1년간 2회에 걸쳐 상환하였으므로 『*n*=2*n*』을 입력한다.

현재가치를 구하기 위해 『*PV*』을 누르면 『183.3393』이 도출된다.

이 『183.3393』은 두 번에 걸친 반기마다 100만원씩 상환되는 돈의 현재가치이다.

정답도출을 위해 1000.0000에서 183.3393을 빼야한다. 현재 183.3393이 보이는 상태에서 『CHS』을 입력하여 음수로 전환 후 『 ↵ 』을 입력하고 『1000.0000』을 입력하고 『+』을 누르면 『816.6607』이 도출된다. 즉,

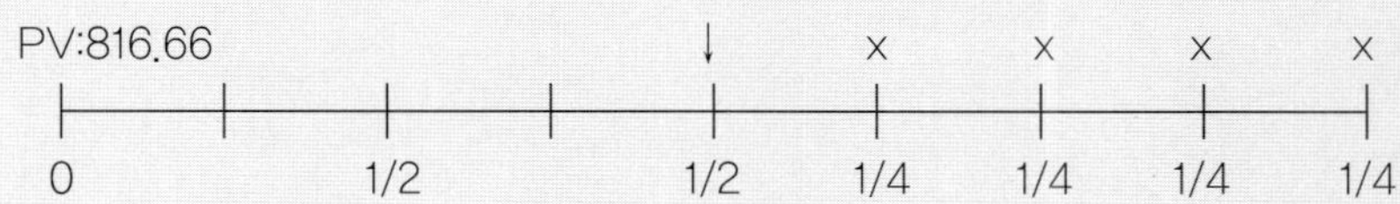

이 『816.6607』은 현재시점(0시점)의 가치이기 때문에 『↓』시점의 가치로 전환하여야 한다.

가치전환을 위해 『*f* FIN』을 입력하고 『CHS PV』에 입력한다.

적용되는 이자율 『*i*=6』와 기간 『*n*=2*n*』을 입력하고 『*FV*』을 누르면 『917.6000』이 도출된다.

따라서,

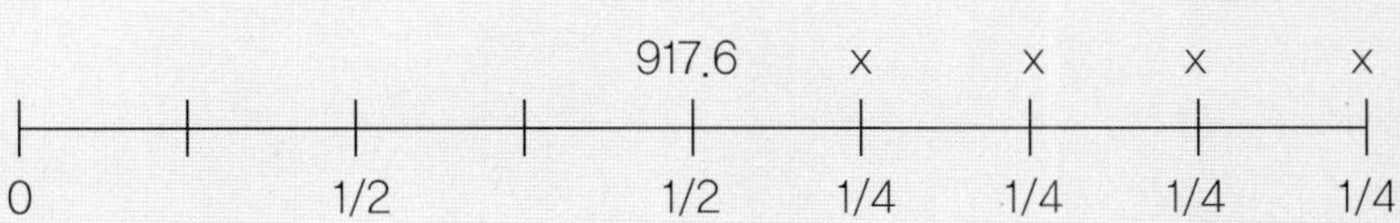

이 『917.6000』은 *x*씩 분기 말에 4번을 지급한 금액의 현재가치이므로 『*f* FIN』을 입력하고 『PV』에 입력한다.

매 분기 상환금액 즉, 『*x*』를 구하는 문제이다.

『STO 1』로 저장한 분기(3개월)의 실효이자율 『2.9563』을 『RCL 1』을 입력

하여 불러온 후 『i』에 입력한다.

1년간 4분기에 걸친 상환이기 때문에 『n=4n』을 입력하고 상환금액 『x』을 구하기 위해 『PMT』을 누르면 『−246.6013』이 도출된다.

재무계산기 입력 방법

『100.0000 CHS PV, 12 ↵2 ÷ i, 2n, FV = 112.3600, 4n, i = 2.9563 STO 1, 2n, i = 6.0000 f FIN i, 100.0000 CHS PMT, 2n, PV = 183.3393 CHS ↵ 1000.0000 + = 816.6607 f FIN CHS PV, 6i, 2n, FV = 917.6000 f FIN PV, RCL 1 i, 4n, PMT = −246.6013(246.60만원) 』

제2장 부채의 상환, 증분차입과 대출의 차환

들어가기에 앞서

이번 장에서는 연금계리와 관련한 또 하나의 응용부분으로써 부채의 상환방법, 증분차입과 대출의 차환에 대해 알아보고자 한다.

먼저 부채의 상환방법은 부채를 상환하고자 하는 경우 사용 가능한 방법, 구체적으로 할부상환방법과 감채기금(sinking fund)방법을 소개하고 이것과 관련한 계리적 내용을 다루는 것이다. 이 부분은 어떤 특정시기를 기준으로 잔존부채가 얼마이며 부채상환금을 이자와 원금으로 나누는 방법에 대한 내용을 포함하고 있다.

다음으로 증분차입과 대출의 차환은 자금의 대출문제와 관련한 의사결정에 관한 내용이다. 먼저 증분차입은 대출자금의 크기에 따라 대출조건(이자율)이 상이한 경우를 다루고 있다. 다음으로 대출의 차환은 기존 대출이 있는 경우 만일 예상치 않은 금리의 변동이 발생하는 경우 이 기존대출과 관련해 어떠한 조처를 취하는 것이 최선인지를 따져보고 있다.

그런데 이러한 방법들은 지금까지 학습한 연금계리에 관한 지식을 단순히 활용하고 있는 것으로서 특별히 새로운 개념이나 도구들을 도입하고 있지는 않다. 따라서 이미 축적된 지식을 실제 현실에 적용해본다는 차원에서 접근해주길 바라며 만약 이해가 되지 않는 부분이 있다면 이미 배운 것들을 제대로 알고 있는지 확인해보고 재학습의 기회를 삼기 바란다.

1. 부채상환의 계리적 개요

우리가 일상생활에서 기존의 부채를 상환하고자 할 때는 두 가지 방법이 흔히 동원되고 있음을 알 수 있다. 그 하나는 부채만기까지 은행 등의 채권자에게 정기적으로 꼬박꼬박 일정금액을 지불하는 것이고 또 하나는 부채만기까지 이자만 지불하고 있다가 만기시점에 원금을 상환하는 것인데 이때 원금을 지불하기 위해서 필요한 돈은 보통 적금이나 펀드 등을 통해 적립해 놓게 된다.

이러한 내용을 이제 좀 더 체계적으로 정리해보자.

1) 부채의 상환방법[8)]

부채를 상환하는 방법에는 두 가지가 있다.

① 할부상환: 정기적으로 할부금 혹은 분할금(installments)을 자금제공자에게 지불하는 방법

② 감채기금(sinking fund)의 사용: 자금의 차입자가 대출기간의 말기에 일시금으로 지불하는 것으로서 단 이 대출기간 동안 차입자는 이자를 지불해야 한다. 일시금에 대해서는 차입자가 일종의 기금(fund)에 정기적으로 돈을 적립하는 것을 가정하며 대출기간의 종료시점에서 적립금의 크기는 대출금액과 일치해야 한다.

그런데 부채의 상환에 관한 내용을 다루는 경우 다음과 같은 문제에 직면하게 되어 있어 이에 대한 이해와 함께 해결방법이 따라야 한다.

① 특정시기에 있어 대출금의 잔금의 크기: 할부상환의 경우 자금을 대출하는 그 당시에는 대출금의 크기가 확정되어 있지만 일정시간이 지나고 나면 이자가 개입되어 대출잔금의 크기를 결정하는 것이 다소 복잡해진다.

② 차입자의 지불금을 원금의 상환부분과 이자지급액으로 분리하는 것: 이것 역시 할부상환과 관계되는 것으로서 대부분의 경우 이 지불금이 일정금액의 형

8) 본 내용은 Kellison(1991), Pp. 166-167을 참고하였다.

태로 지불되지만 이 정기지불금액은 이자부분과 원금상환부분으로 나눠져 있고 또한 계속해서 그 비중이 변화게 된다. 따라서 이것을 구분해줄 필요가 종종 발생한다.

2) 부채잔금(outstanding loan)의 결정

그럼 부채잔금은 어떻게 결정되는지 알아보자. 부채잔금의 결정은 다음의 관계 속에서 도출된다.

① 향후 상환금(지불액)의 현재가치 = 대출금액
- 대출시점에서 봤을 때 대출금액이 향후 지불해야 할 돈의 현재가치와 같아야 하는 것은 채권자와 채무자 모두 손해를 보지 않도록 만드는 매우 당연한 이치이다.

② (특정시점) 상환금(지불액)의 가치 = (동일시점) 대출금의 원리금합계
- 이제 시점을 대출시점이 아니라 특정시점으로 옮기는 경우 ①의 양쪽 모두에 있어 이자를 고려해주어야 한다.

③ 과거 지불액의 원리금합계 + 미래 지불액의 현가 = 대출금의 원리금 합계
- ②와 마찬가지로 시점을 옮기되 대출시점보다 오른쪽으로 옮기는 경우를 말한다. 이 시점에서는 이미 상환한 금액들이 있으며 이에 따라 그 동안 상환한 돈의 이 시점에서의 가치와 향후 상환해야 할 돈들의 이 시점에서의 (현재)가치를 합하게 되면 바로 대출금의 이 시점에서의 원리금합계와 일치해야 한다.

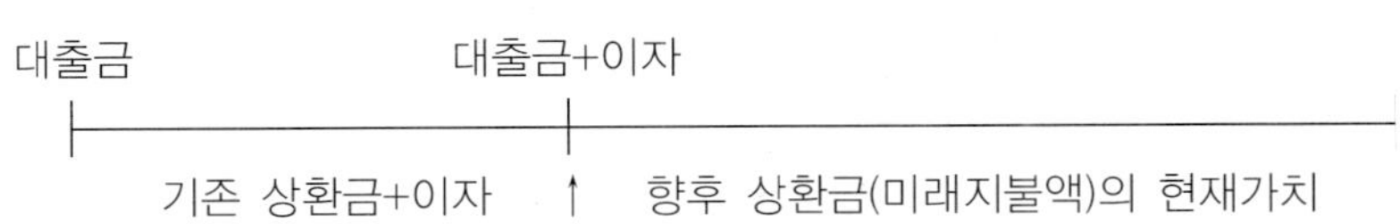

④ 미래지불액의 현가 = 대출금의 원리금합계 − 과거 지불액의 원리금합계
- 이것은 ③의 양변을 재배치한 것으로서 식 왼쪽의 과거 지불액의 원리금합계를 식의 오른쪽으로 옮긴 것이다. 개념상 앞으로 지불(상환)해야 할 돈들의 특정시점에서의 현재가치라는 것은 대출금의 특정시점에서의 원리금합

계에다가 그 동안 지불(상환)한 돈의 특정시점에서의 가치(원리금합계)를 공제한 것이 되는 것은 당연하다.

위에서 언급한 특정시점에서의 대출잔금은 바로 이 미래지불액(향후 상환금)의 특정시점에서의 현재가치를 의미하며 이것은 위의 식에서처럼 대출금의 원리금합계에서 과거 지불액의 원리금합계를 공제함으로써 구할 수도 있다.

2. 대출잔금(outstanding loan balance)의 크기 결정

이제 대출잔금의 크기를 알아보는 문제풀이를 통해 위에서 익힌 개념들을 구체적으로 이해해 보자.

문제 1 부채상환을 하되 매달 말에 100만원씩 2년 동안 지급하기로 하였다. 만일 한달에 한 번 이자가 계산되고 연간 명목이자율이 12%라면 10번 지급 후 대출잔금의 크기는?

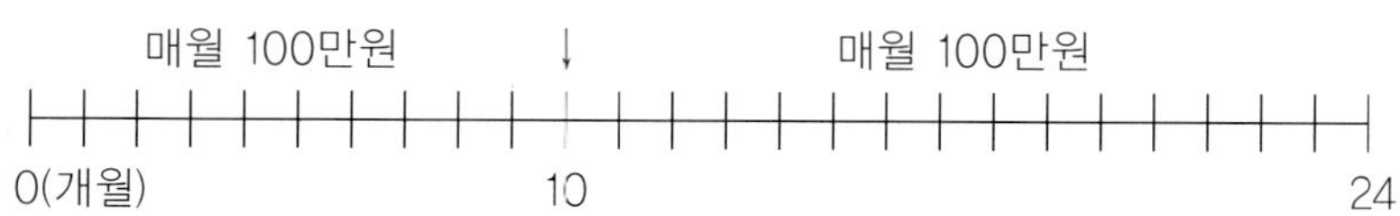

풀이) 먼저 대출잔금이 미래 지불액의 현재가치라는 것을 이용하면 월간 이자율이 $\frac{0.12}{12}=0.01$이고 향후 14번의 지급이 남아있으므로

$$100a_{\overline{14}|i=0.01}=1,000(13.003)=1,300.3\text{만원}$$

다음으로 식 ④의 관계를 이용해 풀어보면 10번 지급한 후의 대출금의 원리금합계를 구해야 하는데 이를 위해서는 원금(대출금)의 크기를 먼저 알아야 한다. 대출금의 크기는 식 ①에서처럼 향후 상환금(지불액)의 현재가치이므로

$$100a_{\overline{24}|i=0.01} = 100(21.243) = 2{,}124.3\text{만원}$$

그리고 10번 지급한 시점의 원리금합계는

$$2{,}124.3(1+0.01)^{10} = 2{,}124.3(1.1046) = 2{,}346.8\text{만원}$$

다음으로 과거 지불액의 원리금합계는

$$100s_{\overline{10}|i=0.01} = 100(10.462) = 1{,}046.2\text{만원}$$

따라서 대출금의 원리금합계 − 과거 지불액의 원리금합계
=2,346.5−1,046.2=1,300.3만원으로써 두 가지 방법이 일치함을 알 수 있다.

재무계산기 풀이

(i) 『향후 상환금(지불액)의 현재가치』을 이용한 풀이
(ii) 『대출금의 원리금합계−과거 지불액의 원리금합계』을 이용한 풀이

(i) 풀이
매달 상환금액이 100만원이므로 『PMT=100.0000 CHS』을 입력한다.
연간 명목이자율 12%는 매달 1번씩 계산되기 때문에 매달 적용되는 이자율은 12%/12=1%이다. 따라서 『i=12gi or 12 ↵12÷i』을 입력한다.
향후 14번의 지급이 남아있으므로 『n=14n』을 입력한다.
대출잔액을 산출하기 위해 『PV』을 누르면 『1300.3703』이 도출된다.

(ii) 풀이
우선, 대출금의 원리금합계를 산출하여야 한다.
매달 상환금액이 100만원이므로 『PMT=100.0000 CHS』을 입력한다.
연간 명목이자율 12%는 매달 1번씩 계산되기 때문에 매달 적용되는 이자율

『i=12gi or 12 ↵12÷i』을 입력한다.

상환기간은 2년간 매달 상환이므로 총 24회이다. 따라서 『n=2gn or 2 ↵12×n』을 입력한다.

대출금을 구하기 위해 『PV』을 누르면 『2124.3387』이 도출된다.

이 『2124.3387』은 현재시점(0시점)의 대출원리금을 의미한다.

10번 지급한 시점의 원리금합계를 구하기 위해 『f FIN』을 입력하고 『CHS PV』에 입력한다.

적용되는 이자율 『i=12gi or 12 ↵12÷i』을 입력하고 10번 지급한 시점이므로 『n=10n』을 입력한다.

원리금 합계를 구하기 위해 『FV』을 누르면 『2346.5916』이 도출된다.

『2346.5916』에서 과거 지불액 원리금합계를 빼야 하므로 『STO 1』로 저장하고 기존에 입력된 수치를 삭제하기 위해『f FIN』을 입력한다.

이제 과거 지불액 원리금 합계를 산출해야 한다.

매달 상환금액이 100만원이므로 『PMT=100.0000 CHS』을 입력한다.

적용되는 이자율 『i=12gi or 12 ↵12÷i』을 입력하고 과거 총 지불 횟수 『n=10n』을 입력한다.

원리금 합계를 구하기 위해 『FV』을 누르면 『1046.2213』이 도출된다.

『대출금의 원리금합계−과거 지불액의 원리금합계』이므로 이 값을 대출금의 원리금합계에서 빼야 한다.

『1046.2213』이 보이는 상태에서 『CHS』을 입력하여 음수로 전환 후 『 ↵』을 입력하고 『RCL 1』을 입력하여 대출금의 원리금 합계 『2346.5916』을 불러온 후 『+』을 누르면 『1300.3703』이 도출된다.

(i)의 풀이와 (ii)의 풀이 결과 『1300.3703』으로 동일한 값이 도출됨을 알 수 있다.

재무계산기 입력 방법

(i) 풀이

『100.0000 CHS PMT, 12gi (=12 ↵12÷i), 14n, PV = 1300.3703
(1,300.3만원) 』

(ii) 풀이

『100.0000 CHS PMT, 12gi(=12 ↲12÷i), 2gn(=2 ↲12×n), PV=2124.3387
fFIN CHS PV, 12gi(=12 ↲12÷i), 10n, FV=2346.5916 STO 1, fFIN
100.0000 CHS PMT, 12gi(=12 ↲12÷i), 10n, FV = 1046.2213
CHS ↲ RCL 1 + = 1300.3703(1,300.3만원) 』

문제 2 부채상환을 하되 매분기 말에 100만원씩 3년 동안 지급하기로 하였다. 그런데 만 1년이 지나 4번의 상환이 끝난 시점에서 추가로 1,000만원을 더 빌리고 나머지 상환기간(2년) 동안 균등상환 하고자 할 경우 상환만기를 1년 남겨둔 시점, 즉 4번의 지급을 남겨둔 시점에서의 부채잔금은 얼마인가? 단 향후 매달 이자가 계산되고 연간 명목이자율이 12%라고 가정한다.

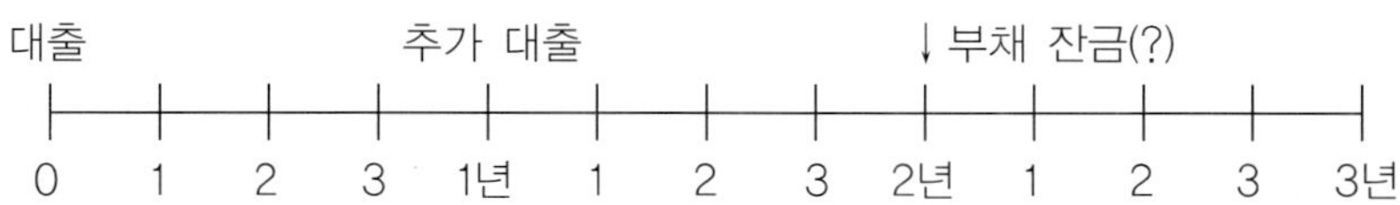

풀이) 먼저 4번의 상환이 끝난 시점에서 대출잔금의 크기를 알아보자. 모두 8번의 지급이 남아있고 분기당 이자율은 $\left(1+\frac{0.12}{12}\right)^3-1=0.0303$이다.

따라서 $100a_{\overline{8}|i=0.0303}=100(7.0108)=701.08$만원이다.

대출잔금에 1,000만원을 추가하게 되면 대출잔금은 모두 1,701.08만원이 된다. 이제 이 금액에 해당하는 분기별 상환금액을 계산하면

$$1,701.08=xa_{\overline{8}|i=0.0303}=x(7.0108) \qquad \therefore x=\frac{1,701.08}{7.0108}=242.63\text{만원}$$

이 된다. 따라서 4번의 지급을 남겨둔 시점에서의 대출잔금은

$$242.63a_{\overline{4}|i=0.0303}=242.63(3.7144)=901.2\text{만원이다.}$$

재무계산기 풀이

우선 4번의 상환이 끝난 시점에서 대출잔금을 구해야 한다.

현금흐름이 분기(3개월)마다 한 번씩 발생하기 때문에 연간 명목이자율 12%를 분기(3개월)의 실효이자율로 변환하여야 한다.

실효이자율을 산출하고 그 산출한 실효이자율을 그대로 활용하여 푸는 문제이기 때문에 『PV＝100.0000 CHS』을 입력한다.

연 12%는 명목이자율이고 이자는 매월마다 계산되기 때문에 『i＝12gi or 12 ↵12÷i』, 『n＝1gn or 1 ↵12×n』을 입력한 후 『FV』을 누르면 『112.6825』가 나온다.

1년은 4개의 분기(3개월)로 구성되어 있기 때문에 연간 실효이자율을 분기(3개월)의 실효이자율로 변환하기 위해 『n＝4n』을 입력하고 『i』을 누르면 분기(3개월)의 실효이자율 『3.0301』이 도출된다.

이 상태에서 『f FIN』을 입력하고 『i』에 입력한다. 그러면 i에는 분기(3개월)의 실효이자율 3.0301%가 입력된 상태가 된다.

매분기 상환금액이 100만원이므로 『PMT＝100.0000 CHS』을 입력한다

향후 8번의 지급이 남아있으므로 『n＝8n』을 입력한다.

대출잔액을 산출하기 위해 『PV』을 누르면 『701.0788』이 도출된다.

4번의 상환이 끝난 시점의 대출잔금은 『701.0788』이다.

만 1년이 지나 4번의 상환이 끝난 시점에서 1,000만원의 추가대출이 발생하였기 때문에 1,000만원을 더해주어야 한다.

현재 『701.0788』이 보이는 화면에서 『 ↵』을 입력하고 『1000.0000』을 입력하고 『＋』을 누르면 『1701.0788』이 도출된다.

즉,

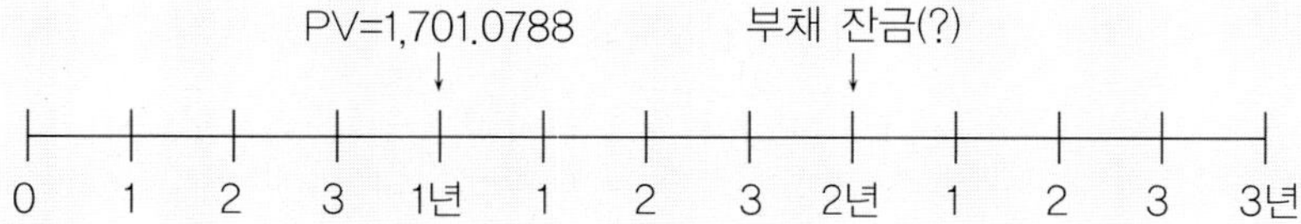

이 『1701.0788』을 상환하기 위한 분기별 상환금액을 계산하여야 한다.

『1701.0788』을 『PV』에 입력하고 2년간 분기마다 지급하므로 총 8회 즉, 『$n=8n$』을 입력한다.

분기별 상황금액을 구하기 위해 『PMT』을 누르면 『−242.6373』이 도출된다.

여기에서 『i』을 따로 입력하지 않는 이유는 이미 『f FIN』을 입력하고 『i』에 입력한다. 그러면 i에는 분기(3개월)의 실효이자율 3.0301%가 입력된 상태가 된다.』 과정을 통해 입력되었기 때문이다.

매분기별 상환금액은 『−242.6373』이다.

2년 시점 즉, 4번의 지급을 남겨둔 시점에서의 부채잔금을 구하는 문제이므로 『$n=4n$』을 입력하고 『PV』을 누르면 『901.2580』이 도출된다.

여기에서 역시 『i』와 『PMT』을 따로 입력하지 않은 이유는 기존에 입력된 『$i=3.0301$』와 『PMT = −242.6373』의 수치를 그대로 사용하기 때문이다.

만약 기존에 저장된 수치를 삭제하고 싶다면 Part 2 문제 3)에서 설명한 『f FIN』키를 사용하면 된다. 자세한 설명은 Part 2 문제 3)을 참고하길 바란다.

재무계산기 입력 방법

『100.0000 CHS PV, 12gi(=12 ↲12÷i), 1gn(=1 ↲12×n), FV=112.6825
4n, i=3.0301 f FIN i, 100.0000 CHS PMT, 8n, PV=701.0788
↲ 1000.0000 + = 1701.0788 PV, 8n, PMT = −242.6373
4n, PV=901.2580(901.2만원)』

3. 분할상환금액의 원금상환과 이자부분의 구분

위에서 분할상환은 대출상환의 한 가지 방법임을 언급한 바 있다. 그런데 대부분 일정금액으로 되어있는 분할상환금액은 원금의 상환과 이자의 지불부분으로 나눌 수 있으며 이 두 가지가 차지하는 비율은 분할상환 기간 동안 계속 변하게 된다.

분할상환 명세표(amortization schedule)란 이러한 변화과정을 기록한 표로서 이외에 추가적으로 대출잔금의 크기를 명기하고 있다. 다음의 표는 1,000만원의 대출금에 대한 분할상환 명세표로서 대출만기 5년, 매년 말 상환, 6%의 연간 실효이자율을 가정하고 있다.

〈표 4-1〉 **분할상환 명세표**(원금 1,000만원, 연간 실효이자율 6%, 5년 만기)

년	지불금액(만원)	지불이자	원금상환부분	대출잔금
0				1,000
1	237.394	60.00	177.39	822.61
2	237.394	49.36	188.04	634.57
3	237.394	38.07	199.32	435.25
4	237.394	26.12	211.279	223.96
5	237.394	13.44	223.96	0

• 참고로 분할상환금액은 다음과 같이 계산된다.

$$1,000 = xa_{\overline{5|}i=0.06} = x(4.2124) \qquad x = 237.394\text{만원}$$

이 표에서 주목할만한 사실은 다음 몇 가지이다.[9] 먼저 매해 연말에 이자부터 먼저 납부되어야 하고 이자를 제외한 나머지 부분이 원리금상환에 사용된다는 사실이다. 두 번째로 매해의 대부잔금이란 원금에서 그동안의 원금상환액을 공제한 나머지 금액이라는 사실이다. 세 번째로 지불이자 총액은 전체 지불금액에서 원금을 공제한 금액이라는 사실이다(약간의 숫자상 차이는 소수점 반올림 문제에 기인한다). 마지막으로 매년도 원금상환부분은 전년도 원금상환금액에 (1+이자율)을 곱하면 된다는 것이다.

이제 다음의 문제를 풀어보자.

문제 1 1,000만원의 대출금을 상환하되 매반기(6개월) 말 200만원씩 지불하고자 한다. 이자가 반기마다 계산되고 명목이자율이 8%라면 5번째 지불금에 있어 이자

9) 자세한 내용은 Kellison(1991), p. 170 참고할 것.

와 원금상환부분은 각각 얼마인가?

풀이) 매반기마다의 상환액이 200만원일 때 5번째 상환금액 중 이자의 크기를 알기 위해서는 대출잔금을 먼저 알아야 한다. 대출잔금은 위에서 배운 바와 같이 (대출금의 원리금합계－과거 지불액의 원리금합계)이며 반기당 이자율은 $\frac{0.08}{2}=0.04$이다.

4회 납부 후의 대출잔금은

$$1,000(1+0.04)^4-200s_{\overline{4}|i=0.04}=1,000(1.17)-200(4.246)=320.8\text{만원}$$

따라서 이자부분은 $320.8\times0.04=12.83$만원이고 나머지 $200-12.83=187.17$만원은 원금상환부분이 된다.

재무계산기 풀이

매반기마다의 상환액이 200만원일 때 5번째 상환금액 중 이자의 크기를 알기 위해서는 4회 납부 후 대출잔금을 산출하여야 한다.

『대출잔금＝대출금의 원리금합계－과거 지불액의 원리금합계』이다.

우선, 대출금의 원리금 합계를 구한다.

대출원금은 1,000만원이므로 『PV＝1,000.0000 CHS』을 입력한다.

연간 명목이자율 8%는 반기마다 계산되기 때문에 매 반기 적용되는 이자율 『i＝8 ↵2÷i』을 입력하고 기간 『n＝4n』을 입력한다.

대출금 원리금 합계를 구하기 위해 『FV』을 누르면 『1169.8586』이 도출된다.

『1169.8586』에서 과거 지불액 원리금합계를 빼야 하므로 『STO 1』로 저장하고 기존에 입력된 수치를 삭제하기 위해 『f FIN』을 입력한다.

이제 과거 지불액 원리금 합계를 산출해야 한다.

매반기 상환금액이 200만원이므로 『PMT＝200.0000 CHS』을 입력한다.

연간 명목이자율 8%는 반기마다 계산되기 때문에 매반기 적용되는 이자율 『i=8 ↲2÷i』을 입력하고 상환기간은 4회이므로 『n=4n』을 입력한다.

과거 지불액의 원리금 합계를 구하기 위해 『FV』을 누르면 『849.2928』이 도출된다.

『대출금의 원리금합계－과거 지불액의 원리금합계』이므로 이 값을 대출금의 원리금합계에서 빼야 한다.

『849.2928』이 보이는 상태에서 『CHS』을 입력하여 음수로 전환 후 『 ↲』 을 입력하고 『RCL 1』을 입력하여 대출금의 원리금 합계 『1169.8586』을 불러온 후 『+』을 누르면 『320.5658』이 도출된다.

상환이자를 구하기 위해 『 ↲』을 입력하고 반기 이자율 『0.04×』을 누르면 『12.8226』이 도출된다.

상환원금은 매반기 상환액 200만원에서 상환이자 12.8226을 빼야 한다.

상환이자 『12.8226』이 보이는 화면에서 『CHS』을 입력하여 음수로 전환 후 『 ↲』을 입력하고 『200.0000』을 입력하고 『+』을 누르면 『187.1774』가 도출된다.

즉, 상환이자는 『12.8226』이고 상환원금은 『187.1774』이다.

재무계산기 입력 방법

『1000.0000 CHS PV, 8 ↲2÷i, 4n, FV=1169.8586 STO 1, f FIN
200.0000 CHS PMT, 8 ↲2÷i, 4n, FV=849.2928 CHS ↲ RCL 1 +
= 320.5658 ↲ 0.04 × = 12.8226 (상환이자)
CHS ↲ 200.0000 + = 187.1774 (상환원금) 』

[TIP]

상환이자와 상환원금을 구하는 문제인 경우 『f AMORT』키를 활용하여 구하는 방법도 존재한다.

『f AMORT』의 사용에 대해 간단하게 설명하면

『PV』: 『대출원금』 입력

『PMT』: 『CHS 상환액』 입력

『i』: 『적용되는 이자』 입력

『n』: 『구하고자 하는 상환기간』입력

『f AMORT』을 누르면 『상환이자』도출

『$x \gtrless y$』을 누르면 『상환원금』도출

이 문제에 적용하여 풀이해 보면

『PV=1000.0000』, 『PMT=200.0000 CHS』, 『i=8 ↵2÷i』입력

※ 여기에서 주의할 점:

이 문제는 5번째 지불금의 상환이자와 원금을 구하는 문제이기 때문에 『4n』 『f AMORT』을 입력하여 1~4번째 기간의 상환이자와 상환원금을 계산한 후 『1n』 『f AMORT』을 입력하여 5번째 1년간 지불금의 상환이자와 원금을 구해야 한다.

그러면 『−12.8226』의 상환이자가 도출된다. 이 상태에서 『x ↵y』을 누르면 『−187.1774』의 상환원금이 도출된다.

여기에서 확인할 수 있듯이 동일한 값이 도출됨을 알 수 있다.

4. 감채기금(sinking fund)의 활용

감채기금방식은 할부상환방식과 마찬가지로 대출금 상환을 위한 하나의 방법으로서 할부상환방식과 달리 대출만기까지 원금에 대한 이자를 계속 지불하면서 대출만기시점에 지불할 원금을 펀드나 적금 등을 통해 따로 마련하는 것을 말한다.

할부상환방식에 비해 다소 번거로움이 따르는 감채기금방식을 택하는 이유는 여러 가지가 있을 수 있으나 일정 기간 동안 이자 외에 추가적인 자금을 마련할 수 없는 이른바 유동성 문제, 대출이자 대비 상대적으로 높은 수익률을 올릴 수 있는 투자대안의 존재 등을 대표적으로 들 수 있다.

〈표 4−1〉의 할부상환 명세표와 동일한 조건 하에서 감채기금 명세표를 만들어보면 다음의 〈표 4−2〉와 같다. 이 표의 작성을 위해서는 다음과 같이 먼저 원금상환에 필요한 적립금의 크기를 결정해야 한다. 즉,

$$1,000 = xs_{\overline{5}|i=0.06} = x(5.637) \qquad \therefore x = 177.40\text{만원이다.}$$

〈표 4-2〉 **감채기금 명세표**(대출금 1,000만원, 연간 실효이자율 6%, 5년 만기) 단위: 만원

년	감채기금 적립액	감채기금의 투자수익	감채기금 적립금 총액	대출잔금
0				1,000
1	177.40	0	177.40	822.6
2	177.40	10.64	365.44	634.56
3	177.40	21.93	564.77	435.23
4	177.40	33.88	776.05	223.95
5	177.40	46.56	1,000	0

이제 다음 문제들을 풀어보자.

문제 1 갑이 1,000만원을 차입하고자 한다. 대부자 을은 융자 조건으로 대출기간 5년 동안 매년 대출금의 8%를 이자로 지불하고 매년 말 원금지불을 위해 연간 수익률 6%의 감채기금에 일정금액의 돈을 적립하도록 요구하고 있다. 매년 적립금액의 크기는?

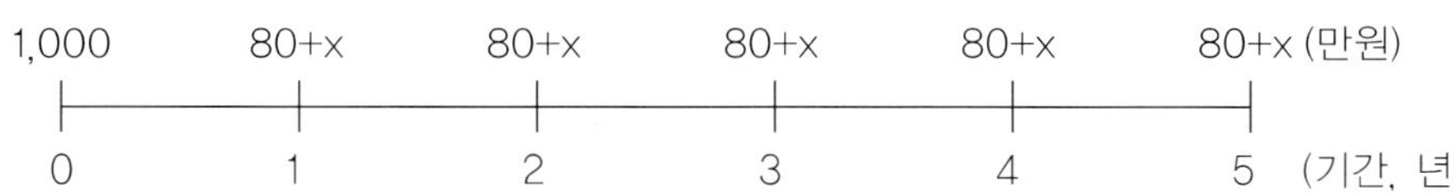

풀이) 언뜻 복잡해 보이지만 간단한 문제이다. 매년 지불하는 이자와 상관없이 x원씩의 매년 적립금이 5년 후 1,000만원이 되면 그만이다.

따라서 $1,000 = xs_{\overline{5}|i=0.06} = x(5.637) \quad \therefore x = 177.40$만원

재무계산기 풀이

매년 적립금이 5년 후 1,000만원이 되어야 하므로 『FV=1000.0000』을 입력한다.

연간 수익률은 6%이므로 『i=6』을 입력하고 대출기간 『n=5n』을 입력한다.

매년 적립금액을 구하기 위해 『PMT』을 누르면 『−177.3964』가 도출된다.

재무계산기 입력 방법

『1,000.0000 FV, 6i, 5n, PMT = −177.3964(177.40만원) 』

문제 2 1,000만원의 대출자금을 상환함에 있어 은행의 요구는 향후 10년에 걸쳐 i) 원금은 연 5% 수익률을 내는 감채기금(적금)을 통해 상환하고 ii) 매년 7%에 해당하는 이자를 지불하라는 것이다. 이 대출에 있어 은행이 실제로 부과한 연간 이자율은?

풀이) 먼저 1,000만원의 대출로 말미암아 채무자가 지불해야 할 금액은 매년 얼마인지 알아보자.

우선 원금을 갚기 위해 감채기금에 적립해야 할 금액은 다음과 같다.

$$1{,}000 = xs_{\overline{10}|i=0.05} = x(12.578) \qquad \therefore x = 79.5\text{만원}$$

다음으로 매년 70만원이 이자 형태로 은행에 납부되므로 1,000만원에 대출로 인해 10년 동안 모두 79.5+70=149.5만원이 매년 지불되고 있다.

따라서 $1{,}000 = 149a_{\overline{10}|i}$

재무계산기나 엑셀의 목표값 찾기 혹은 시행착오 방법을 통하는 경우 $i=0.0807$, 즉 매년 8%가 약간 넘는 이자율이 실제적으로 부과되고 있음을 알 수 있다.

재무계산기 풀이

먼저 1,000만원의 대출로 말미암아 채무자가 지불해야 할 금액 즉, (감채기금 + 이자)을 산출해야 한다.

i) 원금은 연 5% 수익률을 내는 감채기금(적금)을 통해 상환하고 있다.

매년 적립금이 10년 후 1,000만원이 되어야 하기 때문에 『FV=1000.0000』을 입력한다.

연간 수익률은 5%이므로 『i=5』을 입력하고 대출기간 『n=10n』을 입력한다.

감채기금을 구하기 위해 『PMT』을 누르면 『−79.5046』이 도출된다.

『−79.5046』와 이자를 더해야 하므로 『CHS』을 입력하여 양수로 전환 후 『STO 1』로 저장하고 기존에 입력된 수치를 삭제하기 위해 『f FIN』을 입력한다.

ii) 매년 7%에 해당하는 이자를 지불한다.

매년 지불해야 할 이자는 『1000.0000 ↲0.07 × = 70.0000』이다.

채무자가 매년 지불해야 할 금액 즉, (감채기금 + 이자)을 산출하기 위해 현재 『70.0000』이 보이는 상태에서 『 ↲』을 입력하고 『RCL 1』을 입력하여 감채기금 『79.5046』을 불러온 후 『+』을 누르면 『149.5046』이 도출된다.

이 문제는 은행이 실제로 부과한 연간 이자율 즉, 1,000만원의 대출원금을 매년 149.5046씩 10년간 상환할 경우의 이자율을 구하는 문제이다.

『149.5046』은 매년 상환 금액이기 때문에 『CHS PMT』에 입력한다.

대출원금은 1,000만원이므로 『PV=1000.0000』을 입력한다.

대출상환기간 『n=10n』을 입력하고 연간 이자율을 구하기 위해 『i』을 누르면 『8.0706(%)』가 도출된다.

재무계산기 입력 방법

『1000.0000 FV, 5i, 10n, PMT=−79.5046 CHS STO 1, f FIN
1000.0000 ↲ 0.07 × = 70.0000 ↲ RCL 1 + = 149.5046 CHS PMT
1000.0000 PV, 10n, i=8.0706(%) 』

5. 증분차입비용과 대출의 차환[10)]

1) 증분차입비용(incremental borrowing costs)

증분차입비용 부분은 대출자금의 크기에 따른 대출조건, 구체적으로 이자율, 이 서로 다른 경우를 비교분석 함으로써 자금조달과 관련한 최적의 의사결정을 돕고자 하는데 그 의의를 두고 있다. 구체적으로 만일 대출규모와 그에 해당하는 이자율이 서로 비례관계에 있다면 자금의 추가대출에 따른 비용 이른바 증분차입비용(incremental borrowing costs)이 얼마인지를 따져보고 이에 따른 의사결정이 어떻게 이루어질 수 있는지 알아보고자 하는 것이다. 다음의 예를 보자.

예 10억원의 주택을 구입하려는데 A은행은 9억원을 10년간 연간 6% 고정금리로 대출해주는 조건을 제시하였고 B은행은 10억원을 동일한 10년간 연간 7% 고정금리로 대출해주는 조건을 제시하였다. 먼저 1억원의 추가조달에 대해 어느 정도의 이자율이 부과되었는지 계산하고 이어서 주택구입자가 1억원을 추가조달 하는 문제와 관련한 의사결정에 대해 논해보라. 단 이자는 한달에 한 번 계산하는 것으로 가정한다.

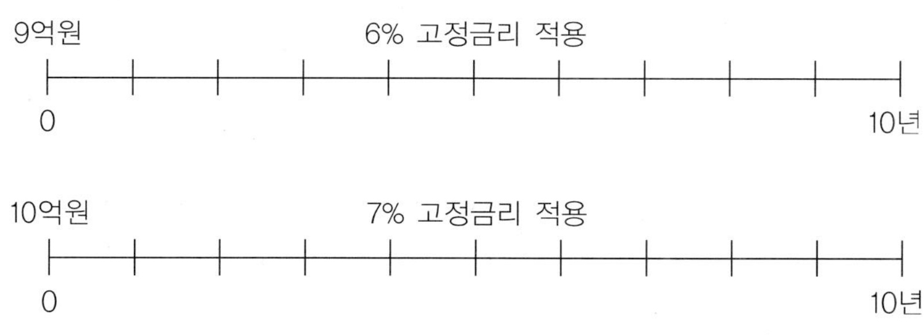

풀이) 두 가지 대안을 비교하는 방법 중의 하나는 1억원의 대출금 차이로 말미암아 어느 정도의 현금흐름상 차이가 발생하였는지를 알아보는 것이다. 따라서 각각의 대출금을 대출기간 동안 모두 상환하는 것을 가정하여 현금흐름상 차이를 비교해보자.

10) 이 부분은 신창득 · 김영곤 · 김규진 공역 "부동산 금융과 투자(Real Estate Finance and Investment)(2000)", Pp. 233-247을 참조하였다.

매월 말 원리금상환을 가정하면 다음과 같은 수식으로 나타낼 수 있다.

먼저 A은행의 경우 월간 이자율은 $\frac{0.06}{12}=0.005$이다. 따라서

$$10,000=161.65a_{\overline{12\times10}|i} \qquad 90,000=xa_{\overline{12\times10}|i=0.005}=x(90.073)$$

$$\therefore x=999.189\text{만원}$$

마찬가지 방법으로 B은행의 경우 월간 이자율은 $\frac{0.07}{12}=0.00583$이고

$$100,000=ya_{\overline{12\times10}|i=0.00583}=y(86.141) \qquad \therefore y=1,160.887\text{ 만원}$$

따라서 균등상환을 가정했을 때 1억원의 차이로 인해 매월 1,160.837－999.187＝161.65만원의 현금상 차이가 발생했다고 볼 수 있다.

그렇다면 A은행 대비 B은행으로부터 1억원을 추가대출 함에 따라 이 자금에 대해 어느 정도의 이자율(내부수익률)이 적용되었다고 볼 수 있는가? 이것을 수식으로 표현하면 $10,000=161.65a_{\overline{12\times10}|i}$이고 이때의 i를 구해야 하는데 다양한 크기의 i를 대입(시행착오)해 보거나 엑셀의 목표값 찾기 기능 혹은 재무계산기를 이용해서 계산해보면 $i=0.0125$이다. 그런데 이것은 월간 이자율(내부수익률)이므로 연간 이자율로 환산해보면 $(1+0.0125)^{12}-1=0.160(16\%)$이다.

결국 1억원의 추가자금은 16%의 이자율로 조달된 것으로 볼 수 있다.

그렇다면 이러한 사실을 이용해 어떠한 의사결정이 가능한가? 이러한 결과는 예를 들어 만일 내가 1억원을 개인적으로 보유하고 있다면 다른 투자를 통해 16%이상의 수익률을 올릴 자신이 없는 이상 A은행으로부터 9억원을 6% 조건으로 빌리고 그 나머지 1억원은 내가 가진 돈을 투입하는 것이 유리하는 것을 의미한다. 마찬가지로 만일 다른 금융기관으로부터 1억원을 금리 16%이하로 대출할 수 있다면 A은행의 대출조건이 유리하는 것을 나타내기도 한다.

2) 대출의 차환(loan refinancing)

대출의 차환이란 기존의 대출금을 만기 이전에 상환하되 또 다른 대출을 통해 이룬다는 의미이다. 대출의 차환이 이루어지는 대표적인 이유 중의 하나는 금리의 하락이다. 즉, 기존 대출금리보다 시장금리가 하락하였을 때 위약금이나 수수료 등의 비용을 감수하고서라도 낮은 금리로 또 다른 자금을 대출하여 기존 대출금을 상환것이 이익이라고 판단하는 경우에 일어난다. 상환여부의 판단기준은 당연히 줄어든 이자부담(benefit)이 이에 따르는 각종 비용 혹은 제반 경비(cost)보다 작아야 한다는 것이다. 물론 이 경우 당장에 눈에 보이는 경비 외에도 번거로움이나 기존 대출자와의 향후 관계 등 섬세한 고려가 필요하다.

예 어떤 사람이 주택구입의 목적으로 3년 전에 15년 만기로 2억원을 고정금리 연 6% 조건으로 주택금융공사로부터 차입한 적이 있다. 그런데 이 차입계약서에 의하면 차입 후 5년 후에는 조기상환위약금이 없이 잔존 대출금을 상환할 수 있도록 되어있으나 그 기간 전에는 잔존대출금의 2%에 해당하는 돈을 위약금으로 지불하도록 되어 있다. 한편 만 3년이 지난 현재 주택담보 대출금에 대한 금리가 연간 5%(12년 만기 기준)로 하락하여 원래 대출금리 6%를 밑돌고 있다. 차환(신규대출을 통한 잔존 대출금의 상환)의 타당성 여부를 검토해보라. 이자는 매달 계산되며 상환은 매달 말에 이루어지고 아울러 신규대출에는 50만원의 각종 경비가 소요된다고 가정하라.

풀이) 차환을 통한 이익은 이자의 감소이기 때문에 이것을 알기 위해서는 제일 먼저 현재 남은 대출잔금의 크기부터 알아야 한다. 이를 위해 월 상환금(균등상환)의 크기를 알아보면(월간 이자율은 $\frac{0.06}{12}=0.005$)

$$20,000 = xa_{\overline{12\times15}|i=0.005} = x(118.5) \qquad x = \frac{20,000}{12} = 168.776\text{만원}$$

대출잔금의 크기는 3년 시점에서의 2억 원의 가치에 기존 상환금의 가치를 공제하든지 아니면 향후 12년간 상환금의 현재가치(3년 시점)를 구하는 것이다. 후자를 선택하는 경우

$$168.776a_{\overline{12\times12}|i=0.005} = 168.776(102.474) = 17,295.15\text{만원}$$

다음은 이 대출잔금을 이자율 5%하에서 차환하는 경우 매월 상환금의 크기가 어떻게 되는지 알아보자. 이제 월간 금리는 $\frac{0.05}{12}$ =0.00417로 바뀌었다.

$$17,295.15 = xa_{\overline{12\times12}|i=0.00417} = x(108.097)$$
$$\therefore x = \frac{17,295.15}{108.097} = 159.996\text{만원이다.}$$

이제 차환에 따른 이익과 손실을 따져보자. 먼저 차환을 하는 경우 상환금이 매월 168.776−159.996=8.78만원) 줄어드는 이익이 생긴다. 하지만 이에 대한 대가로서 잔존 대출금의 2%(17,295.15×0.02=345.903만원)를 위약금으로 지불해야 하고 추가적으로 50만원을 신규대출 경비로 지불해야 한다. 이것은 다른 말로 내가 395.903만원을 투자하는 대신 향후 12년 동안 매월 8.78만원을 받는 것이나 혹은 397.903만원을 일시금으로 내고 매월 8.78만원을 연금으로 받는 것으로 비유할 수 있다. 그러면 이 투자금의 투자수익률(내부수익률)은 얼마인가를 따져보자.

$$395.903 = 8.78a_{\overline{12\times12}|i}$$

엑셀의 목표값 찾기 기능이나 재무계산기를 이용해서 계산해보면 i=0.021가 나온다. 이것은 월간 이자율로서 연간 이자율로 환산하면 $(1+0.021)^{12}-1=0.283$ 즉, 28.3%이다. 결론적으로 현재의 금리(5%)를 고려할 때 차환에 따른 투자수익률이 상당히 높으며 만일 이만한 수익률을 다른 대체투자를 통해 얻을 수 있는 가능성이 없으면 당연히 차환할 필요가 있다.

제3장 변동이자율(varying interest), 변동연금(varying annuities), 그리고 인플레이션의 고려

들어가기에 앞서

이번 장에서는 먼저 지금까지의 가정과는 달리 고정된 이자율이 아니라 이자율이 시간에 따라 변동하는 경우의 현재가치와 미래가치를 계산하는 방법을 배우게 된다.

그리고 이어서 이미 배운 연금계리에 대한 지식을 바탕으로 일상생활에서 흔히 접하게 되는 기초적인 변동연금에 대해 알아보고 아울러 인플레이션을 고려할 경우의 연금계리에 대해 소개하고자 한다.

이러한 내용은 연금계리를 비즈니스 등 실생활에 적용함에 있어 자주 부딪히는 과제이며 또한 은퇴설계 등의 자격증 취득 과정에서도 종종 등장하는 만큼 가능하면 이해를 하고 넘어갈 필요가 있다.

1. 변동이자율(varying interest rate)의 이해

논의의 편의상 지금까지의 주요한 가정 중의 하나는 이자율 혹은 할인율이 연금 지급기간 동안 고정되었거나 혹은 일정하다는 것이었다. 그러나 실제로 이자율은 계속해서 변하고 있으며 이에 따라 현재가치나 미래가치를 구하는 것도 이러한 상황을 반영해야 한다. 예를 들어 다음과 같은 문제를 풀어보자.

문제 1 7년 동안 연말에 10만원씩 지급하는 연금의 현재가치를 구하라. 단 처음 3년 동안 적용되는 실효이자율은 6%이고 나머지 4년 동안은 7%의 실효이자율이 적용된다.

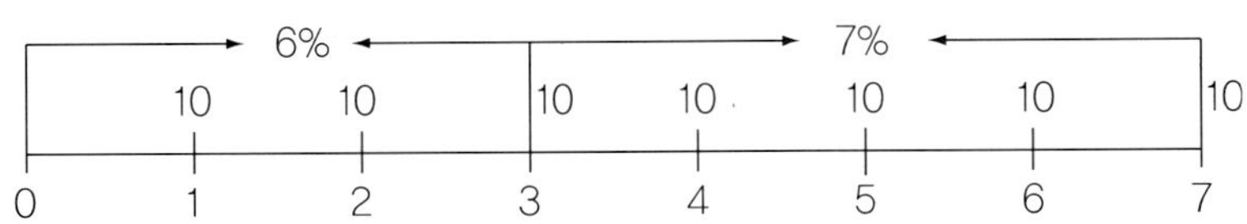

풀이) 이자율이 바뀐다고 해서 계산방법이 크게 달라지지 않으며 특정 시간대에 적용되는 이자율(할인율)을 그대로 사용하면 된다. 간단한 계산방법(A)은 6%와 7%대의 연금의 가치를 구한 다음 더하는 것이다. 즉, 먼저 0시점 기준 4－7시점에 지급되는 네 번의 연금의 가치는 $10a_{\overline{4}|i=0.07}(1+0.06)^{-3}=10(3.3872)(0.8396)=28.439$만원이다. 여기서 $(1+0.06)^{-3}$은 4시점에서의 연금의 가치를 0시점으로 환산(할인)한 것이다. 다음으로 0시점 기준 1－3시점에 걸친 세 번의 연금의 가치는

$$10a_{\overline{3}|i=0.06}=10(2.673)=26.73\text{만원이다.}$$

이제 두 가지 숫자를 합치게 되면 $28.439+26.73=55.169$만원이 된다.

물론 이것 외에 좀 더 복잡한 또 하나의 계산방법(B)도 있다. 각각의 연금을 0시점의 가치로 환산한 다음 더하면 된다. 예를 들어 7시점의 10만원은 0시점에서 $10(1+0.07)^{-4}(1+0.06)^{-3}=10(0.763)(0.840)=6.409$만원이다.

위의 예처럼 각 시간대별로 서로 다른 이자율(i_t)을 가진 현금흐름의 가치를 계산

하는 방법을 수식을 통해 일반화하면 다음과 같으며 이것은 위의 문제풀이에서 제시한 또 하나의 계산방법(B)과 동일한 것이다.

$$a_{\overline{n}|} = (1+i_1)^{-1} + (1+i_1)^{-1}(1+i_2)^{-1} + \cdots + (1+i_1)^{-1}(1+i_2)^{-1}\cdots(1+i_{n-1})^{-1}(1+i_n)^{-1}$$

$$= \sum_{t=1}^{n}\prod_{s=1}^{t}(1+i_s)^{-1}$$

$$s_{\overline{n}|} = 1 + (1+i_n) + (1+i_n)(1+i_{n-1}) + \cdots + (1+i_n)(1+i_{n-1})\cdots(1+i_2)$$

이다.

재무계산기 풀이

『연금의 현재가치』는 『0시점 기준 4－7시점에 지급되는 네 번의 연금의 가치』와 『0시점 기준 1－3시점에 걸친 세 번의 연금의 가치』를 더하여 산출한다.

먼저 『0시점 기준 4－7시점에 지급되는 네 번의 연금의 가치』를 산출한다.

매년 10만원씩 지급하므로 『PMT＝10.0000 CHS』을 입력한다.

실효이자율은 7%이므로 『i＝7i』을 입력하고 4－7시점의 4회에 걸쳐 지급되므로 『n＝4n』을 입력한다.

현재가치를 구하기 위해 『PV』을 누르면 『33.8721』이 도출된다.

여기에서 주의할 점은 도출된 『33.8721』는 현재시점의 가치가 아니라 3시점(↓)의 가치이다. 즉,

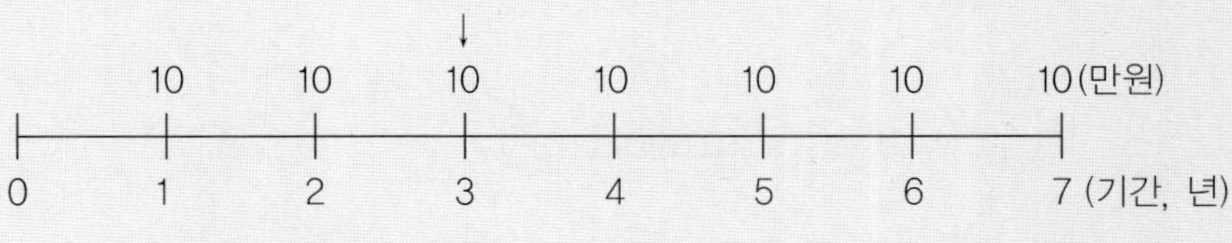

3시점(↓)의 가치의 가치를 현재시점(0시점)의 가치로 전환하여야 한다.

『33.8721』이 보이는 상태에서 『f FIN』을 입력하고 『CHS FV』에 입력한다.

1－3시점의 실효이자율은 6%이므로 『i＝6i』을 입력하고 현재시점까지의 기

간 『$n=3n$』을 입력한다.

현재가치를 구하기 위해 『PV』을 누르면 『28.4397』이 도출된다.

『28.4397』과 『0시점 기준 1−3시점에 걸친 세 번의 연금의 가치』를 더해야 하므로 『STO 1』로 저장하고 기존에 입력된 수치를 삭제하기 위해 『*f* FIN』을 입력한다.

이제 『0시점 기준 1−3시점에 걸친 세 번의 연금의 가치』를 산출해야 한다.

매년 10만원씩 지급하므로 『PMT=10.0000 CHS』을 입력한다.

실효이자율은 6%이므로 『$i=6i$』을 입력하고 1−3시점의 3회에 걸쳐 지급되므로 『$n=3n$』을 입력한다.

현재가치를 구하기 위해 『PV』을 누르면 『26.7301』이 도출된다.

『0시점 기준 1−3시점에 걸친 세 번의 연금의 가치』와 『0시점 기준 4−7시점에 지급되는 네 번의 연금의 가치』를 더해야 하므로 현재 『26.7301』이 보이는 상태에서 『 ↵』을 입력하고 『RCL 1』을 입력하여 0시점 기준 4−7시점에 지급되는 네 번의 연금의 가치 『28.4397』을 불러온 후 『+』을 누르면 『55.1698』이 도출된다.

재무계산기 입력 방법

『10.0000 CHS PMT, 7i, 4n, PV=33.8721 f FIN CHS FV,
6i, 3n, PV=28.4397 STO 1, *f* FIN
10.0000 CHS PMT, 6i, 3n, PV=26.7301 ↵ RCL 1 + = 55.1698
(55.169만원) 』

2. 변동연금(varying annuities)

일반 보험계리 교재에서는 연금 금액이 지금까지의 가정과 달리 일정하지 않은 경우를 다루고 있다. 예를 들어 연금액이 매기간마다 일정액 혹은 일정비율 증가하거나 감소하는 경우에 있어 현재가치나 미래가치를 구하는 방법을 보여주고 있는 것이다.

물론 어떠한 규칙이 없이 연금액이 변동한다면 하나 하나의 연금에 대해 따로 계산하는 것 외에는 다른 방법이 없다. 하지만 다음의 〈그림 4-1〉, 〈그림 4-2〉와 같이 만일 매 기간별 연금금액간 어떤 규칙성이 있다면 그 규칙을 이용해서 수식으로 간단히 표현할 수 있는 방법이 있을 수 있고 그것을 찾아내 보여주고 있다.

그림 4-1 **연금액이 산술급수적으로 변하는 경우**

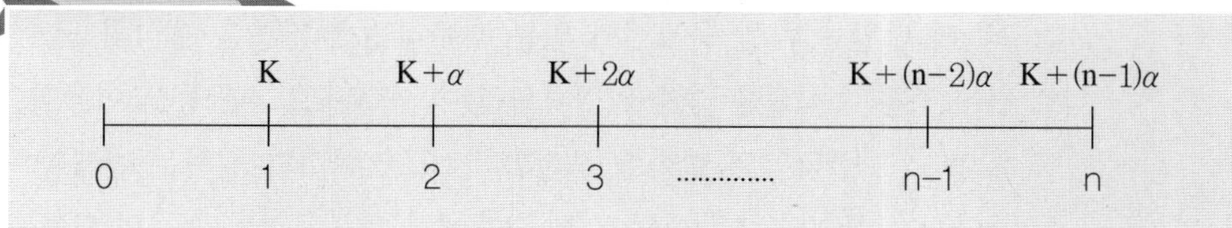

그림 4-2 **연금액이 기하급수적으로 변하는 경우**

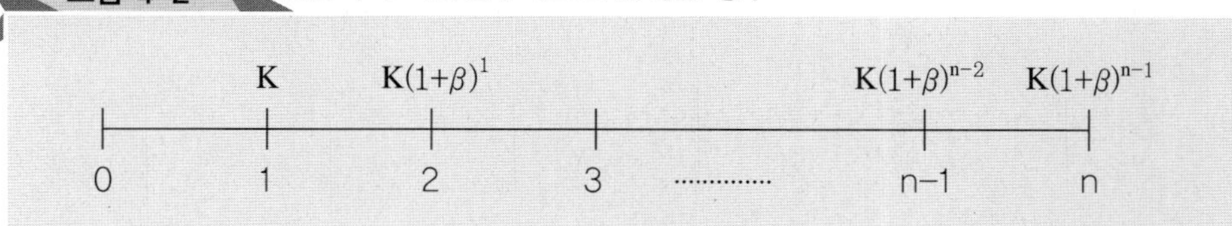

구체적으로 〈그림 4-1〉의 경우처럼 연금액이 산술급수적으로 변하는 경우 그 현재가치(PV)와 미래가치(FV)는 연금지급시기와 이자계산시기가 동일하다는 전제하에서 다음과 같은 수식으로 요약할 수 있다.

$$PV = Ka_{\overline{n}|} + \alpha \frac{a_{\overline{n}|} - n(1+i)^{-n}}{i}$$

$$FV = Ks_{\overline{n}|} + \alpha \frac{s_{\overline{n}|} - n}{i}$$

그리고 〈그림 4-2〉와 같이 연금액이 기하급수적으로 변하는 경우의 현재가치(PV)는 등비수열의 합 공식을 이용하여 다음과 같이 구할 수 있다.

$$PV = K\left[\frac{1}{1+i} + \frac{1+\beta}{(1+i)^2} + \cdots + \frac{(1+\beta)^{n-1}}{(1+i)^n}\right]$$

$$= \frac{K}{(1+i)}\left[1 + \frac{1+\beta}{1+i} + \cdots + \frac{(1+\beta)^{n-1}}{(1+i)^{n-1}}\right] = K\frac{1-\left[\frac{1+\beta}{1+i}\right]^n}{i-\beta}$$

그런데 만일 이처럼 규칙성이 있는 경우라면 번거로운 수식의 도출이나 혹은 바로 위에 적은 수식들을 암기할 필요도 없이 엑셀프로그램 등을 이용하여 클릭 몇 번을 통해 그 연금금액의 변화를 구현할 수 있고 나아가 원하는 현재가치나 미래가치를 간단히 구할 수 있다. 따라서 본 교재에서는 구체적인 수식의 도출과정을 기재하지 않을 것이며 혹 관심 있는 독자들은 관련서적을 참고하기 바란다.

3. 인플레이션의 고려

우리가 돈의 가치 혹은 어떠한 현금흐름의 가치를 다룸에 있어서 종종 인플레이션을 고려해야 하는 경우가 발생한다. 물가의 상승을 의미하는 인플레이션은 일반적으로 돈의 구매력을 떨어뜨림으로써 돈의 가치에 직접적으로 영향을 미치게 된다.

그런데 우리가 Part 1에서 이미 본 바와 같이 향후의 예상되는 인플레이션율은 금리구조의 일부분을 차지하여 금리에 영향을 미치게 되어있으며 이에 따라 어떠한 현금흐름의 가치를 평가함에 있어서 인플레이션이 가지는 영향력은 금리(할인율)을 통해 반영되므로 따로 고려할 필요는 없다.

하지만 금리구조를 통해서가 아닌 현금흐름 자체가 인플레이션과 연계되어 있는 경우가 있는데 그 대표적인 사례가 국민연금 등 공적연금의 연금급여이다. 구체적으로 국민연금은 매년 소비자물가상승률만큼 연금급여를 조정(대부분 상승조정)하여 지급하고 있다.

아래에서는 먼저 명목이자율, 실질이자율, 인플레이션율과의 상관관계에 대해 알아보고 이어 연금급여가 인플레이션율과 연계되는 경우의 현금흐름의 가치를 계산하는 방법에 대해 알아보고자 한다.[11]

일반적으로 실질이자율(real rate of interest)은 명목이자율(nominal rate of

interest)에서 인플레이션을 배제한 상태를 말하며 다른 말로 표현하면 시장이자율을 나타내는 명목이자율은 실질이자율에 인플레이션이 고려된 경우를 의미한다. 즉, 수식으로 나타내면 명목이자율을 i, 실질이자율을 i', 인플레이션율을 r로 표기할 때 $1+i=(1+i')(1+\mathrm{r})$ 이다.

그런데 이 식은 우리가 흔히 알고 있는 상식 즉, 실질이자율이란 명목이자율에서 인플레이션율을 공제한 것이 아니라는 것을 보여주고 있다. 왜냐하면 위의 식을 다시 정리하는 경우

$i'=(i-r)-i'\mathrm{r}$ 로서 비록 그 크기는 작지만 $i'r$만큼 추가적으로 공제해야 하기 때문이다.

이제 인플레이션과 관련한 다음의 문제를 풀어보자.

문제 1 어떤 국민연금 가입자가 매년 1,000만원의 연금을 향후 10년 동안 매년 연말에 받을 것을 예상하는 경우 이 연금의 현재가치(PV)는 얼마인가? 단 연금액은 매년 물가상승률만큼 인상되며 향후 10년 동안의 물가상승률은 3%이고 연금관련 적절한 연간 실효이자율은 5%로 가정한다.

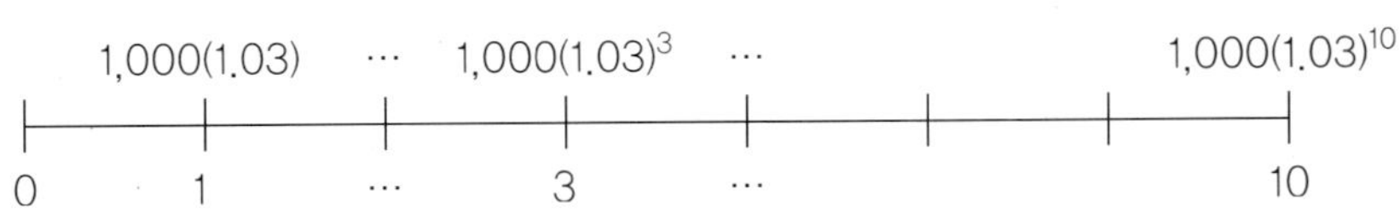

풀이) 먼저 위에서 본 바와 같이 연금액이 기하급수적으로 변하는 경우의 현재가치(PV)를 구하는 식을 이용하거나 단순히 등비수열의 합 공식을 이용하면 다음과 같다.

$$PV=1{,}000\left[\frac{(1+r)}{(1+i)}+\frac{(1+r)^2}{(1+i)^2}+\cdots+\frac{(1+r)^{10}}{(1+i)^{10}}\right]$$
$$=1{,}000\left[\frac{(1+0.03)}{(1+0.05)}+\frac{(1+0.03)^2}{(1+0.05)^2}+\cdots+\frac{(1+0.03)^{10}}{(1+0.05)^{10}}\right]$$

11) 인플레이션의 고려에 대한 내용은 전게서 Kellison(1991), Pp. 299-300을 참고하였다

$$= 1{,}000\frac{1+0.03}{1+0.05}\left[1+\frac{(1+0.03)}{(1+0.05)}+\frac{(1+0.03)^2}{(1+0.05)^2}+\cdots+\frac{(1+0.03)^9}{(1+0.05)^9}\right]$$

$$= 1{,}000\frac{1.03}{1.05}\left[\frac{1-\left(\frac{1.03}{1.05}\right)^{10}}{1-\left(\frac{1.03}{1.05}\right)}\right] = 1{,}000(0.981)\frac{0.175}{0.01905} = 9{,}011\text{만원}$$

또 다른 방법은 $1+i=(1+i')(1+r)$을 통해 $1+i'=\frac{(1+i)}{(1+r)}$을 이용하는 것이다. 즉, 위의

$$PV = 1{,}000\left[\frac{(1+r)}{(1+i)}+\frac{(1+r)^2}{(1+i)^2}+\cdots+\frac{(1+r)^{10}}{(1+i)^{10}}\right]\text{는}$$

$$PV = 1{,}000\left[\frac{1}{1+i'}+\frac{1}{(1+i')^2}+\cdots+\frac{1}{(1+i')^n}\right]\text{로 다시 정리가 가능하고}$$

이것은 다시 $1{,}000a_{\overline{10}|i}$로 간단히 표기할 수 있다.

한편 $i'=\frac{i-r}{1+r}=\frac{0.05-0.03}{1+0.03}=0.0194$이기 때문에 $1{,}000a_{\overline{10}|i=0.0194}=1{,}000(9.011)$ $=9.011$만원으로 위의 계산방법과 동일한 결과를 보여준다. 즉, 정리하자면 만일 위의 사례처럼 연금액이 인플레이션율 만큼 증가하는 경우 실질이자율의 사용을 통해 현금흐름의 현재가치를 간단히 구할 수도 있다는 것이다.

4. 은퇴설계(CFP)문제에 대한 적용

은퇴설계문제를 크게 나누자면 i) 추정 은퇴자산의 크기 결정 ii) 추가로 필요한 은퇴일시금의 크기 계산 iii) 추가 필요 은퇴일시금을 마련을 위한 정액 적립금의 크기 계산 iv) 추가 필요 은퇴일시금의 마련을 위해 물가상승률만큼 매년 증액해서 적립하는 경우의 첫해 적립금의 크기 계산 등이다.

그런데 중요한 은퇴재원인 국민연금의 경우 연금급여의 크기가 매년 물가상승률

만큼 증액되며 또한 은퇴적립금의 경우도 그 실질가치를 유지하기 위해 물가상승률 만큼 증액시키는 경우가 많은데 이러한 사항에만 유의한다면 은퇴설계부분에 나오는 문제들은 우리가 지금까지 쌓은 지식을 사용하여 충분히 풀 수가 있다.

1) 기초부분: 인플레이션율 개입 문제의 해결

은퇴설계문제를 푸는 경우 가장 기본적으로 부딪혀야 할 문제는 인플레이션율과 이자율 혹은 투자수익률이 동시에 개입된 문제를 해결하는 것이다. 여기에 대해서는 앞서 '인플레이션의 고려' 부분에서 다룬 바 있는데 다시 한번 풀어보도록 하자.

문제 1 지금 시점의 가치로 매년 말 100만원씩 10년 동안 연금으로 받는 경우 연금의 0시점(현재)에서의 현재가치와 만 10년 후의 미래가치를 구하라. 단 연금의 가치를 지금 시점의 가치로 만들기 위해 연금은 매년 물가상승률(4%)만큼 증액되는 것으로 가정하고 이자율(할인율)은 연간 7%로 고정된다.

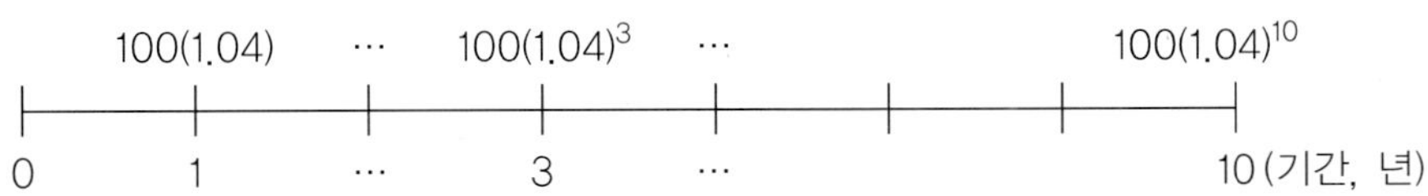

풀이) 이 문제는 물가상승률만큼 매년 상승하는 각각의 연금에 주어진 이자율(할인율)을 적용하는 문제이다.

먼저 현재가치를 구하는 문제는 연금액이 기하급수적으로 변하는 경우의 공식을 사용할 수도 있지만 실질이자율을 통해 해결하는 것이 가장 간단하다. 즉, 실질이자율은 $\frac{1.07}{1.04}=1.02885$이고

$$100a_{\overline{10}|i=0.02885}=100(8.5805)=858.05\text{만원이다.}$$

한편 이 식에서 주의해야 할 사실은 위의 그림에서 보는 바와 같이 연금계리식 앞의 숫자가 처음 지급되는 연금액을 나타내는 100(1.04)이 아니라 100이라는 사실이다. 그 이유는 실질이자율을 사용하는 경우 연금액의 현재가치를 계산하는 수식이 도

출되는 과정에서 본 바와 같이 1.04 즉, $(1+r)$항목이 수식에서 사라지기 때문이다.

두 번째로 미래가치를 구하는 문제는 복잡한 공식의 동원이나 기타 방식보다 현재가치를 이용하는 것이 간단하다. 현재가치를 미래가치로 만드는 것은 이자(투자수익)만 계산해주면 되는데 구체적으로

$$858.05(1+0.07)^{10}=858.05(1.96715)=1,687.91\text{만원이 된다.}$$

그러나 이외에도 실질이자율과 인플레이션율을 동시에 이용하는 방법도 있다. 먼저 실질이자율을 사용하여 미래가치를 구하게 되면

$$100s_{\overline{10}|i=0.02885}=100(11.40335)=1,140.34\text{만원이다.}$$

그런데 이 돈은 물가상승률이라는 거품을 제거한 가치이다. 따라서 이제 다음 단계는 마치 이자처럼 매년도 물가상승률이 다시 적용되도록 해야 한다.

$$\text{즉, } 1,140.34(1+0.04)^{10}=1,140.34(1.48018)=1,687.91\text{만원}$$

위에서 나타난 숫자들을 정리해보면 다음과 같다.

숫 자	의 미	비 고
100만원	0시점 구매력 기준 연간 연금액	실질가치
858.05만원	0시점에서의 연금의 현재가치	
1,687.91만원	10시점에서의 연금의 미래가치	명목상 수치
1,140.34만원	0시점 구매력 기준 연금의 가치	실질가치

문제 2 10년 후에 지금 시점의 가치로 1억원의 은퇴자금을 마련하고자 한다. 첫해말에 적립해야 할 금액은 얼마인가? 단 적립금액은 0시점 이후 매년 물가상승률만큼 상승하도록 하고 이자율(수익률)은 7%, 물가상승률은 4%로 가정한다.

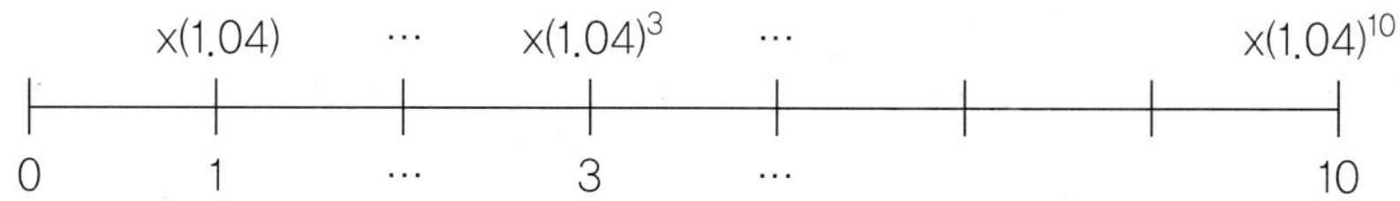

풀이) 이 문제는 개념상 위의 문 1)과 동일한 문제이다. 즉, 연금(여기서는 적립금)의 미래가치가 1억원이 되려면 얼마씩 적립해야 하는지를 묻고 있는 것이다. 그런데 여기서 1억원은 지금 시점의 가치이므로 10년 후의 물가상승률을 감안한 금액(숫자)는 $10,000(1+0.04)^{10}=10,000(1.48024)=14,802.4$ 만원이다.

위에서와 마찬가지로 첫 번째 방법을 사용하면 실질이자율을 사용한 적립금들의 현재가치는 $xa_{\overline{10}|i=0.02885}=x(8.5805)$이고 여기서 x는 물가상승률을 감안한 0시점 기준 적립금의 가치를 의미한다. 즉, 다른 말로 표현하면 사용된 할인율이 실질이자율인 만큼 0시점을 기준으로 매년도 적립금을 인플레이션율로 할인한 값으로 볼 수 있다.

이제 이 현재가치를 10년 후 미래가치로 만들어주고 이것이 14,802.4만원과 일치하도록 하면

$$x(8.5805)(1+0.07)^{10}=14,802.4 \qquad x(8.5805)(1.96715)=14,802.4$$

$\therefore\ x=876.96$만원이다.

이것은 인플레이션률로 할인한 0시점에서의 금액이므로 첫해 말에는 $876.96(1+0.04)=912.04$만원을 적립해야 한다.

이제 두 번째 방법을 통해 계산해보자.

실질이자율을 사용하여 적립금의 미래가치를 구하게 되면

$$xs_{\overline{10}|i=0.02885}=x(11.4034)$$

이제 물가상승률을 적용하는 경우

$$x(11.4034)(1+0.04)^{10}=14,802.4 \qquad x(11.4034)(1.4802)=14,802.4$$

$\therefore\ x=876.96$

마찬가지로 이것은 인플레이션률로 할인한 0시점에서의 금액이므로 첫해 말에는 876.96(1+0.04)=912.04만원을 적립해야 한다.

위에서 나타난 숫자들을 정리해보면 다음과 같다.

숫 자	의 미	비 고
1억	0시점 구매력 기준 은퇴자금의 가치	실질가치
14,802	10시점의 필요 은퇴자금	명목상 수치
x(8.5805)	0시점 기준 적립금의 현재 가치	
x(11.4034)	0시점 구매력 기준 적립금의 가치	실질가치

문제 3 은퇴 후 생활비로 사용하기 위해 지금 시점의 가치(물가상승률 고려)로 매년 말 100만원씩 10년 동안 연금으로 받고자 하여 적립기간을 20년으로 두고 매년 말 적립을 하는 경우 첫해 말에 적립해야 할 금액은 얼마인가? 단 연금액과 적립금액은 0시점 이후 매년 물가상승률만큼 상승하도록 하고 이자율(수익률)은 7%, 물가상승률은 4%로 가정한다.

풀이) 이 문제는 위의 문 1)과 문 2)를 합쳐 놓은 것으로 볼 수 있다. 먼저 은퇴시점 기준 연금액의 가치는 실질이자율을 이용한 현재가치계산을 통해 구할 수 있다.

우선 연금액의 크기를 계산하기 위해 지금부터 20년 후의 년간 연금액으로 환산하면

$$100(1+0.04)^{20}=100(2.19112)=219.112$$

참고로 이 금액에 매년 물가상승률이 적용되며 처음 연말에 받는 연금액은 219.112(1+0.04)=227.88만원이다.

이제 은퇴시점 기준 받게 될 연금의 현재가치를 구하면

$$219.112a_{\overline{10}|i=0.02885}=219(8.5805)=1,879.13\text{만원이다.}$$

x를 물가상승률을 감안한 0시점 기준 적립금의 가치라고 두고 실질이자율을 사용하여 적립금의 미래가치를 구하게 되면

$$xs_{\overline{20}|i=0.02885}=x(26.558)$$

이제 물가상승률을 적용하여 연금액의 은퇴시점가치와 일치시키면

$$x(26.558)(1+0.04)^{20}=1,879.13 \qquad x(26.558)(2.1911)=1,879.13$$
$$\therefore\ x=32.29$$

마찬가지로 이것은 인플레이션률로 할인한 0시점에서의 금액이므로 첫해 말에는 32.29(1+0.04)=33.58 만원을 적립해야 한다.

숫 자	의 미	비 고
100	0시점 구매력 기준 연간 연금액	실질가치
219.112	20년 후 명목상 연간 연금액	명목상 수치
1879.13	20시점 기준 연금의 현재 가치	
x(26.558)	0시점 구매력 기준 20시점에서의 적립금의 크기	실질가치

이 문제를 다른 방식으로 풀어보자.

0시점을 기준으로 했을 때 전체 연금액의 현재가치는

$$1,879.13(1+0.07)^{-20}=1,879.13(0.2584)=485.567\text{만원이다.}$$

한편 x를 물가상승률을 감안한 0시점 기준 적립금의 가치로 둘 때 실질이자율을 사용하여 계산한 이 적립금들의 0시점 기준 현재가치는

$$xa_{\overline{20}|i=0.02885}=x(15.0369)$$

이제 두 가지를 일치시키면

$x(15.0369)=485.567 \quad \therefore\ x=32.29$만원이 되어 동일한 결과를 낳게 된다.

숫 자	의 미	비 고
485.567	0시점 기준 연금의 현재가치	
x(15.0369)	0시점 기준 적립금의 현재가치	

2) 은퇴설계 문제 유형

문제 1 어떤 고객의 은퇴 이후 필요한 소득이 현재 물가기준 연간 3,000만원이고 은퇴기간을 30년, 은퇴까지의 기간 20년으로 가정할 때 확보될 것으로 예상되는 은퇴자금(5억원) 외에 추가로 필요한 은퇴일시금의 크기를 계산하라. 단, 물가상승률 4%, 은퇴자금관련 연간 세후 수익률(할인율) 7%이고 국민연금이 연간 1,000만원 정도 지급될 것으로 예상되고 있다.

풀이) 먼저 현재 시점의 물가기준 매년 부족한 은퇴자금은 연간 2,000만원(3,000－1,000)이다. 왜냐하면 국민연금액은 매년 물가상승률만큼 인상조정 되므로 지금 시점의 가치를 그대로 유지하기 때문이다.

이 연간 부족액은 은퇴시점에서 평가했을 때

$$2{,}000(1+0.04)^{20}=2{,}000(2.191)=4{,}382\text{만원이다.}$$

그리고 이러한 상황이 은퇴 기간 30년 전체에 걸쳐있다고 볼 때 은퇴시점 기준 부족액 총액은

$$4{,}382a_{\overline{30}|i=0.02885}=4{,}382(19.895)=87{,}179.89,\ \text{약 8억 7,180만원이다.}$$

여기서는 실질이자율을 사용하여 은퇴시점 기준 현재가치를 계산하였다.

따라서 기존 확보된 은퇴자금 5억원을 감안하는 경우 부족한 은퇴일시금의 크기는 3억 7,180만원이다.

숫 자	의 미	비 고
3,000만원	0시점 구매력 기준 연간 소요자금	실질가치
4,382	20년 후 명목상 연간 부족자금	명목상 수치
87,179.89	20시점 기준 연금의 현재 가치	

문제 2 문 1)에 이어 부족은퇴자금을 마련하기 위해 매년 말 적립해야 할 금액을 계산하되 적립액이 매년 물가상승률만큼 증액되는 것을 가정하여 첫해 말 적립금액을 계산하라.

풀이) 은퇴시점 기준 부족액이 나와 있으므로 20년간 적립액의 미래가치와 일치시켜야 한다.

먼저 x를 물가상승률을 감안한 0시점 기준 적립금의 가치라고 두고 실질이자율을 사용하여 적립금의 미래가치를 구하게 되면

$$xs_{\overline{20}|i=0.02885}=x(26.558)$$

이제 물가상승률을 적용하여 은퇴시점의 숫자로 바꾼 다음 연금액의 은퇴시점가치와 일치시키면

$$x(26.558)(1+0.04)^{20}=37,180 \qquad x(26.558)(2.1911)=37,180$$
$$\therefore\ x=638.93\text{만원이다.}$$

마찬가지로 이것은 인플레이션율로 할인한 0시점에서의 금액이므로 첫해 말에는 $638.93(1+0.04)=664.49$ 만원을 적립해야 한다.

이 문제를 조금 다른 방식, 즉 은퇴설계를 하는 현재 시점의 가치로 환산해서 풀어보자.

먼저 부족한 은퇴일시금 3억 7,180만원을 현재 시점(0시점)의 가치로 환산하면

$$37,180(1+0.07)^{-20}=37,180(0.25841)=9,607.52\text{만원이다.}$$

한편 x를 물가상승률을 감안한 0시점 기준 적립금의 가치로 둘 때 실질이자율을 사용하여 계산한 이 적립금들의 0시점 기준 현재가치는

$$xa_{\overline{20}|i=0.02885}=x(15.0369)$$

이제 두 가지를 일치시키면

$x(15.0369)=9,607.52$ $\therefore\ x=638.93$만원이 되어 동일한 결과를 낳게 된다. 물론 이것은 인플레이션율로 할인한 0시점에서의 금액이므로 첫해 말에는 $638.93(1+0.04)=664.49$만원을 적립해야 한다.

이것 외에 또 다른 방법, 즉 구매력 가치 혹은 실질 가치를 위주로 숫자들을 정리하는 방법도 있다.

먼저 20시점에서 평가한 부족 은퇴일시금 3억 7,180만원을 0시점 기준 구매력을 가진 실질 가치로 바꿔보면

$$37,180(1+0.04)^{-20}=37,180(0.4564)=16,968.95\text{만원이다.}$$

이제 0시점 기준 구매력을 가진 20시점에서의 전체 적립금의 크기는

$$xs_{\overline{20}|i=0.02885}=x(26.5583)$$

두 가지를 일치시키면

$$x(26.5583)=16,968.95 \qquad \therefore\ x=638.93\text{만원이다.}$$

다시 한번 동일한 결과를 낳게 됨을 알 수 있는데 마찬가지로 이것은 인플레이션률로 할인한 0시점에서의 금액이므로 첫해 말에는 $638.93(1+0.04)=664.49$ 만원을 적립해야 한다.

숫 자	의 미	비 고
x(26.558)	0시점 구매력 기준 적립금의 크기	실질가치
9,607.52	부족 은퇴일시금의 0시점 현재가치	
x(15.0369)	0시점 기준 적립금의 현재 가치	
16,968.95	0시점 구매력 기준 20시점 부족 일시금의 크기	실질가치
x(26.5583)	0시점 구매력 기준 20시점 적립금의 크기	실질가치

Part 5

이자론과 채권투자

제1장 채권의 가격과 투자수익률

제2장 재투자수익률과 채권의 총수익률

제1장 채권의 가격과 투자수익률

들어가기에 앞서

지금까지 우리는 이자론과 관련한 다양한 지식을 쌓았다. Part 5에서는 이러한 지식을 바탕으로 채권의 가격결정과 투자수익률의 계산 등과 같은 이자론과 직접적인 관계를 가지고 있으며 또한 학교공부나 직장업무 등 현실에서도 자주 접하게 되는 내용을 다루고자 한다.

사실 채권은 주식, 부동산 등과 비교했을 때 투자의 세계에서 다소 생소한 부분이다. 그러나 점차 일반인에게도 친숙해져 가는 과정 중에 있으며 또한 어떤 자산의 가격결정과 투자수익률의 계산문제 등은 채권이나 여타 투자대상을 막론하고 거의 동일한 개념이 적용되고 있어 이것이 미치는 영역은 예상외로 큰 편이다. 아울러 이러한 실제적 투자대상을 다루는 것은 무엇보다도 이자론을 보다 확실히 이해하는데 많은 도움을 줄 것이기 때문에 여기에 더 큰 의의를 둘 필요가 있다.

1. 투자수익률(yield rate)/내부수익률(IRR)의 계산

먼저 채권(bond)이란 주로 국가나 기업, 공공단체 등이 자금차입을 목적으로 발행하는 일종의 채무증서이다. 채권의 발행자는 일반적으로 채무만기까지 정기적으로 이자를 지불하게 되며 만기시점에는 원금을 상환하게 된다. 이처럼 채권은 수많은 현금흐름을 발생시키게 되는데 이러한 현금흐름의 발생은 사실 그 횟수만 다를 뿐 주식, 부동산 등 대부분의 투자에서도 일어난다.

한편 채권구매자(투자자) 등 투자와 관련한 이해당사자들은 기본적으로 투자와 관련한 투자수익률을 계산하고 아울러 특정시점에서 그 해당자산의 가치를 따져보는 것에 관심을 가지고 있다. 그러나 만일 이러한 현금흐름의 발생이 일회가 아니라 장기간에 걸쳐 수차례 일어나는 경우 이러한 작업은 다소 복잡해지게 되며 드디어 이자론의 도움이 필요해지는 것이다.

그러면 채권투자의 수리적 부분에 대한 구체적인 내용에 들어가기 앞서 자산의 가치, 그리고 각종 투자와 관련한 일반적인 투자수익률(yield rate)의 개념에 대해 간단히 알아보자.

일반적으로 어떤 자산의 가격이란 시장에서의 수요와 공급에 의해 결정되지만 자산의 가치(value of an asset)란 기본적으로 그 자산을 보유함으로써 발생하는 미래 현금흐름(cash flow)의 현재가치(present value)를 의미한다고 볼 수 있다. 즉, 자산의 가치를 *VA*로 표기할 때

$$VA = \frac{CF_1}{(1+r)^1} + \frac{CF_1}{(1+r)^2} + \cdots + \frac{CF_n}{(1+r)^n} = \sum_{t=1}^{t=n} \frac{CF_t}{(1+r)^t}$$

이며 여기서 CF_i는 매기의 현금흐름의 크기, r은 매기의 적정할인율을 나타낸다. 따라서 미래 현금흐름의 크기와 적정할인율이 정해지면 어떤 자산의 가치는 자동으로 산출할 수 있다.

다음으로 투자수익률(yield rate)은 투자로 발생하는 수익(return)의 현재가치와 투자를 위해 소요된 투자자금(contribution)의 현재가치를 일치시켜주는 이자율 혹은 할인율을 의미한다. 즉, 위의 식에서 *VA*를 투자자금의 현재가치(present value of contributions(PC))로 대치한다면 위 식의 r이 바로 투자수익률이 되는 것이다. 그리고 이때 계산되는 r을 재무관리 등에서는 내부수익률(internal rate of return)이라 부르기도 한다.

예를 들어보자. 어떤 사업이 연도별로 다음과 같은 현금흐름이 발생하고 사업이 종료된다고 가정할 때 연간 투자수익률은 얼마인가?

〈표 5-1〉 어떤 사업의 투자자금과 수익의 현금흐름

연도	투자자금	투자수익	실수익
0	2억원	0	-2억원
1	1억원	0	-1억원
2	2,000만원	1억원	8,000만원
3	3,000만원	1억원	7,000만원
4	4,000만원	1억원	6,000만원
5	5,000만원	2억원(매각대금)	1억 5,000만원
합 계	4억 4,000만원	5억원	6,000만원

풀이) 다음 그림의 한 칸을 1년으로 하여 위의 현금흐름을 표시하면 다음과 같다.

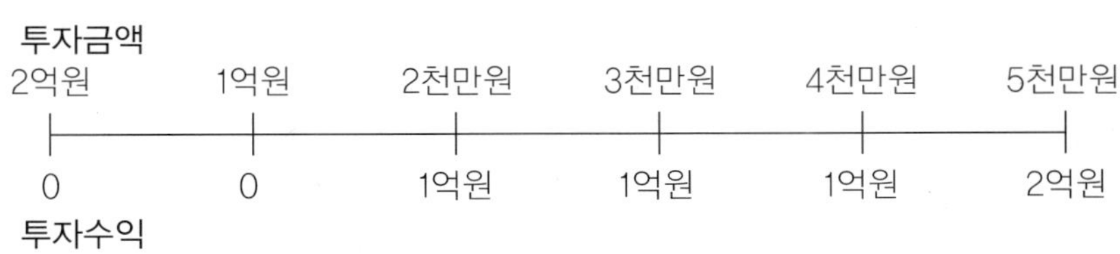

투자수익률(혹은 내부수익률)을 구하기 위해서는 실수익의 현재가치($PV(r)$)를 0으로 만드는 할인율을 구해야 한다. 즉,

$$PV(r) = -2\text{억}(1+r)^{0} - 1\text{억}(1+r)^{-1} + 8\text{천만}(1+r)^{-2} + 7\text{천만}(1+r)^{-3} + 6\text{천만}(1+r)^{-4} + 1\text{억}5\text{천만}(1+r)^{-5} = 0$$

이제 이 수식을 만족시키는 r을 재무계산기 혹은 엑셀프로그램(목표값 찾기)를 통해 구해보면 $r=0.0549$, 즉 투자수익률(내부수익률)이 5.49%임을 알 수 있다.

여기서 한 가지 우리가 주목할 것은 위에서 사용한 수식들이 모두 앞부분에서 우리가 사용해왔던 것과 동일하다는 것인데 이러한 사례를 통해 이자론이 투자의 수리적 부분과도 긴밀히 연계되어 있음을 확인할 수 있다.

2. 채권의 가격과 수익률의 결정

이제 채권의 수익률과 가격을 계산하는 방법에 대해 알아보자. 채권은 기본적으로 정기적인 이자지급과 함께 만기에 원금이 상환되는 현금흐름을 가지고 있으며 따라서 기존에 우리가 알고 있는 이자론 지식을 통해서 이 두 가지 문제는 간단히 해결이 가능하다. 즉, 정기적인 이자의 지불은 우리가 공부한 바 연금에 관한 수식을 그대로 적용할 수 있으며 1회에 걸쳐 이루어지는 원금상환 역시 간단히 특정금액의 현재가치를 구하는 문제로 국한되는 것이다.

1) 채권가격의 결정

채권의 가격 역시 채권시장에서 결정된다. 그러나 채권의 이론적 가격 혹은 채권의 가치는 다른 자산과 마찬가지로 미래현금흐름의 현재가치로 결정된다.

다음의 식에서 보는 바와 같이 채권의 (이론적)가격(price of bond: PB)을 결정하는 일반적 요소들은 채권수익률(yield: r), 액면이자율 혹은 표면이자율(coupon rate: i), 액면가(face value: F), 만기(maturity: N) 등이 있다. 물론 이 식에서는 만기까지 보유하는 경우에서 볼 수 있는 바와 같이 채권의 액면가와 만기에 채권을 주고 돌려받는 상환금액이 동일한 경우를 가정하고 있다.

$$PB = \sum_{t=1}^{N} \frac{CF_t}{(1+r)^t} = \sum_{t=1}^{N} \frac{I}{(1+r)^t} + \frac{F}{(1+r)^N} \quad (\text{단 } I = i \times F)$$

여기서 채권수익률은 투자자들이 채권시장에서 특정 채권에 대해 요구하는 이자율 혹은 할인율을 말하는데 우리가 익히 알고 있는 바 투자의 위험도(risk)에 따라 대부분 결정된다. 즉 부도 등으로 말미암아 상환의 가능성이 낮다면 상대적으로 안전한 채권에 비해 높은 수익률이 요구될 것이다. 위의 식에서는 이 채권수익률이 일정하다고 가정하였는데 만일 그렇지 않은 경우는 위의 식에서 $(1+r)^t$는 $(1+r_1)(1+r_2)\cdots(1+r_t)$가 되어야 한다.

한편 채권가격을 나타내는 위의 식은 보험계리용어를 사용하는 경우 다음과 같이 표기가 가능하다.

$$PB = Ia_{\overline{n|}} + Fv^n$$

- 일반 계리 책에서는 Makeham Formula 등 이 식의 다양한 변형에 대해 소개하고 있는데 결국 동일한 내용을 담고 있기 때문에 여기서는 생략한다.

한편 채권은 다양한 형태가 있기 때문에 채권의 가격을 계산하는 방법도 당연히 달라지게 되지만 현금흐름의 현재가치를 구하는 측면에서는 동일하여 특별히 언급할 내용은 없다.

예를 들어 무이표채(zero coupon bond) 혹은 할인채의 경우 만기에 이르기까지 이자를 지급하지 않는 대신 이자에 해당하는 만큼의 가치를 채권가격에서 공제하게 된다. 이러한 채권의 경우 현금흐름은 만가에 지급되는 액면가 밖에 없으며 따라서 그 가격은 다음과 같이 결정된다.

$$PB = \frac{F}{(1+r)^N}$$

이외에 원금상환 없이 영원히 액면이자만 지급하는 영구채의 경우는 영구연금의 가치에 사용되는 산식을 그대로 적용하면 된다. 즉,

$$PB = \sum_{t=1}^{\infty} \frac{CF_t}{(1+r)^t} = \sum_{t=1}^{\infty} \frac{I}{(1+r)^t} = \frac{I}{r} \quad (\text{단 } I = i \times F) \text{ 이다.}$$

이제 문제풀이를 통해 이해를 높이도록 하자.

문제 1 채권의 액면가가 10,000원이고 만기 3년, 액면이자율(coupon ráte)은 7%이며 일년에 두 번 지급되고, 만기수익률(yield) 혹은 요구수익률은 연간 8%이고 마찬가지로 일년에 두 번 이자가 계산된다고 하는 경우 채권의 이론적 가격은 얼마인가?

풀이) 이 채권을 소유하는 경우 다음 그림과 같이 반년마다 $350(10,000 \times \frac{0.07}{2})$원을 이자로 받게 되고 만기 3년이 지나면 액면가 10,000원을 상환 받게 된다.

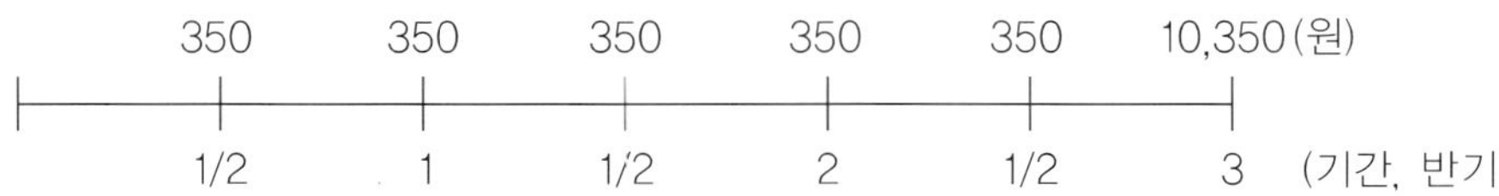

한편 반년마다 이루어지는 각 현금흐름의 현재가치를 구하기 위해서는 반년마다의 이자율(할인율)을 구해야 하는데 이 문제에서는 이자가 반년에 한 번 계산되므로 현금흐름이 이루어지는 시점과 이자계산시점이 일치하여 계산이 비교적 용이하다. 반년마다의 수익률(할인율)은 $\frac{0.08}{2}=0.04$이며 따라서 현금흐름의 현재가치 즉, 채권의 이론적 가치는 다음과 같다.

$$
\begin{aligned}
PB &= 350a_{\overline{6}|i=0.04} + 10,000(1+0.04)^{-6} \\
&= 350(5.2421) + 10,000(0.7903) = 1,834.7 + 7,903 = 9,737.7
\end{aligned}
$$

문제 2 위의 문제와 동일하되 만일 만기수익률(yield) 혹은 요구수익률이 연간 7%로서 액면이자율과 동일하다고 한다면 이 채권의 이론적 가격은 얼마인가?

풀이) 이 문제는 구태여 계산할 필요도 없다. 얼마일까? 당연히 10,000원이다. 왜냐하면 만일 10,000원을 주고 이 채권을 사는 경우 할인율과 같은 이자를 받게 되어있어 이 돈의 가치가 시간이 흘러도 변하지 않기 때문이다. 그럼 실제로 계산을 해서 확인해보자.

$$PB = 350a_{\overline{6}|i=0.035} + 10,000(1+0.035)^{-6}$$
$$= 350(5.3285) + 10,000(0.8135) = 1,865 + 8,135 = 10,000\text{원}$$

2) 채권수익률의 계산

채권수익률은 위에서 살펴본 바 투자수익률(내부수익률)과 동일한 방식으로 계산되는 만기수익률 외에 경상수익률, 실현수익률 등이 있다. 예를 들어 경상수익률은 채권가격 대비 액면이자의 크기를 비율로 나타낸 것으로서 간단하다는 장점이 있는 반면 돈의 시간가치를 고려하지 않는다는 단점을 가지고 있다. 그리고 실현수익률은 이자율변동에 따른 채권의 가격변동 즉, 자본수익 등을 포함한 총 실현수익을 채권의 매입가격으로 나눈 것을 의미한다.

현실적으로 가장 많이 등장하는 수익률은 만기수익률로 다음과 같은 수식을 통해 구할 수 있다.

$$PB = \sum_{t=1}^{N} \frac{CF_t}{(1+r)^t} = \sum_{t=1}^{N} \frac{I}{(1+r)^t} + \frac{F}{(1+r)^N} \quad (\text{단 } I = i \times F)$$

이 식은 위에서 본 채권의 가격결정에 관한 식과 동일하지만 이 식에서 PB는 채권의 현재시점 시장가격을 의미하며 우리가 구하는 바는 이제 이 채권을 만기까지 보유하는 경우 발생하는 모든 현금흐름의 현재가치와 일치시키는 r은 무엇인가 하는 것이다. 한편 여기서 계산한 만기수익률이 실현된 만기수익률이 되기 위해서는 액면이자가 만기수익률과 동일한 이자율로 재투자된다는 가정을 필요로 한다.

문제 3 액면가 10,000원의 3년 만기 채권을 액면가에 구입하였다. 이 채권의 경우 8%의 액면이자율로 일년에 두 번 이자가 지급되며 만기시점에 11,000원을 받는다고 한다. 만일 이자가 일년에 두 번 계산된다고 가정한 다면 이 채권의 만기수익률은 얼마인가?

풀이) 이 채권의 경우 구입가 10,000원의 지불에 대한 대가로 다음과 같은 현금흐름이 발생하였다.

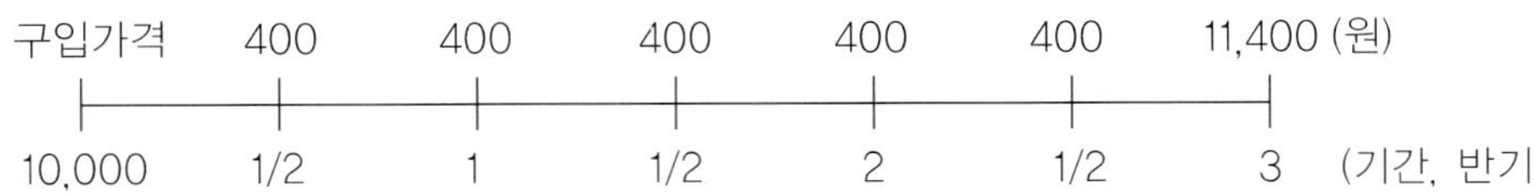

따라서 식으로 표현하면 j를 매기간(반기)당 이자율로 볼 때

$$10{,}000 = 400a_{\overline{6}|j} + 11{,}000(1+j)^{-6}$$

엑셀프로그램이나 재무계산기를 통해 j를 구하면 $j=0.0545$이다.

이것은 반기수익률이므로 연간 만기수익률은 $2\times0.0545=0.109$, 즉 10.9%가 된다.

문제 4 위의 문제 3)과 동일한 조건 하에서 만일 만기까지 기다리지 않고 만 1년이 지난 후 요구수익률(yield)이 6%로 변동하였을 때 곧바로 매각을 시도하였다면 이 경우 실제로 달성한 실현수익률은 얼마일까?

풀이) 아래 그림과 같이 1년이 지난 시점에서 이 채권으로 말미암은 현금흐름은 4번에 걸친 400원과 만기시점에 11,000원의 상환금이 있다.

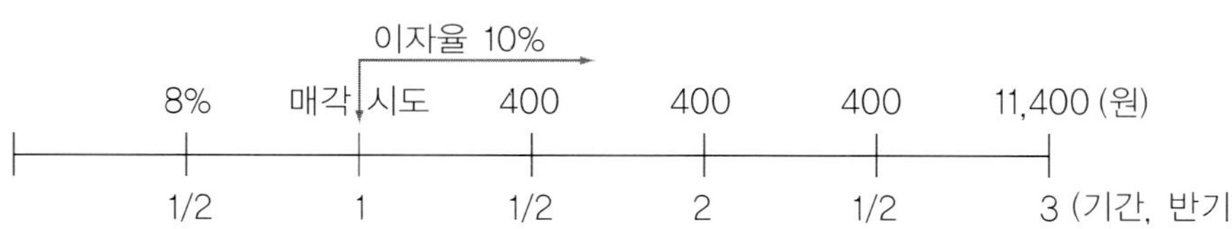

따라서 먼저 매각시점에서의 채권의 가치($PB(1)$)를 알아보자.

$$\begin{aligned} PB(1) &= 400a_{\overline{4}|i=0.06} + 11{,}000(1+0.06)^{-4} \\ &= 400(3.4651) + 11{,}000(0.79209) = 1{,}386.04 + 8{,}712.99 \\ &= 10{,}099.03\text{원이다.} \end{aligned}$$

이제 구입가격과 채권구입을 통한 현금흐름의 현재가치를 일치시키는 실현수익률은 다음과 같이 구할 수 있다.

$$10,000 = 400a_{\overline{2}|j} + 10,099(1+j)^{-2}$$

마찬가지로 엑셀프로그램이나 재무계산기를 통하는 경우
통해 j를 구하면 $j=0.0448$이다. 이것은 반기수익률이므로 연간 만기수익률은 $2\times0.0448=0.0896$, 즉 8.96%가 되어 이자율 상승으로 인해 수익률이 하락했음을 보여주고 있다.

제2장 재투자수익률과 채권의 총수익률

들어가기에 앞서

제2장에서는 1장에 이어 채권의 투자수익률에 대해 다루되 액면이자에 대한 이자율, 즉, 재투자수익률이 본래 수익률과 다른 경우를 먼저 알아보고자 한다. 이어서 만기수익률 혹은 요구수익률이 변동하는 경우에 있어 채권투자의 총수익률에 대해 공부하고자 한다. 이러한 내용들은 좀 더 현실에 밀접한 것이며 또한 앞서 배운 내용들의 심화과정인 만큼 차분히 학습하기를 바란다.

1. 재투자수익률(reinvestment rate)

위에서 언급한 바 만기수익률을 계산함에 있어 중요한 가정은 채권을 만기까지 보유하고 아울러 액면이자가 만기수익률로 재투자된다는 것이었다.

하지만 현실적으로 이 두 가지 가정은 지켜지기가 어려우며 이자율의 변화는 채권의 매도가격과 액면이자의 수익률에 영향을 미쳐 만기수익률과 상당한 괴리를 만들어낼 수 있다.

아래에서는 먼저 재투자수익률과 원래의 투자수익률이 서로 다른 경우(채권투자의 경우 재투자수익률과 만기수익률이 상이한 경우)를 알아보고 이어서 이자율의 변동에 따른 총수익률의 변화에 대해 알아보고자 한다.

1) 일시금의 재투자수익

채권과 같이 일시금이 투자되는 경우를 먼저 보면 채무자와의 관계에 있어 본래의 연간 실효이자율을 i, 그리고 정기적으로 받게 되는 이자의 재투자수익률을 j라고 하자. 투자기간 n년 후 원금 1원에 대한 액면이자와 이자의 재투자수익을 합한 금액을 SRI라고 할 때

$$SRI = is_{\overline{n|}j}$$

이다. 물론 여기에 1원을 합하는 경우 투자자금 1원의 n년 후 미래가치를 나타낸다.

그리고 만일 이자율 변동으로 재투자수익이 받게 되는 영향력 즉, 재투자위험을 알고자 하는 경우에 필요한 순수 재투자수익의 크기는 SRI에 이자금액을 공제한 것이다. 즉,

$$SRI - in = is_{\overline{n|}j} - in$$

문제 1 액면가 10,000원, 만기 5년, 액면이자율 연 7%이고 매년 말에 이자가 지급되는 어떤 채권의 재투자수익률이 7%와 5%인 경우 각각에 대해서 만기시점에서의

재투자수익의 크기를 구하라.

풀이) 재투자수익률이 7%인 경우 재투자수익은

$700s_{\overline{5}|j=0.07} - 700 \times 5 = 700(5.7507) - 3{,}500 = 525.49$원이다.

그리고 재투자수익률이 5%인 경우는

$700s_{\overline{5}|j=0.05} - 700 \times 5 = 700(5.5256) - 3{,}500 = 367.92$원이다.

한편 위의 식에서 $700 \times 5 = 3{,}500$원은 전체 액면이자액을 나타낸다.

2) 연금의 재투자수익

이제 일시금이 아닌 연금의 경우 재투자수익의 변화에 대해 알아보자.

만일 매년 말 1원씩 연금이 지급되는 경우 연간 이자율을 i라고 하면 다음 그림과 같이 이자액은 두 번째 해의 말부터 발생하기 시작하여 산술급수적으로 증가한다.

그림 5-1 산술급수적으로 변하는 경우의 재투자수익

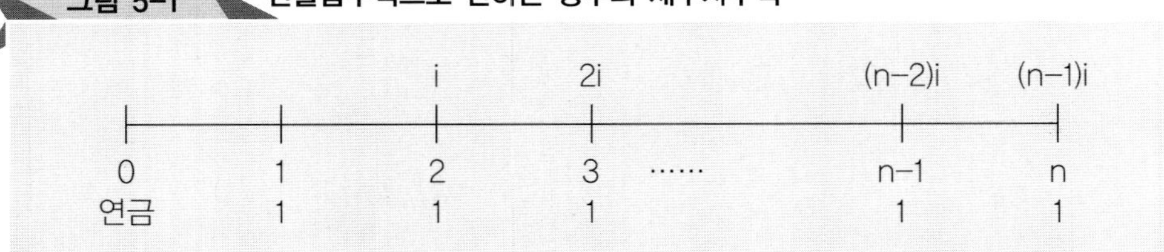

위의 경우에 있어 n년 후의 재투자수익의 가치 SRI(A)는 Part 4(연금의 적용)에서 배운 바 수식을 이용하는 경우($\alpha=1$) 다음과 같다.

$$SRI(A) = i\left[\frac{s_{\overline{n}|j} - n}{j}\right] - in$$

문제 2 매년 10,000원을 총 7년간 어떤 프로젝트에 투자하는 경우 매년 투자자금의 6%에 해당하는 이자가 발생하고 이 이자에 대해서는 연간 5%의 재투자수익이 발생하는 경우 재투자수익의 크기는 얼마인가? 그리고 연간 6%의 만기수익률을 만들기 위해 필요한 이 투자 프로젝트의 적정 구매가격은 얼마인지 계산해보라. 단 모든 이자율은 실효이자율이다.

풀이) 먼저 재투자수익의 크기는

$$600\left[\frac{s_{\overline{7}|\,j=0.05}-7}{0.05}\right]-600\times 7=600\left[\frac{8.1420-7}{0.05}\right]-4{,}200=9{,}504\text{원이다.}$$

다음으로 이 투자 프로젝트에 투자된 자금의 7년 후 미래가치는

$$10{,}000\times 7+600\left[\frac{s_{\overline{7}|\,j=0.05}-7}{0.05}\right]=70{,}000+600\left[\frac{8.142-7}{0.05}\right]$$
$$=70{,}000+13{,}704=83{,}704\text{ 원이다.}$$

이제 6%의 수익률을 내기 위해 필요한 구매가격은

$$83{,}704(1+0.06)^{-7}=55{,}668\text{원이다.}$$

2. 채권의 총수익률 계산

채권투자에 따른 수익은 액면이자, 액면이자의 재투자수익, 그리고 취득가와 매도가 사이의 차액(자본이득으로도 불리며 마이너스 수익도 가능) 등으로 구성이 된다.

아래에서는 이러한 채권투자수익에 영향을 미치는 세 가지 요소를 고려한 상태에서 총수익률을 계산하는 경우를 알아보도록 하자.

예 만기 8년의 액면가 10,000원의 채권을 구매하였는데 구매 후 만 5년이 지난 시점에서 학자금 마련을 위한 매각을 미리 계획 중이다. 만일 액면이자율이 7%이고 재투자수익률이 6%이며 요구수익률이 8%라면 적정 구매가격은 얼마인가? 그리고 만 5년이 지난 시점에서 요구수익률이 5%로 하락한다고 가정하는 경우 적정 구매가격 기준 총수익률은 얼마인가?

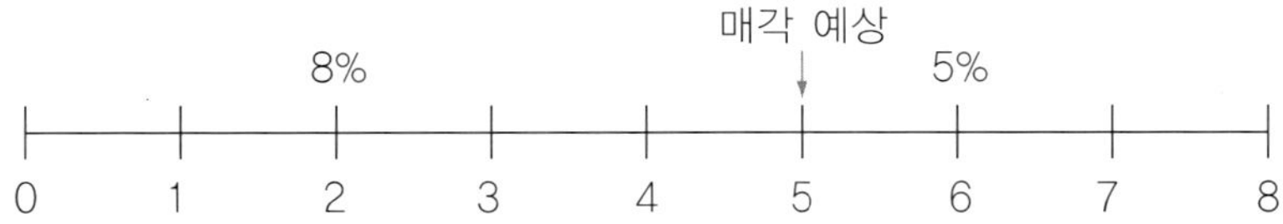

풀이) 먼저 재투자수익률을 고려한 액면이자의 8년 후 미래가치는

$$700s_{\overline{8}|j=0.06}=700(9.8975)=6,928.25\text{원이다.}$$

한편 8년 후 받게 될 액면가 10,000원을 추가하는 경우 현금흐름의 총 미래가치는 16,928.25원이다. 따라서 요구수익률 8% 기준 이 금액의 현재가치이며 동시에 적정 구매가격은

$$16,928.25(1+0.08)^{-8}=16,928.25(0.54027)=9,145.82\text{원이다.}$$

다음으로 총수익률을 계산하기 위해 먼저 5년간에 걸친 액면이자와 재투자수익의 미래가치를 구해보면

$$700s_{\overline{5}|j=0.06}=700(5.6371)=3,945.97\text{원}$$

그리고 매각시점의 채권의 가치는

$$700a_{\overline{3}|j=0.05}+10,000(1+0.05)^{-3}$$
$$=700(2.7232)+10,000(0.86384)=10,544.64\text{원이다.}$$

따라서 5년 후 총 14,490.61원의 자금이 발생할 예정이다.
이제 적정구매가격 기준 예상 총수익률을 구하면
$9,145.82(1+i)^5=14,490.61 \quad \therefore i=(1.5844)^{1/5}-1=0.09642$, 즉 약 9.64%이다.

Part 6

생명보험수리의 기초

제1장 생명보험상품의 가치와 일시납 생명보험료의 결정

들어가기에 앞서

이번 장에서는 보험계리(Actuarial Science)학위과정에서 이자론(Theory of Interest)이 끝난 후 다음 과정으로 등장하는 생명보험수리(Life Contingency)에 대해 간단히 소개하고자 한다.

생명보험수리란 생명보험의 보험료 결정, 생명보험회사의 책임준비금 및 해약환급금의 크기 결정 등을 주로 다루는데 언급한 바와 같이 이자론에 포함된 내용이 아니다. 하지만 이자론의 적용영역에 대해 좀 더 이해를 넓히고자 하는 경우 생명보험수리에 대한 다소간의 지식이 필요한 것이 사실이다. 따라서 본 장에서는 복잡한 계리기호나 수식의 도입을 최소화한 상태로 생명보험수리를 소개할 것이다.

이자론과 생명보험수리에서 주로 다루는 내용들을 구분하는 대표적인 특징이 있다면 불확실성의 존재여부이다. 구체적으로 이자론의 주요 내용들의 경우 대부분의 관계변수들 예를 들어 이자율, 지급기간 등이 고정되어 있으며 불확실성이 거의 배제되어 있다. 하지만 사망을 포함한 인간에게 닥쳐올 수 있는 각종 사고 등을 그 대상으로 하는 생명보험수리에서는 각종 사고의 발생여부 자체가 불확실하다. 이에 따라 불확실성 하에서 의사결정을 하기 위해 사람들은 확률이론을 도입했으며 그 결과 생명보험수리는 거의 대부분 확률이 개입되어 있다.

한 마디로 정리하자면 생명보험수리는 우리가 그동안 공부한 이자론에 확률이 추가된 것이다. 따라서 넓게 보면 여전히 이자론의 영역에 있다고도 볼 수 있다.

한편 아래에서의 내용은 전통적 보험료 계산방식으로서 최근에 개정이 거론되고 있고 선진국에서 이미 사용 중에 있는 현금흐름방식과는 차이를 가지고 있다. 하지만 이 Part의 목적이 이자론의 현실적용부분에 대한 이해를 돕고자 하는 것이기 때문에 상대적으로 단순하며 목적에 보다 부합한다고 볼 수 있는 전통적인 방식을 설명하였으며 이 장의 마지막 부분에서 두 가지 방식의 차이에 대해 설명을 추가하였다.

1. 생명보험의 보험료 결정과정

생명보험수리의 가장 대표적인 내용은 바로 생명보험상품의 보험료 결정이다. 생명보험수리의 나머지 부분 즉, 책임준비금이나 해약환급금의 결정 등은 보험료의 결정과 직결되어 있으며 보험료의 결정에서 파생되는 내용 이라고도 볼 수 있다. 따라서 보험수리에 관한 내용을 다루기 전에 먼저 생명보험의 보험료가 어떻게 결정되는가에 대해 간단히 알아보자.

1) 보험료계산 기초율의 결정

생명보험 예를 들어 사망보험은 가입자가 가입기간 내에 사망시 보험금을 지급하는 상품이다. 이러한 생명보험상품의 보험료를 계산하기 위해서는 다음과 같은 세 가지 요소 혹은 자료들을 기본적으로 갖추어야 한다.

(1) 예정사망율

생명보험이 인간의 생존 혹은 사망을 보험의 대상으로 하고 있는 만큼 보험회사는 당연히 사망 혹은 생존에 관한 자료를 필요로 한다. 그런데 시간의 흐름에 따른 개인마다의 생존 혹은 사망의 발생여부는 우리가 미리 알 수 없으며 이에 따라 보험회사는 가입자 개인이 속한 그룹의 사망 혹은 생존에 관한 통계 데이터를 사용하게 된다. 특정 그룹의 생사관련 통계자료는 생명표라고 불리는데 예정사망률은 이 생명표를 통해 구하게 된다.

대표적인 생명표는 전체 국민을 대상으로 하고 통계청에서 발표하는 국민생명표(아래 〈표 6-1〉과 부록참조), 그리고 보험회사에서 보험가입자를 대상으로 한 실제 경험을 바탕으로 작성하는 경험생명표가 있다. 예를 들어 국민생명표에는 (남, 녀, 전체)집단별 사망확률, 생존자, 기대여명 등이 기록되어 있다.

참고로 다음의 〈표 6-1〉을 보면 2007년 우리나라 전체국민을 대상으로 했을 때 0세의 전체 국민의 숫자를 100,000명으로 가정하는 경우

만 30세까지 생존하는 사람의 수는 98,636명이고 만 31세 도달 전 즉, 1년 안에 65명이 사망하여 사망확률은 0.00066이고 만 30세 사람의 앞으로 예상 여명은 50.48세임을 보여주고 있다.

〈표 6-1〉 **우리나라 국민의 생명표**(2007년 기준)

연령	사망확률(q_{x+k})	생존자(l_x, 명)	기대여명(세)	사망자(d_x, 명)
30세	0.00066	98,636	50.48	65
31세	0.0007	98,571	49.51	69
32세	0.00074	98,502	48.55	73
33세	0.00076	98,429	47.58	74
34세	0.00079	98,355	46.62	78
35세	0.00083	98,277	45.65	81
36세	0.0009	98,196	44.69	89
37세	0.00099	98,107	43.73	96
38세	0.00109	98,011	42.77	107
39세	0.0012	97,904	41.82	117

자료: 통계청, 완전생명표(2007년): 사망자 수는 표에 직접 표기되어 있지 않음

그림 6-1 **2007년 우리나라 인구전체 국민생명표**(연령별 사망확률)

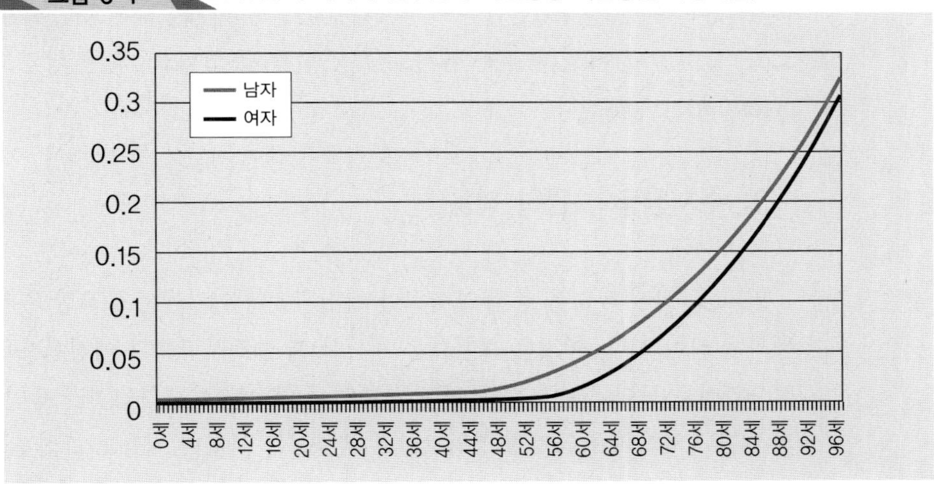

자료: 통계청, 완전생명표(각세별)

(2) 예정이자율

보험계약 특히 생명보험계약은 오랜 기간에 걸치는 장기계약이기 때문에 가입자로부터 받은 큰 금액의 보험료를 당분간 보관해야 하는 보험회사로서는 이 투자자금의 이자 혹은 투자수익률을 고려하지 않을 수 없다. 예정이자율은 생명보험회사

가 이 투자자금의 예상 수익률을 바탕으로 보험료를 산정하는데 사용한 이자율(할인율)을 말한다.

(3) 예정사업비율

보험회사는 기본적으로 보험사업의 운영에 관한 경비를 필요로 하며 예정사업비율은 이 경비를 충당하기 위한 것이다. 예정사업비율은 일반적으로 보험금액 또는 보험료의 일정비율로 정해지게 된다.

2) 보험료 두 가지 구성부분의 계산

보험료는 순보험료(net premium)와 부가보험료(surcharge 혹은 loading) 두 가지로 구성이 된다. 순보험료는 순수하게 보험사고에 대한 보장의 제공을 위해서 필요한 비용으로서 예정이자율과 예정사망율을 통해 계산이 되며 아래에 자세한 과정이 나와 있다. 한편 부가보험료는 예정사업비율을 통해 계산되며 부가보험료에 순보험료가 합쳐져서 가입자에게 실제로 부과되는 총보험료 혹은 영업보험료(gross premium)가 정해진다.

3) 수지상등의 원칙 적용

위의 두 가지 과정을 통해 보험료가 결정되는데 여기에는 중요한 원칙 즉, 수지상등의 원칙이 있다. 이것은 보험료를 계산할 때 예정사망률과 예정이자율, 그리고 예정사업비율 등이 그대로 적용되는 상태에서 약속된 보험가입기간 동안 보험료수입의 현재가치와 보험금지출(영업보험료 계산시는 사업비 지출도 포함)의 현재가치가 일치하도록 만든다는 것이다.

2. 생명보험의 가치와 일시납 생명보험료의 계산

보험료 결정과정에 대한 설명에 이어 일시납 생명보험료의 결정에 대한 수리적 내용을 사망보험, 생존보험 및 생사혼합보험 각 세 부분으로 나누어 알아보고자 한다.

일시납 생명보험료를 알아보는 과정은 개념상 보험가입의 대가로 볼 수 있는 보험금의 기대치를 구하는 것과 동일하며 따라서 생명보험 상품의 가치를 나타내 주기도 한다. 한편 아래에서는 일시납순보험료를 기준으로 정리하고 있으며 일시납이 아닌 연납(평준)보험료 그리고 부가보험료를 포함한 총(영업)보험료의 계산은 Part 7부에서 다뤄질 것이다.

1) 사망보험

사망보험의 경우 일반적으로 사망 이후 단기간 내에 지급되는 것이 일반적이며 전통적 계리교재들이 즉시지급의 경우를 이론적으로 다루고 있다. 그러나 현실적으로 보험료계산에 필요한 생명표는 매순간이 아닌 1년 단위로 사망확률이 나와 있고 또한 즉시지급은 수학의 적분(integral)과정을 포함하고 있어 다소 난해한 면이 있다.

따라서 아래에서는 수리적 과정의 이해를 돕는다는 차원에서 보험금이 매년 말에 지급되고 또한 이자율이 일정하다는 가정 하에서 계산과정을 소개하고자 한다.

수리적 표현을 소개하기에 앞서 간단한 예를 통해 개념을 익히도록 하자.

예를 들어 만일 위의 〈표 6−1〉을 기준으로 했을 때 만 33세의 사람이 만기 1년, 보험금 1억원의 사망보험에 가입하는 경우 순보험료는 얼마가 적당할까. 단 편의상 1억원의 보험금은 연말에 지급되고 적정 연간 실효이자율(할인율)은 8%로 가정하자.

이 문제를 푸는데 있어 가장 중요한 전제는 수지상 등의 원칙이다. 다른 말로 표현하는 경우 보험회사나 가입자가 어느 쪽도 손해를 보지 않기 위해서는 가입자가 내는 보험료의 가치가 보험금의 기대치와 동일해야 한다.

먼저 만 33세의 생존자 전체가 보험에 가입하고 가입자 각각이 내는 보험료의 크기를 P_{33}로 나타내면 전체 납입보험료는 98,429P_{33}이다.

다음으로 지급보험금의 크기를 알아보면 예상되는 1년 내 사망자 숫자는 74명이며 따라서 총 지급되는 보험금의 크기는 74억원이다. 그런데 이 돈은 연말에 지급되므로 보험료가 납부되는 현재시점의 가치로 환산하면 68억 5,185원이다.

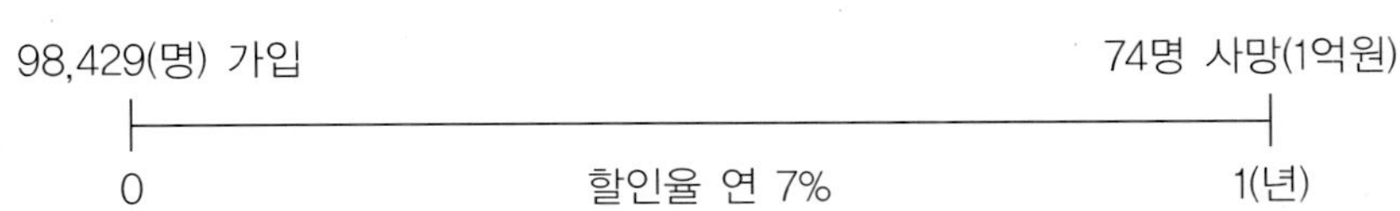

수지상등의 원칙에 의해

$$98,429P_{33}=74(1+0.08)^{-1}=68.5185 \text{ 억원}$$

즉, 적정보험료는 69,612 원이 된다.

한편 $98,429P_{33}=74(1+0.08)^{-1}=68.5185$에서

$P_{33}=\frac{74}{98,429}(1+0.08)^{-1}=0.00076(1+0.08)^{-1}$로서 보험료를 구할 때 가입자 수와 사망자수 대신에 단순히 사망확률을 사용할 수도 있음을 알 수 있다.

이제 계리기호를 포함하는 수리적 표현을 알아보자. 예를 들어 가입자의 나이가 x이고 n년의 가입기간 내에 사망할 경우 1원을 사망한 해의 연말에 지급하는 사망보험의 일시납순보험료(net single premium)를 보험계리기호 $A_{\overset{1}{x:\overline{n|}}}$ 를 사용하여

$$A_{\overset{1}{x:\overline{n|}}} = E\left[b_{k+1}v^{k+1}\right] = \sum_{k=0}^{n-1} v^{k+1}\, {}_kP_x \cdot q_{x+k} \text{ 로 나타낼 수 있다.}$$

위 식에서 b_{k+1}은 지급금(보험금)의 크기를, v_{k+1} 혹은 $\left[\frac{1}{1+i}\right]^{k+1}$ 은 이 보험금을 지급시점에서의 가치 즉, 현재가치로 환산하는 구성요소이다. 그리고 ${}_kp_x$는 연령이 x인 가입자가 $x+k$ 세까지 k년 동안 생존할 확률, 그리고 q_{x+k}는 연령이 $x+k$인 사람이 향후 몇 년(q의 왼쪽에 표시) 내에 사망할 확률을 의미하는데 위의 경우처럼 q 왼쪽에 아무런 기호가 없으면 1년을 의미한다.

- 생명보험계리에 자주 등장하는 계리기호를 간단히 소개하면 먼저 l_x, d_x를 생명표에 나타난 바 x세의 생존자와 사망자수를 각각 의미한다고 할 때

  $d_x = l_{x+1} - l_x$, $\quad P_x = \frac{l_{x+1}}{l_x}$, $\quad q_x = \frac{d_x}{l_x}$이다.

그러면 이 식이 의미하는 바를 자세히 살펴보자.

먼저 일시납순보험료란 보험가입시 단 1회에 걸쳐 지급하는 보험료로서 부가보험료가 포함되지 않은 순보험료라는 의미이다. 한편 사망보험은 가입자의 사망시 1

원을 지급하는 것인데 문제는 사망시점을 모른다는 것이다. 따라서 수지상등의 원칙을 적용하는 경우 일시납순보험료는 언제인지는 모르지만 향후 가입기간 내에 사망할 경우 지급하는 돈의 현재가치와 동일하되 사망시점을 알 수 없으므로 상이한 사망시점을 고려한 기대치로 대신할 것을 요구하고 있다. $E\left[b_{x+1}v^{k+1}\right]$는 이러한 내용을 담고 있는 수식으로서 여기서 $E[\ ]$란 기대치(expected value)를 나타낸다.

다음으로 $\sum_{k=0}^{n-1} x^{k+1}\,{}_x p_x \cdot q_{x+k}$은 확률을 사용하여 이러한 기대치를 실제로 계산하는 방법을 담고 있다. ${}_k p_x \cdot q_{x+k}$는 가입자가 특정 해에 사망할 확률을 나타내는데 예를 들어 가입자의 나이가 30세($x=30$)일 경우 이 사람이 가입 후 5년과 6년 사이에 사망할 확률($k=5$)은 일단 ${}_5p_{30}$까지 생존할 확률에 q_{30+5} 즉, 35세와 35+1(=36)세 사이에 사망할 확률을 곱한 것이 된다. 그리고 이때 36세 말에 받게 될 보험금을 현재가치로 만들기 위해서는 당연히 $v^6 = \left[\frac{1}{1+i}\right]^6$ 을 곱해주어야 할 것이다.

- q_{x+k}는 생명표에서 직접 구할 수가 있다. 예를 들어 아래의 생명표를 보면 $q_{x+0}=0.00066$, $q_{x+3}=0.00076$이다.
- 한편 p_{x+k}는 $q_{x+k}=1-q_{x+k}$라는 관계를 통해 계산할 수 있다. 그런데 특정 나이에서 1년을 더 생존할 확률을 나타내는 p_{x+k}와 달리 ${}_kp_x$ 즉, x세에서 k년을 더 생존할 확률을 구하는 것은 생명표에 나와있지 않기 때문에 직접 계산을 해야 하며 다음과 같이 구한다.

$$ {}_x p_x = p_x \cdot p_{x+1} \cdots p_{x+k-1} = \prod_{i=0}^{k-1} p_{x+1} $$

그 이유는 예를 들어 30세에서 3년을 더 생존한다는 것은 일단 31세까지 살고 이것을 조건으로 하여 다시 31세에서 32세까지 생존하고 이렇게 32세까지 생존했다는 조건하에 다시 33세까지 생존해야 하기 때문이다. 즉, 중간에 잠깐이라도 죽을 경우 다시 살아나는 것은 보험역사상 거의 불가능하다는 것이 근본적인 이유이다.

이것은 수식으로도 증명할 수 있다. 즉, l_x를 x세의 생존자수를 나타낸다고 할 때

$${}_{x}p_x = \frac{l_{x+k}}{l_x} = \frac{l_{x+1}}{l_x} \times \frac{l_{x+2}}{l_{x+1}} \times \cdots \frac{l_{x+k-1}}{lx+k-2} \times \frac{l_{x+k}}{l_{x+k-1}}$$

$= p_x \cdot p_{x+1} \cdots p_{x+k-1}$ 가 된다는 것을 보여준다.

참고로 A_x로 표기되는 종신형 사망보험(whole life insurance)의 일시납 순보험료는 위의 정기보험의 가입기간 n을 ∞로 대치하면 된다. 따라서

$A_x = \sum_{k=0}^{\infty} v^{k+1} {}_{k}p_x \cdot q_{x+k}$ 로 표기할 수 있다.

문제 1 위의 〈표 6-1〉 우리나라 국민의 생명표(2007년)를 참고하여 30세 가입 후 10년 만기의 정기사망보험에 가입할 경우의 일시납순보험료를 계산하라. 단 사망보험금은 1억원이고 예정실효이자율(할인율)은 연간 7%로 가정하시오.

풀이)

위의 식을 그대로 사용하면(만원 기준)

$$A^{1}_{30:\overline{10|}} = 10{,}000 \sum_{k=0}^{10-1} \left[\frac{1}{1+0.07}\right]^{k+1} {}_{x}p_{30} \cdot q_{30+k}$$

그리고

$$(1+0.07)^{-1} {}_{0}p_{30} \cdot q_{30+0} = 0.934579 \times 1.00000 \times 0.00066 = 0.000617$$
$$(1+0.07)^{-2} {}_{1}p_{30} \cdot q_{30+1} = 0.87344 \times 0.99934 \times 0.0007 = 0.000611$$
$$\cdots\cdots$$
$$(1+0.07)^{-10} {}_{9}p_{30} \cdot q_{30+9} = 0.508349 \times 0.992565 \times 0.0012 = 0.000605$$

이제 위의 모든 값을 더하고 10,000을 곱하게 되면
$0.005848 \times 10{,}000 = 58.48$만원이 된다.

2) 생존보험(pure endowment)

생존보험은 가입기간 내내 죽지 않고 생존하는 경우 가입기간 종료시점에서 보험금을 지급하는 상품을 말한다. 따라서 보험금의 크기와 지급시기는 이미 정해져 있으며 단지 가입기간 동안 생존여부만 불투명할 뿐이다.

보험금 1원을 지급하는 생존보험의 일시납순보험료(net single premium)는 보험계리기호 $A_{\underset{x:\overline{n|}}{1}}$로 나타내고 그 값은 다음과 같이 계산한다.

$$A_{\underset{x:\overline{n|}}{1}} = v^n {}_n p_x$$

즉, 이 식은 생존보험의 경우 가입기간 n년까지 살아있을 확률에 보험금의 현재가치를 구하는 수식 v^n을 곱한다는 것을 보여주고 있다.

문제 2 바로 위의 문제와 동일한 조건 하에서 일시납생존보험료의 크기를 계산하라.

풀이) 위의 수식을 적용하면

$$10{,}000A_{\underset{x:\overline{10|}}{1}} = 10{,}000 \times (1+0.07)^{-10} {}_{10}p_{30}$$
$$= 10{,}000(0.508349)(0.991374) = 50.40\text{만원}$$

3) 생사혼합보험(endowment insurance)

생사혼합보험은 위의 사망보험과 생존보험을 합쳐 놓은 것으로서 보험가입기간 동안 사망하거나 혹은 보험기간이 종료될 때까지 살아있을 경우 보험금이 지급되는 보험이다.

따라서 생사혼합보험의 보험료도 단순히 두 경우의 보험료를 합한 것과 동일하다. 생사혼합보험의 보험료를 $A_{x:\overline{n|}}$로 표시할 때

$$A_{x:\overline{n}|} = A_{\overset{1}{x}:\overline{n}|} + A_{x:\overset{1}{\overline{n}|}} = \sum_{k=0}^{n-1} v^{k+1}\,{}_{k}p_{x} \cdot q_{x+k} + v^{n}\,{}_{n}p_{x}$$

이다.

3. 보험료 계산의 두 가지 방식에 대한 설명

지금까지 보험료계산방식 중에서 3이원방식이라고 하는 전통적인 방식에 대해 알아보았다. 그런데 보험료를 계산하고 이것을 기준으로 책임준비금 등을 계산하는 방식에는 이러한 전통적인 보험료계산방식 외에도 선진국을 중심으로 널리 보급되고 있는 현금흐름방식이 있다. 구체적으로 두 가지 방식의 차이에 대해 정리해보면 다음과 같다.[12)]

1) 3이원방식

이 방식은 위에서 이미 살펴본 바와 같이 위험률, 이자율, 사업비율이라고 하는 3가지의 예정기초율을 통해 총(영업)보험료를 결정하되 이 총(영업)보험료는 위험률과 사업비율에 각각 기초한 순보험료와 부가보험료의 합계로 되어 있었다. 그런데 이 방식의 경우 비즈니스의 하나로서 보험사업의 이익을 따로 계상하지 않고 있으며 다만 예정기초율을 적절히 조절함으로써 기대이익이 현실화 되도록 유도하고 있다.

이러한 방식은 보험료계산이 상대적으로 단순해지는 장점이 있다. 하지만 그런 반면에 환경의 변화로 말미암은 추가적인 보험료 조정요인 발생시 이것을 반영하는 것이 어렵고 또한 다양한 형태의 신상품 개발을 가로막는 문제점을 가지고 있다.

12) 보다 자세한 내용은 2010년 한국계리학회 정책세미나 자료를 참고할 것.

2) 현금흐름방식

이 방식의 특징은 보험료산출식이 없는 상태에서 기본적으로 보험상품별 장래 현금흐름과 수익성을 감안하여 보험료를 책정한다는 것이다. 3이원방식의 세 가지 기초율 외에도 해지율, 판매량 등을 고려하고 있으며 기대이익은 별도로 구분 책정하고 있다.

구체적으로 이 방식은 경과기간별 현금흐름을 추정하고 이어서 이것을 기준으로 Target Margin을 충족시키는 보험료를 찾아가게 되는데 이러한 방식은 상품의 수익성 및 손익민감도가 구체적으로 산출가능 하므로 보험료산출관련 다양한 변화요인을 반영할 수 있다. 물론 이 방식은 전통적 방식 대비 복잡한 과정을 거치게 되므로 현실적용에 있어서의 비용문제 등을 가지고 있다.

〈표 6-2〉 **두 가지 보험료 산출방식의 비교**

구분	3이원방식	현금흐름방식
가정종류	위험률, 이자율, 사업비율	3이원포함, 해지율, option, 재보험 등
가정적용	보수적인 표준기초율 (안전할증)	회사별 최적가정
마진책정	이원별 마진(safety margin)	종합마진(profit margin)
새로운 원가요소	반영이 어려움	반영 용이
수익성 분석	선택적	필수적
최종가격 결정	실무자(주로 보험계리사)	경영진
주요 내용	• PC가 널리 보급되기 전 복잡한 계산식을 줄이기 위해 개발된 방법 • 계산식에 사용되는 계리표현이 비전문가들이 이해하기에 어려움 • 과거에는 수리적방법론으로 금융이론에서도 진일보한 방법이었으나 현재는 경직성과 복잡함에 오히려 퇴보된 느낌 • 현재 일본 및 한국에서 사용되는 방법	• 일반적으로 계산식이 복잡해서 프로그램 또는 계리소프트웨어 이용 • 현대재무이론과 여러 면에서 접근방법을 같이 하기 때문에 투자형 상품 모델링에 3이원방식보다 유용함 • 비계리인력 또는 경영진이 상대적으로 이해하기 쉬운 구조 • 현재 구미선진국 등 대다수의 나라에서 사용하는 방법

자료: 한국계리학회, “2010 한국계리학회 정책세미나 자료” p.11.

제2장 생명연금 수리

들어가기에 앞서

이번 장에서는 생명보험 관련 수리 중 생명연금의 수리에 대해 알아보고자 한다. 내용에 들어가기에 앞서 아래에서는 생명보험과 생명연금, 그리고 Part 3, Part 4에서 배운 확정연금(annuities－certain)과 본 장에서 배우는 생명연금(life annuity)의 공통점과 차이점에 대해 각각 언급할 것이다.

먼저 생명연금수리와 생명보험수리는 다음과 같은 공통점과 차이점을 가지고 있다. 우선 공통점은 둘 다 생존여부에 따라 보험급여가 결정이 난다는 것이며 인간의 생존여부가 가지는 불확실성문제는 확률을 통해 해결하고 있다. 그리고 차이점은 일반적으로 봤을 때 생명보험은 가입자가 사망했을 경우 지급되는 반면 생명연금은 가입자의 생존을 조건으로 지급이 이루어진다는 것이다.

한편 연금이라는 주제와 관련하여 우리는 Part 3, Part 4에서 이미 연금수리에 대해 공부한 적이 있다. 그런데 이때의 연금은 정해진 기간 동안 연금의 지급이 이미 확정(보험계리학에서는 이를 두고 확정연금(annuities-certain)이라고 부름)되어 있는 경우로서 연금수급자의 사망 등 여건에 변화에 전혀 영향을 받지 않는 것을 전제조건으로 하였다. 이에 비해 본 장에서 배우는 생명연금(life annuity)의 경우 동일한 형태의 연금을 지급함에도 불구하고 일반적으로 가입자 등의 생존을 조건으로 연금이 지급된다는 차이점을 가지고 있다.

1. 생명연금의 개요

우리가 일상생활에서 접하게 되는 대부분의 연금들은 거의 대부분 생명연금(life annuity)에 속한다. 예를 들어 국민연금, 공무원연금, 군인연금, 사립학교교직원연금, 산재보험(연금급여) 등 국가가 주체가 되는 연금제도의 연금급여와 함께 일반 보험회사가 판매하는 종신형 개인연금상품 등이 여기에 해당하는 것이다. 한편 개인연금 중에서 10년 혹은 20년 등 기한을 두고 연금이 지급되는 경우가 있는데 이러한 경우는 생명연금이 아니라 확정연금(annuities-certain)이라고 볼 수 있으며 Part 3, Part 4에서 배운 내용들이 적용되어야 할 것이다.

일반적으로 연금은 장기간에 걸친 보험료납부기간을 가지는 거치연금(deferred annuity)의 형태를 가지며 종신형으로 지급된다. 즉, 가입자 혹은 경우에 다라 유족이 생존해 있는 동안 연금이 지급되도록 하고 있는 것이다. 따라서 생명연금의 경우 그 가치를 판단하거나 혹은 (순)보험료를 계산하기 위해서는 가입자에 대한 생명표와 같은 자료가 절대적으로 필요하다.

그리고 생명연금 중에는 보험회사의 개인연금상품들을 통해 볼 수 있는 바와 같이 다양한 형태가 있을 수 있다. 대표적인 것이 일정액의 목돈을 보험회사에 납부하고 곧이어 연금을 수령하는 즉시형연금인데 연금수리 측면에서 봤을 때 즉시형의 경우 연금지급을 위한 재원(적립금)을 만드는 기간이 빠져있을 뿐 개념적으로는 거치형과 거의 유사하다고 볼 수 있다.

2. 생명연금 수리

생명연금의 경우도 사망보험 등과 마찬가지로 수리적 과정의 이해를 돕는다는 차원에서 단순히 연금이 매년 초 혹은 말에 지급되고 또한 이자율이 일정하다는 가정하에서 계산과정을 소개하고자 한다.

1) 기시급 종신연금

먼저 기시급 종신연금(whole life annuity)의 경우를 생각해보자. 만일 연령 x인 사람이 생존을 전제로 매년 초 1원의 연금수령을 한다고 가정할 때 이 연금의 현재가치(혹은 적정 순보험료)를 $\ddot{a}_x$로 표기하면

$\ddot{a}_x = \sum_{k=0}^{\infty} v^k {}_kp_x$ 로 나타낼 수 있다.

이 식의 의미는 자명하다. 연금은 매년 살아있어야 받을 수 있고(${}_kp_x$)이 연금의 현재가치를 구하기 위해서는 v^k를 곱해주어야 하기 때문이다.

그리고 이미 언급한 바

$$ {}_xp_x = p_x \cdot p_{x+1} \cdots p_{x+k-1} = k\prod_{t=0}^{k-1} p_{x+1} $$

임을 기억할 필요가 있다.

한편 기시급 종신연금은 전체 수령연금액을 중심으로 다음과 같은 방식으로도 표현이 가능하다.

$$ \ddot{a}_x = \sum_{k=0}^{\infty} \ddot{a}_{\overline{k+1|}}\ {}_{k/}q_x $$

여기서 ${}_{k/}q_x$는 연령 x인 사람이 k와 $k+1$년 사이에 사망할 확률을 나타내는데 특정 기간까지의 전체 연금액의 현재가치에 그 기간 내 사망확률을 곱하는 경우 현재가치로 나타낸 바 수령연금액 전체의 기대치를 구할 수 있기 때문이다.

2) 기말급 종신연금

기말급 종신연금 즉, 생존을 조건으로 매년 말에 1원씩 연금을 지급하는 연금, 의 현재가치는 a_x로 나타내면

$a_x = \sum_{k=1}^{\infty} v^k \; {}_k p_x$ 이며 이것은 $v^0 {}_0 p_x = 1$이기 때문에 a_x와 $\ddot{a}_x$사이에 $\ddot{a}_x = a_x + 1$의 관계가 있음을 말해주고 있다.

한편 기말급 종신연금의 가치도 위와 마찬가지로 $a_x = \sum_{k=1}^{\infty} a_{\overline{x}|} \; {}_{x/}q_x$로 나타낼 수 있다.

3) 정기연금(temporary annuity)과 거치연금(deferred annuity)

종신연금이 아닌 년 동안의 생존을 조건으로 연금을 받는 정기연금의 경우 수령 기간만 달라질 뿐 종신연금과 차이가 없다. 이러한 연금의 (현재)가치를 기말급 및 기시급연금에 대해 각각 $a_{x:n}$과 $\ddot{a}_{x:n}$으로 표기하면

$a_{x:\overline{n}|} = \sum_{k=1}^{n} v^k \, {}_k p_x$, $\ddot{a}_{x:\overline{n}|} = 1 + a_{x:\overline{n-1}|}$로 나타낼 수 있다.

한편 가입 후 n년 후부터 연금이 지급되는 기말급 종신형 거치연금의 경우는 ${}_{n/}a_x$로 표기하며

${}_{n/}a_x = \sum_{k=n+1}^{\infty} v^k \; {}_k p_x$ 로 나타낼 수 있다.

그리고 이 거치형연금의 가치는 종신형 연금에서 n 기간 정기연금의 가치를 공제한 것과 동일하다. 즉,

${}_{n/}a_x = a_x - a_{x:\overline{n}|}$이다.

문제 1 어떤 사람이 나이 60세에 종신형 생명연금에 가입하여 1년 후 61세 초부터 매년 연금 1,000만원을 수령하고자 한다. 만일 다음의 표와 같은 국민생명표가 적용이 되고 연간 적정 이자율(할인율) 혹은 예정이자율 7%로 가정하는 경우 이 연금의 지금(60세)시점의 현재가치 혹은 적정 순보험료를 계산해보라.

풀이)

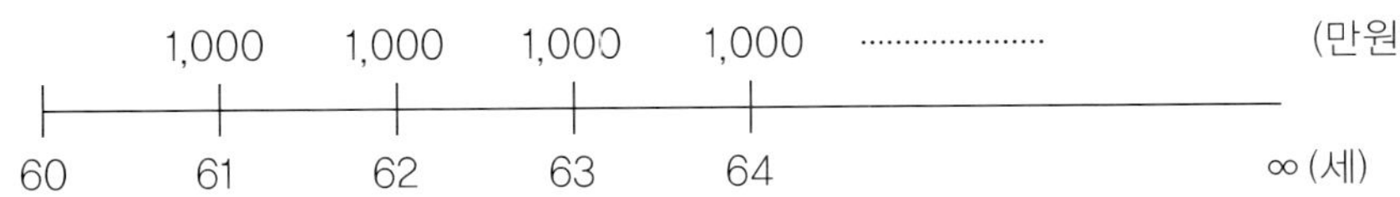

위의 문제는 종신형연금으로서 연금액이 1,000만원이기 때문에

$1{,}000a_x = 1{,}000\sum_{k=1}^{\infty} v^k {}_kp_x$을 적용할 수 있으며 이 경우 $x=60$이 된다.

국민생명표를 이용할 경우의 ${}_kp_x$와 v^k는 다음의 표와 같다.

〈표 6-1〉 **국민생명표 및 각종 계수**

연령	사망확률	생존확률	${}_kp_x$	v^k
60	0.00691	0.99309	0.99309	0.934579
61	0.00738	0.99262	0.98576	0.873439
62	0.00803	0.99197	0.97785	0.816298
63	0.00889	0.99111	0.96915	0.762895
64	0.00996	0.99004	0.9595	0.712986
65	0.01114	0.98886	0.94881	0.666342
66	0.01233	0.98767	0.93711	0.62275
67	0.01357	0.98643	0.9244	0.582009
68	0.01493	0.98507	0.91059	0.543934
69	0.01658	0.98342	0.8955	0.508349
70	0.01849	0.98151	0.87894	0.475093
71	0.02056	0.97944	0.86087	0.444012
72	0.02286	0.97714	0.84119	0.414964
73	0.02542	0.97458	0.81981	0.387817
74	0.02838	0.97162	0.79654	0.362446

75	0.03186	0.96814	0.77116	0.338735
76	0.03586	0.96414	0.74351	0.316574
77	0.04011	0.95989	0.71369	0.295864
78	0.04474	0.95526	0.68176	0.276508
79	0.05014	0.94986	0.64757	0.258419
80	0.0562	0.9438	0.61118	0.241513
81	0.0631	0.9369	0.57261	0.225713
82	0.07108	0.92892	0.53191	0.210947
83	0.08	0.92	0.48936	0.197147
84	0.08954	0.91046	0.44554	0.184249
85	0.09937	0.90063	0.40127	0.172195
86	0.10994	0.89006	0.35715	0.16093
87	0.12123	0.87877	0.31386	0.150402
88	0.13327	0.86673	0.27203	0.140563
89	0.14603	0.85397	0.2323	0.131367
90	0.15951	0.84049	0.19525	0.122773
91	0.17368	0.82632	0.16134	0.114741
92	0.18851	0.81149	0.13092	0.107235
93	0.20395	0.79605	0.10422	0.100219
94	0.21996	0.78004	0.0813	0.093663
95	0.23646	0.76354	0.06207	0.087535
96	0.2534	0.7466	0.04634	0.081809
97	0.2707	0.7293	0.0338	0.076457
98	0.28825	0.71175	0.02406	0.071455
99	0.30596	0.69404	0.0167	0.06578
100	1	0	0	0.062412

자료: 통계청, 완전생명표(2007년)

이제 이 표를 통해 60세 시점의 연금의 현재가치를 구해보면

$$1{,}000a_x = 1{,}000\sum_{k=1}^{\infty} v^k {}_k p_x = 1{,}000(10.434) = 10{,}434$$ 만원이 된다.

Part 7

생명보험상품과 이자론

제1장 연납평준 순보험료와 영업(총)보험료의 결정

들어가기에 앞서

이번 장에서는 연납평준 순보험료 계산과 영업(총)보험료의 결정이라고 하는 생명보험수리(life contingency)의 보다 현실적인 수리부분을 기초적인 단계에서 소개하고자 한다.

먼저 연납평준 순보험료의 계산에 대해 알아보고자 하는 이유는 우리가 이전에 가정하였던 것과는 달리 현실에서의 대부분의 보험료는 가입시점 일시납이 아니라 보험가입기간 혹은 특정기간 동안 분납해서 내고 있으며 특별한 일이 없는 한 매달 동일한 금액(월납평준보험료)을 유지하고 있기 때문이다. 본 장에서는 계산의 편의와 개념의 단순 전달을 목적으로 월납이 아닌 연납평준 순보험료를 구하는 과정을 소개할 것이다.

다음으로 영업(총)보험료와 관련하여서는 그 개요를 이미 소개하였거니와 여기에서는 간단한 수식을 바탕으로 수리적 개념을 익히고자 한다. 그리고 이 장의 내용 역시 3이원 방식이라고 하는 전통적인 방식에 기초하는 것임을 밝히고자 한다.

1. 연납평준 순보험료 계산의 이해

우리가 현실생활에서 일시납이 아닌 매달 마다 보험료를 내는 이유는 아마도 보험가입자의 입장에서 봤을 때 일시납의 경우 상당한 재정적 부담을 가져오기 때문일 것이다. 그런데 일반적으로 봤을 때 생명보험 특히 사망보험 같은 경우는 기본적으로 매달 순보험료가 조금씩이나마 올라가는 것이 당연하다. 왜냐하면 사람들은 대부분 나이가 들수록 건강상태가 악화되고 이것은 사망확률의 증가로 이어지기 때문이다.

그런데 일시납이 아니라 월납으로 보험료를 내는 것과 유사한 논리로 만일 우리가 매달 서로 다른 보험료를 계속 낸다고 한다면 보험회사와 가입자 피차간에 있어서 상당한 불편과 혼돈을 가져올 수 있다. 따라서 현실세상에서는 보험가입기간 동안 가입자 연령별 사망확률에 대응하는 보험료 이른바 자연보험료가 아니라 주기적(월 단위)으로 일정한 보험료 이른바 월(연)납평준 순보험료를 부과하고 있다. 물론 현실생활에서 주고 받는 보험료는 순보험료가 아니라 영업(총)보험료인데 보험계리는 대부분 순보험료와 관계가 있기 때문에 이 부분을 먼저 살펴보고자 하는 것이다.

그림 7-1 자연보험료와 연납평준 순보험료

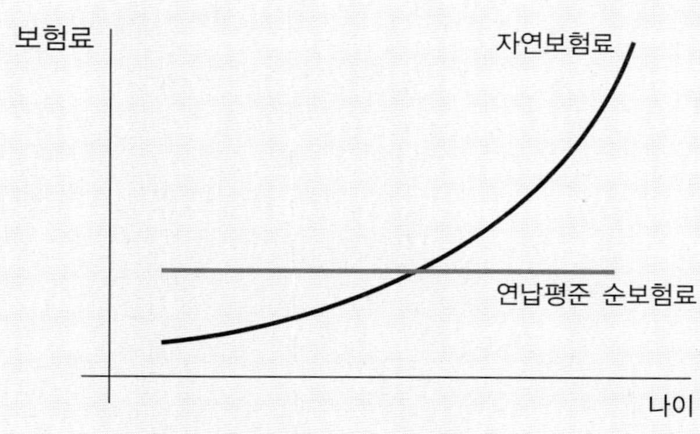

그러면 연납평준 순보험료를 구하는 과정을 간단한 사례를 통해 이해해 보도록 하자.

예 만일 앞의 〈표 6－1〉에서 보여준 생명표를 기준으로 하였을 때 33세에 보험금 1억원의 5년 만기 사망보험에 가입한 경우 연납평준 순보험료는 얼마가 적정할까? 단 보험료는 연초에 납부하고 보험금은 보험사고가 발생한 연말에 받으며 적정 실효이자율(할인율)은 8%임을 가정하라.

풀이) 1년, 5년 혹은 종신과 같은 가입기간과 관계없이 순보험료 문제를 푸는데 있어 핵심은 역시 수지상등의 원칙이다. 따라서 5년 동안 내는 순보험료의 가치와 보험금의 가치가 일치해야 한다.

편의상 가입시점을 가치판단 기준으로 했을 때 순보험료의 현재가치와 보험금의 현재가치를 나타내는 표는 각각 다음과 같다.

〈표 7－1〉 **납입 순보험료의 현재가치**

나이	보험료 납입자(명)	순보험료	현가계수	순보험료 현가
33	98,429	$P^{\ 1}_{33:\overline{5}\rvert}$	$(1+0.08)^{0}$ =1	98,429 $P^{\ 1}_{33:\overline{5}\rvert}$
34	98,355	$P^{\ 1}_{33:\overline{5}\rvert}$	$(1+0.08)^{-1}$ =0.9259	91,069 $P^{\ 1}_{33:\overline{5}\rvert}$
35	98,277	$P^{\ 1}_{33:\overline{5}\rvert}$	$(1+0.08)^{-2}$ =0.8573	84,256 $P^{\ 1}_{33:\overline{5}\rvert}$
36	98,196	$P^{\ 1}_{33:\overline{5}\rvert}$	$(1+0.08)^{-3}$ =0.7938	77,951 $P^{\ 1}_{33:\overline{5}\rvert}$
37	98,107	$P^{\ 1}_{33:\overline{5}\rvert}$	$(1+0.08)^{-4}$ =0.7350	72,111 $P^{\ 1}_{33:\overline{5}\rvert}$
합계				423,817

〈표 7－2〉 **예상 보험금의 현재가치**

나이	사망자(명)	보험금(원)	현가계수	보험금의 현가
33	74	1억	$(1+0.08)^{-1}=0.9259$	68.5185(억)
34	78	1억	$(1+0.08)^{-2}=0.8573$	66.8724(억)
35	81	1억	$(1+0.08)^{-3}=0.7938$	64.3004(억)
36	89	1억	$(1+0.08)^{-4}=0.7350$	65.4177(억)
37	96	1억	$(1+0.08)^{-5}=0.6805$	65.336(억)
합계				330.4450(억)

이제 수지상등의 원칙을 적용해보자.

즉, 보험료의 현재가치=보험금의 현재가치

$423{,}817P^{\,1}_{33:\overline{5}|}=330.4450$억원에서 $P^{\,1}_{33:\overline{5}|}=77{,}970$원으로서 매년 이 금액을 5년간 납부해야 한다.

2. 연납평준 순보험료 결정의 수리

아래에서는 연납평준 순보험료를 구하는 보험계리상 수식을 소개하고 있다.

가장 기본적인 생명보험상품으로서 가입기간과 보험료 납입기간이 모두 종신(lifetime)인 종신형(whole life) 사망보험을 기준으로 했을 때 가입자 연령 x세이고 사망한 해의 연말에 보험금 1원을 지급하는 연납평준 순보험료(P_x)를 구하는 수식은 다음과 같다. 한편 보험료는 매년 초에 지불하는 것으로 가정하였다.

$$P_x=\frac{A_x}{\ddot{a}_x}$$

이 식은 수지상등의 원칙을 적용하였을 때 지급보험금의 현재가치(A_x)가 납입보험료의 현재가치($P_x \times \ddot{a}_x$)와 같아야 한다는 것과 동일한 의미를 담고 있다.

• 참고로 각각의 보험상품에 대한 순보험료를 계산하는 수식은 다음과 같다.

a) n년 정기보험: $P^{\,1}_{x:\overline{n}|}=\dfrac{A^{\,1}_{x:\overline{n}|}}{\ddot{a}_{x:\overline{n}|}}$

b) n년 생존보험: $P_{x:\overline{n}|}^{\;\;\,1}=\dfrac{A_{x:\overline{n}|}^{\;\;\,1}}{\ddot{a}_{x:\overline{n}|}}$

c) n년 생사혼합보험: $P_{x:\overline{n}|}=\dfrac{A_{x:\overline{n}|}}{\ddot{a}_{x:\overline{n}|}}$

문제 1 부록에 있는 우리나라 전체인구의 2007년 생명표를 기준으로 40세에 보험금 1억원의 종신형 사망보험에 가입할 경우 연납평준 순보험료를 계산해보라. 단 이 경우 적절한 할인율 혹은 예정이자율은 연 7%로 가정한다.

풀이) 위의 식 $P_x = \frac{A_x}{\ddot{a}_x}$, 그리고 $a_x = \sum_{k=0}^{\infty} v^k {}_k p_x \quad A_x = \sum_{k=0}^{\infty} v^{k+1} {}_k p_x \cdot q_{x+k}$을 적용하고 다음의 표를 참고하면

A_x=0.090234, a_x=12.90643이고 $\ddot{a}_x = a_x + 1$이기 때문에

$$P_x = 1\text{억} \times \frac{0.090234}{13.90643} = 648,865$$

즉, 약 64만 8천원의 보험료를 매년 초에 지불해야 한다.

〈표 7-3〉 **국민생명표 및 각종 계수**

연령	사망확률	생존확률	${}_k p_x$	v^k
40	0.00133	0.99867	0.99867	0.934579
41	0.00148	0.99852	0.99719	0.873439
42	0.00163	0.99837	0.99557	0.816298
43	0.0018	0.9982	0.99377	0.762895
44	0.00198	0.99802	0.99181	0.712986
45	0.00218	0.99782	0.98964	0.666342
46	0.00238	0.99762	0.98729	0.62275
47	0.00259	0.99741	0.98473	0.582009
48	0.00281	0.99719	0.98197	0.543934
49	0.00304	0.99696	0.97898	0.508349
50	0.00327	0.99673	0.97578	0.475093
51	0.00348	0.99652	0.97238	0.444012
52	0.00371	0.99629	0.96878	0.414964
53	0.004	0.996	0.9649	0.387817
54	0.00434	0.99566	0.96071	0.362446
55	0.00472	0.99528	0.95618	0.338735
56	0.00512	0.99488	0.95128	0.316574
57	0.00557	0.99443	0.94598	0.295864
58	0.00602	0.99398	0.94029	0.276508
59	0.00647	0.99353	0.93421	0.258419
60	0.00691	0.99309	0.92775	0.241513
61	0.00738	0.99262	0.9209	0.225713
62	0.00803	0.99197	0.91351	0.210947
63	0.00889	0.99111	0.90539	0.197147
64	0.00996	0.99004	0.89637	0.184249

65	0.01114	0.98886	0.88638	0.172195
66	0.01233	0.98767	0.87545	0.16093
67	0.01357	0.98643	0.86358	0.150402
68	0.01493	0.98507	0.85068	0.140563
69	0.01658	0.98342	0.83658	0.131367
70	0.01849	0.98151	0.82111	0.122773
71	0.02056	0.97944	0.80423	0.114741
72	0.02286	0.97714	0.78584	0.107235
73	0.02542	0.97458	0.76587	0.100219
74	0.02838	0.97162	0.74413	0.093663
75	0.03186	0.96814	0.72042	0.087535
76	0.03586	0.96414	0.69459	0.081809
77	0.04011	0.95989	0.66673	0.076457
78	0.04474	0.95526	0.6369	0.071455
79	0.05014	0.94986	0.60497	0.06678
80	0.0562	0.9438	0.57097	0.062412
81	0.0631	0.9369	0.53494	0.058329
82	0.07108	0.92892	0.49691	0.054513
83	0.08	0.92	0.45716	0.050946
84	0.08954	0.91046	0.41623	0.047613
85	0.09937	0.90063	0.37487	0.044499
86	0.10994	0.89006	0.33365	0.041587
87	0.12123	0.87877	0.29321	0.038867
88	0.13327	0.86673	0.25413	0.036324
89	0.14603	0.85397	0.21702	0.033948
90	0.15951	0.84049	0.1824	0.031727
91	0.17368	0.82632	0.15072	0.029651
92	0.18851	0.81149	0.12231	0.027711
93	0.20395	0.79605	0.09736	0.025899
94	0.21996	0.78004	0.07595	0.024204
95	0.23646	0.76354	0.05799	0.022621
96	0.2534	0.7466	0.0433	0.021141
97	0.2707	0.7293	0.03158	0.019758
98	0.28825	0.71175	0.02247	0.018465
99	0.30596	0.69404	0.0156	0.017257
100	1	0	0	0.016128

자료: 통계청, 완전생명표(2007년)

3. 영업(총)보험료의 결정

영업(총)보험료의 개념에 대해서는 이미 알고 있으므로 영업(총)보험료를 구성하는 요소 특히 부가보험료(loading)에 대해서 좀 더 구체적으로 알아보자.

부가보험료를 구성하는 요소는 신계약비, 유지비와 수금비 세 가지로 분류할 수 있다. 먼저 신계약비는 주로 보험영업인 혹은 설계사의 활동과 관련한 비용을 말한다. 다음으로 유지비가 있는데 보험계약을 유지와 관리하는 비용으로서 직원들의 급여를 위주로 하여 건물의 임차 등과 관련한 비용이 여기에 포함된다. 마지막으로 수금비가 있으며 이것은 보험료수금과 관리 등에 필요한 경비를 일컫는다. 한편 부가보험료는 보험금이나 보험료에 비례하여 부과하는 경우가 일반적이다.

예를 들어보자. 만일 신계약비가 초년도 보험금액 1억원에 대해 $a\%$, 유지비가 보험금액의 $b\%$, 수금비가 영업(총)보험료의 $c\%$라고 한다면

영업(총)보험료(T) =

연납평준 순보험료 + 신계약비 + 유지비 + 수금비

= P + (1억원의 $a\%$) + (1억원의 $b\%$) + (T의 $c\%$)

이다.

그런데 여기서 문제가 하나 있는데 그것은 신계약비가 다른 비용과 달리 계약 초에 단 1회만 발생하지만 비용이 적지 않기 때문에 이것을 그대로 초기보험료에 포함시키는 경우 보험료간 나머지 이어지는 보험료 사이에 너무 큰 격차가 발생한다는 것이다. 따라서 실무에서는 신계약비를 보험계약기간 동안 평준하여 부과하고 있으며 이에 따라 영업(총)보험료도 자동적으로 평준보험료가 되는 결과를 낳는다.

연납평준 신계약비를 계산하는 것은 보험가입 시점에 발생한 일정액의 목돈을 보험가입기간 동안 배분해주는 과정으로서 일종의 보험료이기 때문에 연납평준 순보험료를 계산하는 과정을 이용하면 간단하게 해결할 수 있다. 즉, 〈표 7-1〉에서 $423{,}817P_{\substack{1\\33:5}}$ 은 납입되는 연납평준 순보험료의 현재가치를 나타내는 식이므로 연납평준 신계약비를 $N_{\substack{1\\33:\overline{5|}}}$ 로 표시하면

$$423{,}817 N_{\substack{1\\33:\overline{5|}}} = \text{신계약비(1억원의 } b\%)$$

를 통해 구할 수 있다.

제2장 책임준비금의 계산과 해약환급금

들어가기에 앞서

보험회사의 계리업무에서 보험료의 결정과 함께 매우 중요한 일 중의 하나는 책임준비금을 계산하는 것이다. 책임준비금은 보험가입초기 대비 상대적으로 보험사고가 많은 보험가입 후기를 대비하여 보험회사가 어느 정도의 자금을 (책임지고) 비축하고 있어야 하는지를 알려주는 자료이며 보험업무를 감독하는 공공기관에서 매우 중요시하는 대상이다. 책임준비금의 계산에 관한 내용은 보험계리의 많은 영역과 연계되어 있으며 따라서 책임준비금에 대한 공부가 교재의 후반에 있는 것은 매우 자연스러운 것인지도 모른다.

한편 책임준비금의 계산은 위에서 다루었던 순보험료의 계산과 밀접한 관계를 지니고 있다. 왜냐하면 순보험료의 계산이 계약초기에 보험가입자와 보험회사간 금전적 관계를 다루는 것이라면 책임준비금은 그 이후 보험계약이 종료되기 전 특정시점에 있어서의 금전적 관계 특히 향후의 순보험료와 지급보험금을 고려하여 보험회사가 맡고 있어야 할 재정적 책임의 크기를 따지는 것이기 때문이다.

마지막으로 특별히 새로운 보험계리적 내용이 없는 해약환급금에 대해서는 간단한 소개로 대신하였다. 그리고 이 장의 내용 역시 보험료 계산방식과 마찬가지로 3이원방식이라고 하는 전통적 방식에 기초한 것임을 밝히고자 한다.

1. 책임준비금계산의 이해

보험회사는 보험금 지급에 충당되는 순보험료 외에 추가적으로 부가보험료(loading)을 총보험료에 포함하여 수입을 삼게 되고 보험회사는 계속해서 들어오는 이 부가보험료를 보험회사의 경비로 사용할 수 있다. 하지만 한편으로 보험회사에게 요구되는 책임이 있으니 그것은 앞으로 들어올 보험료를 고려한 상태에서 향후 지불할 보험금을 위해 준비금을 쌓아야 한다는 것이다.

책임준비금이라는 말이 보험회사의 책임지고 준비해야 할 돈이 되는 이유는 자연보험료와 평준보험료의 차이를 설명하고 있는 위의 〈그림 7－1〉을 통해 알 수 있다. 즉, 이미 언급한 바대로 사망보험과 같은 생명보험의 경우 연령에 비례하여 사망확률이 커지게 되는데 평준보험료를 부과하는 경우 적정보험료 혹은 자연보험료에 비해 계약초기에는 과도한 보험료가 부과되고 후기에는 과소한 보험료를 부과하는 결과를 낳게 된다. 따라서 이러한 보험의 경우 보험회사는 나중에 지급할 보험금을 위해 초기의 보험연도에서 발생하는 여분의 보험료(즉 연납평준보험료－자연보험료)를 적립하여서 후기의 부족되는 보험료로 충당하여야 하는데 이 적립된 여분의 보험료를 책임준비금이라고 부르는 것이다.

이러한 개념 하에서 책임준비금이란 기본적으로 특정시점에서 평가해 본 장래 지급보험금의 현재가치로 볼 수 있는데 향후에 들어올 보험료(순보험료를 의미)가 있는 경우 이 금액의 현재가치만큼 공제해 주게 된다. 그런데 공식적으로 책임준비금이란 준비금 금액의 크기가 아니라 이 금액을 특정시점의 생존자수로 나눈 값을 지칭한다.

한편 보험계리상 순보험료와 보험금은 수지상등의 원칙 하에 놓여있기 때문에 과거의 수입의 종가와 지출의 종가의 차액을 생존자 수로 나눈 값을 통해서도 책임준비금의 값을 구할 수 있다. 물론 책임준비금이라는 개념상 과거법이라고 불리는 후자보다 장래법이라고 불리는 전자가 더 이해하기 쉬우나 그 결과는 동일하다. 다음의 그림을 보자.[13)]

13) 이 부분은 오창수 · 김경희, "생명보험론(1998)", p. 247를 참고하였다.

그림 7-2 장래법과 과거법의 비교

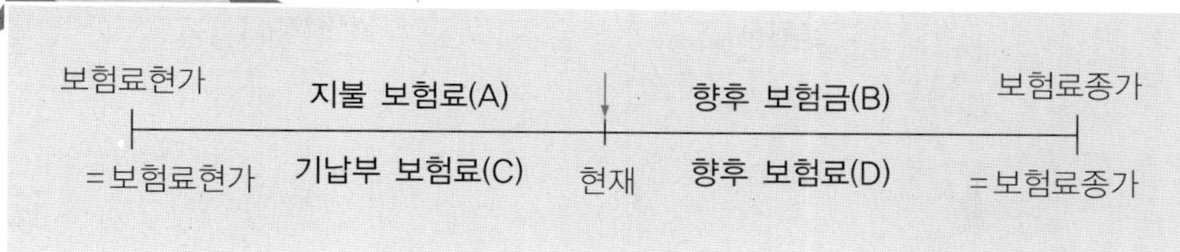

이 그림에서 봤을 때 수지상등의 원칙은 먼저 가입시점 기준

$$A\text{의 현가} + B\text{의 현가} = C\text{의 현가} + D\text{의 현가}$$

를 의미한다. 이제 시점을 현재 시점으로 옮겨보자. 현재시점에서

$$A\text{의 종가} + B\text{의 현가} = C\text{의 종가} + D\text{의 현가}$$

이며 등식의 좌변과 우변을 옮겨 조정하는 경우

$$A\text{의 종가} - C\text{의 종가} = D\text{의 현가} - \mathrm{B}\text{의 현가}$$

가 되는데 이것은 과거법과 장래법이 서로 동일함을 말해주고 있다.

문제 1 위의 〈표 6-1〉에서 보여준 생명표를 기준으로 하고 33세에 보험금 1억원의 5년 만기 사망보험에 가입한 경우 만 2년이 경과한 시점에서의 책임준비금은 얼마인가. 단 보험료는 연초에 납부하고 보험금은 보험사고가 발생한 연말에 받으며 적정 실효이자율(할인율)은 8%임을 가정하라.

풀이) 우리는 위의 순보험료에 관한 문제를 통해 이 보험의 순보험료가 7만 8천원임을 이미 알고 있다. 따라서 먼저 장래법을 통해 책임준비금의 크기를 계산해보자.

〈표 7-4〉 향후 납입 순보험료의 현재가치

나이	보험료 납입자(명)	순보험료(원)	현가계수	순보험료 현가
35	98,277	7.797(만원)	$(1+0.08)^{0}$ =1	766,266
36	98,196	7.797(만원)	$(1+0.08)^{-1}$ =0.9259	708,921
37	98,107	7.797(만원)	$(1+0.08)^{-2}$ =0.8573	655,813
합계				2,130,999(만원)

〈표 7-5〉 향후 지급보험금의 현재가치

나이	사망자(명)	보험금(원)	현가계수	보험금의 현가
35	81	1억	$(1+0.08)^{-1}=0.9259$	750,000
36	89	1억	$(1+0.08)^{-2}=0.8573$	763,032
37	96	1억	$(1+0.08)^{-3}=0.7938$	762,079
합계				2,275,111(만원)

따라서 나이 35세 때의 생존자 1인당 책임보험금은

$$\frac{2,275,111-2,130,999}{98,277}=\frac{144,112}{98,277}=1.46\text{만원}$$

이 된다.

이제 이 문제를 과거법을 통해 풀어보자.

〈표 7-6〉 기납입 순보험료의 종가

나이	보험료 납입자(명)	순보험료(만원)	종가계수	순보험료 종가
33	98,429	7.797	$(1+0.08)^{0}$ =1.1664	895,155
34	98,355	7.797	$(1+0.08)^{-1}$ =1.08	828,224
합계				1,723,379(만원)

〈표 7-7〉 **기납입 보험금의 종가**

나이	사망자	보험금(원)	현가계수	보험금의 현가
33	74	1억	$(1+0.08)^{-1}=1.08$	799,200
34	78	1억	$(1+0.08)^{-2}=1$	780,000
합계				1,579,200(만원)

마찬가지로 나이 35세 때의 생존자 1인당 책임보험금은

$$\frac{1,723,379-1,579,200}{98,277}=\frac{144,179}{98,277}=1.46\text{만원}$$

따라서 두 가지 방법이 동일한 결과를 낳고 있음을 알 수 있다(약간의 차이는 보험료의 반올림의 차이로 인한 것이다).

2. 책임준비금 계산수리

위에서 책임준비금의 크기결정이 바로 위의 연납평준 순보험료와 직결되어 있음을 언급한 바 있다. 그 이유를 다시 한 번 말하자면 책임준비금이란 수지상등의 원칙하에서 이미 결정된 순보험료를 기준으로 하여 특정 시점에서 평가한 바 향후 지급이 예상되는 보험금의 현재가치와 앞으로 들어올 순보험료의 현재가치간 차이를 의미하기 때문이다.

즉, 수식으로 표현하면 사망보험금 1원에 대한 k 년도 말의 책임준비금을 ${}_kV_x$라고 할 때

$${}_kV_x=A_{x+k}-P_x\cdot\ddot{a}_{x+k} \text{ 이다.}$$

이 수식에서 A_{x+k}는 k 시점에서 평가한 향후 지급할 보험금의 (기대)가치, 그리고 $P_x\cdot\ddot{a}_{x+k}$는 앞으로 매년 초에 받게 될 보험료의 현재가치를 나타낸다.

문제 1 바로 앞의 문제 1)과 동일한 조건 하에서 가입 후 만 10년이 지난 시점에서 책임준비금의 크기는 얼마인가?

풀이) 먼저 $A_{x+10} = \sum_{k=10}^{\infty} v^{k-9} {}_{k}p_{x} \cdot q_{x+k}$ =0.149866인데 보험금의 크기가 1억원이므로 1억원$\times A_{x+10}$=1,498.66만원이다.

그리고 $P_x \cdot \ddot{a}_{x+k}$=(64.8865)(12.69462)=823.70만원

따라서 책임준비금의 크기는 1,498.66−823.70=674.96만원이다.

3. 해약환급금

보험은 보험회사와 가입자간 계약관계를 성립시키므로 예정된 가입기간 전에 해약이 이루어지는 경우가 종종 있다. 그런데 위에서 본 바와 같이 생명보험계약은 일반적으로 가입자의 자연보험료 외 추가적인 보험료의 납입 즉 초과납입을 가져오기 때문에 이 부분을 돌려주는 것이 원칙이다.

그런데 해약환급금은 일반적으로 이 부분에 해당하는 책임준비금에서 일정액을 공제하게 되는데 대부분 미상각 신계약비와 관계된 것이다. 미상각 신계약비란 보험회사의 입장에서 봤을 때 계약 초에 이미 지출된 신계약비를 보험계약기간 동안 평준하여 회수하기로 계획하였음에도 불구하고 조기해약으로 인해 회수불가능 상태에 이르게 된 금액을 말한다.

순보험료 기준 책임준비금에서 미상각 신계약비를 공제하는 과정은 보험계리상 단순한 내용이어서 본문에서는 생략하기로 한다.

부 록

이자표(1~10%)

국민생명표(2007)

〈표 1〉 i=0.01

n	$(1+i)^n$	v^n	$a_{\overline{n}\vert}$	$s_{\overline{n}\vert}$
1	1.010000	0.990099	0.990099	1.000000
2	1.020100	0.980296	1.970395	2.010000
3	1.030301	0.970590	2.940985	3.030100
4	1.040604	0.960980	3.901966	4.060401
5	1.051010	0.951466	4.853431	5.101005
6	1.061520	0.942045	5.795476	6.152015
7	1.072135	0.932718	6.728195	7.213535
8	1.082857	0.923483	7.651678	8.285671
9	1.093685	0.914340	8.566018	9.368527
10	1.104622	0.905287	9.471305	10.462213
11	1.115668	0.896324	10.367628	11.566835
12	1.126825	0.887449	11.255077	12.682503
13	1.138093	0.878663	12.133740	13.809328
14	1.149474	0.869963	13.003703	14.947421
15	1.160969	0.861349	13.865053	16.096896
16	1.172579	0.852821	14.717874	17.257864
17	1.184304	0.844377	15.562251	18.430443
18	1.196147	0.836017	16.398269	19.614748
19	1.208109	0.827740	17.226008	20.810895
20	1.220190	0.819544	18.045553	22.019004
21	1.232392	0.811430	18.856983	23.239194
22	1.244716	0.803396	19.660379	24.471586
23	1.257163	0.795442	20.455821	25.716302
24	1.269735	0.787566	21.243387	26.973465
25	1.282432	0.779768	22.023156	28.243200
26	1.295256	0.772048	22.795204	29.525631
27	1.308209	0.764404	23.559608	30.820888
28	1.321291	0.756836	24.316443	32.129097
29	1.334504	0.749342	25.065785	33.450388
30	1.347849	0.741923	25.807708	34.784892

〈표 1〉 i=0.01

n	$(1+i)^n$	v^n	$a_{\overline{n}\rceil}$	$s_{\overline{n}\rceil}$
40	1.48886	0.67165	32.83469	48.88637
45	1.56481	0.63905	36.09451	56.48107
50	1.64463	0.60804	39.19612	64.46318
55	1.72852	0.57853	42.14719	72.85246
60	1.81670	0.55045	44.95504	81.66967
65	1.90937	0.52373	47.62661	90.93665
70	2.00676	0.49831	50.16851	100.67634
75	2.10913	0.47413	52.58705	110.91285
80	2.21672	0.45112	54.88821	121.67152
85	2.32979	0.42922	57.07768	132.97900
90	2.44863	0.40839	59.16088	144.86327
95	2.57354	0.38857	61.14298	157.35376
100	2.70481	0.36971	63.02888	170.48138
150	4.44842	0.22480	77.52012	344.84229
200	7.31602	0.13669	86.33136	631.60179
250	12.03216	0.08311	91.68894	1103.21558
300	19.78847	0.05053	94.94655	1878.84663
350	32.54474	0.03073	96.92731	3154.47413
400	53.52412	0.01868	98.13168	5252.41172
450	88.02747	0.01136	98.86399	8702.74664
500	144.77277	0.00691	99.30926	14377.27724
550	238.09791	0.00420	99.58000	23709.79085
600	391.58340	0.00255	99.74463	39058.33970
650	644.01052	0.00155	99.84472	64301.05156
700	1059.16019	0.00094	99.90559	105816.01876
750	1741.92855	0.00057	99.94259	174092.85489
800	2864.83112	0.00035	99.96509	286383.11229
850	4711.59243	0.00021	99.97878	471059.24290
900	7748.83484	0.00013	99.98709	774783.48403
1000	20959.15564	0.00005	99.99523	2095815.56378

〈표 2〉 i=0.015

n	$(1+i)^n$	v^n	$a_{\overline{n}\rvert}$	$s_{\overline{n}\rvert}$
1	1.015000	0.985222	0.985222	1.000000
2	1.030225	0.970662	1.955883	2.015000
3	1.045678	0.956317	2.912200	3.045225
4	1.061364	0.942184	3.854385	4.090903
5	1.077284	0.928260	4.782645	5.152267
6	1.093443	0.914542	5.697187	6.229551
7	1.109845	0.901027	6.598214	7.322994
8	1.126493	0.887711	7.485925	8.432839
9	1.143390	0.874592	8.360517	9.559332
10	1.160541	0.861667	9.222185	10.702722
11	1.177949	0.848933	10.071118	11.863262
12	1.195618	0.836387	10.907505	13.041211
13	1.213552	0.824027	11.731532	14.236830
14	1.231756	0.811849	12.543382	15.450382
15	1.250232	0.799852	13.343233	16.682138
16	1.268986	0.788031	14.131264	17.932370
17	1.288020	0.776385	14.907649	19.201355
18	1.307341	0.764912	15.672561	20.489376
19	1.326951	0.753607	16.426168	21.796716
20	1.346855	0.742470	17.168639	23.123667
21	1.367058	0.731498	17.900137	24.470522
22	1.387564	0.720688	18.620824	25.837580
23	1.408377	0.710037	19.330861	27.225144
24	1.429503	0.699544	20.030405	28.633521
25	1.450945	0.689206	20.719611	30.063024
26	1.472710	0.679021	21.398632	31.513969
27	1.494800	0.668986	22.067617	32.986678
28	1.517222	0.659099	22.726717	34.481479
29	1.539981	0.649359	23.376076	35.998701
30	1.563080	0.639762	24.015838	37.538681

〈표 3〉 i=0.02

n	$(1+i)^n$	v^n	$a_{\overline{n}\rceil}$	$s_{\overline{n}\rceil}$
1	1.020000	0.980392	0.980392	1.000000
2	1.040400	0.961169	1.941561	2.020000
3	1.061208	0.942322	2.883883	3.060400
4	1.082432	0.923845	3.807729	4.121608
5	1.104081	0.905731	4.713460	5.204040
6	1.126162	0.887971	5.601431	6.308121
7	1.148686	0.870560	6.471991	7.434283
8	1.171659	0.853490	7.325481	8.582969
9	1.195093	0.836755	8.162237	9.754628
10	1.218994	0.820348	8.982585	10.949721
11	1.243374	0.804263	9.786848	12.168715
12	1.268242	0.788493	10.575341	13.412090
13	1.293607	0.773033	11.348374	14.680332
14	1.319479	0.757875	12.106249	15.973938
15	1.345868	0.743015	12.849264	17.293417
16	1.372786	0.728446	13.577709	18.639285
17	1.400241	0.714163	14.291872	20.012071
18	1.428246	0.700159	14.992031	21.412312
19	1.456811	0.686431	15.678462	22.840559
20	1.485947	0.672971	16.351433	24.297370
21	1.515666	0.659776	17.011209	25.783317
22	1.545980	0.646839	17.658048	27.298984
23	1.576899	0.634156	18.292204	28.844963
24	1.608437	0.621721	18.913926	30.421862
25	1.640606	0.609531	19.523456	32.030300
26	1.673418	0.597579	20.121036	33.670906
27	1.706886	0.585862	20.706898	35.344324
28	1.741024	0.574375	21.281272	37.051210
29	1.775845	0.563112	21.844385	38.792235
30	1.811362	0.552071	22.396456	40.568079

〈표 3〉 i=0.02

n	$(1+i)^n$	v^n	$a_{\overline{n}\vert}$	$s_{\overline{n}\vert}$
40	2.20804	0.45289	27.35548	60.40198
45	2.43785	0.41020	29.49016	71.89271
50	2.69159	0.37153	31.42361	84.57940
55	2.97173	0.33650	33.17479	98.58653
60	3.28103	0.30478	34.76089	114.05154
65	3.62252	0.27605	36.19747	131.12616
70	3.99956	0.25003	37.49862	149.97791
75	4.41584	0.22646	38.67711	170.79177
80	4.87544	0.20511	39.74451	193.77196
85	5.38288	0.18577	40.71129	219.14394
90	5.94313	0.16826	41.58693	247.15666
95	6.56170	0.15240	42.38002	278.08496
100	7.24465	0.13803	43.09835	312.23231
150	19.49960	0.05128	47.43585	924.98014
200	52.48490	0.01905	49.04734	2574.24487
250	141.26772	0.00708	49.64606	7013.38607
300	380.23451	0.00263	49.86850	18961.72540
350	1023.43465	0.00098	49.95114	51121.73251
400	2754.66445	0.00036	49.98185	137683.22264
450	7414.42187	0.00013	49.99326	370671.09327
500	19956.56914	0.00005	49.99749	997778.45677
550	53714.86259	0.00002	49.99907	2685693.12932
600	144578.28112	0.00001	49.99965	7228864.05604
650	389145.17073	0.00000	49.99987	19457208.53644
700	1047418.48311	0.00000	49.99995	52370874.15527
750	2819219.05056	0.00000	49.99998	140960902.52784
800	7588176.24782	0.00000	49.99999	379408762.39075
850	20424244.35112	0.00000	50.00000	1021212167.55598
900	54973651.59835	0.00000	50.00000	2748682529.91740
1000	398264651.65813	0.00000	50.00000	19913232532.90640

〈표 4〉 i=0.025

n	$(1+i)^n$	v^n	$a_{\overline{n}\rceil}$	$s_{\overline{n}\rceil}$
1	1.025000	0.975610	0.975610	1.000000
2	1.050625	0.951814	1.927424	2.025000
3	1.076891	0.928599	2.856024	3.075625
4	1.103813	0.905951	3.761974	4.152516
5	1.131408	0.883854	4.645828	5.256329
6	1.159693	0.862297	5.508125	6.387737
7	1.188686	0.841265	6.349391	7.547430
8	1.218403	0.820747	7.170137	8.736116
9	1.248863	0.800728	7.970866	9.954519
10	1.280085	0.781198	8.752064	11.203382
11	1.312087	0.762145	9.514209	12.483466
12	1.344889	0.743556	10.257765	13.795553
13	1.378511	0.725420	10.983185	15.140442
14	1.412974	0.707727	11.690912	16.518953
15	1.448298	0.690466	12.381378	17.931927
16	1.484506	0.673625	13.055003	19.380225
17	1.521618	0.657195	13.712198	20.864730
18	1.559659	0.641166	14.353364	22.386349
19	1.598650	0.625528	14.978891	23.946007
20	1.638616	0.610271	15.589162	25.544658
21	1.679582	0.595386	16.184549	27.183274
22	1.721571	0.580865	16.765413	28.862856
23	1.764611	0.566697	17.332110	30.584427
24	1.808726	0.552875	17.884986	32.349038
25	1.853944	0.539391	18.424376	34.157764
26	1.900293	0.526235	18.950611	36.011708
27	1.947800	0.513400	19.464011	37.912001
28	1.996495	0.500878	19.964889	39.859801
29	2.046407	0.488661	20.453550	41.856296
30	2.097568	0.476743	20.930293	43.902703

〈표 5〉 i=0.03

n	$(1+i)^n$	v^n	$a_{\overline{n}\vert}$	$s_{\overline{n}\vert}$
1	1.030000	0.970874	0.970874	1.000000
2	1.060900	0.942596	1.913470	2.030000
3	1.092727	0.915142	2.828611	3.090900
4	1.125509	0.888487	3.717098	4.183627
5	1.159274	0.862609	4.579707	5.309136
6	1.194052	0.837484	5.417191	6.468410
7	1.229874	0.813092	6.230283	7.662462
8	1.266770	0.789409	7.019692	8.892336
9	1.304773	0.766417	7.786109	10.159106
10	1.343916	0.744094	8.530203	11.463879
11	1.384234	0.722421	9.252624	12.807796
12	1.425761	0.701380	9.954004	14.192030
13	1.468534	0.680951	10.634955	15.617790
14	1.512590	0.661118	11.296073	17.086324
15	1.557967	0.641862	11.937935	18.598914
16	1.604706	0.623167	12.561102	20.156881
17	1.652848	0.605016	13.166118	21.761588
18	1.702433	0.587395	13.753513	23.414435
19	1.753506	0.570286	14.323799	25.116868
20	1.806111	0.553676	14.877475	26.870374
21	1.860295	0.537549	15.415024	28.676486
22	1.916103	0.521893	15.936917	30.536780
23	1.973587	0.506692	16.443608	32.452884
24	2.032794	0.491934	16.935542	34.426470
25	2.093778	0.477606	17.413148	36.459264
26	2.156591	0.463695	17.876842	38.553042
27	2.221289	0.450189	18.327031	40.709634
28	2.287928	0.437077	18.764108	42.930923
29	2.356566	0.424346	19.188455	45.218850
30	2.427262	0.411987	19.600441	47.575416

〈표 5〉 i=0.03

n	$(1+i)^n$	v^n	$a_{\overline{n}\rceil}$	$s_{\overline{n}\rceil}$
40	3.26204	0.30656	23.11477	75.40126
45	3.78160	0.26444	24.51871	92.71986
50	4.38391	0.22811	25.72976	112.79687
55	5.08215	0.19677	26.77443	136.07162
60	5.89160	0.16973	27.67556	163.05344
65	6.82998	0.14641	28.45289	194.33276
70	7.91782	0.12630	29.12342	230.59406
75	9.17893	0.10895	29.70183	272.63086
80	10.64089	0.09398	30.20076	321.36302
85	12.33571	0.08107	30.63115	377.85695
90	14.30047	0.06993	31.00241	443.34890
95	16.57816	0.06032	31.32266	519.27203
100	19.21863	0.05203	31.59891	607.28773
150	84.25268	0.01187	32.93770	2775.08921
200	369.35582	0.00271	33.24309	12278.52717
250	1619.22118	0.00062	33.31275	53940.70605
300	7098.51348	0.00014	33.32864	236583.78275
350	31119.21598	0.00003	33.33226	1037273.86601
400	136423.71823	0.00001	33.33309	4547423.94112
450	598068.75946	0.00000	33.33328	19935591.98195
500	2621877.23419	0.00000	33.33332	87395874.47304
550	11494063.38728	0.00000	33.33333	383135412.90938
600	50388893.66290	0.00000	33.33333	1679629755.43010
650	220900174.20479	0.00000	33.33333	7363339106.82640
700	968405603.22983	0.00000	33.33333	32280186740.99440
750	4245399152.54892	0.00000	33.33333	141513305051.63100
800	18611430896.67320	0.00000	33.33333	620381029855.77300
850	81590763924.67660	0.00000	33.33333	2719692130789.22000
900	357686241040.29900	0.00000	33.33333	11922874701310.00000
1000	6874240231169.33000	0.00000	33.33333	229141341038944.00000

〈표 6〉 i=0.035

n	$(1+i)^n$	v^n	$a_{\overline{n}\mid}$	$s_{\overline{n}\mid}$
1	1.035000	0.966184	0.966184	1.000000
2	1.071225	0.933511	1.899694	2.035000
3	1.108718	0.901943	2.801637	3.106225
4	1.147523	0.871442	3.673079	4.214943
5	1.187686	0.841973	4.515052	5.362466
6	1.229255	0.813501	5.328553	6.550152
7	1.272279	0.785991	6.114544	7.779408
8	1.316809	0.759412	6.873956	9.051687
9	1.362897	0.733731	7.607687	10.368496
10	1.410599	0.708919	8.316605	11.731393
11	1.459970	0.684946	9.001551	13.141992
12	1.511069	0.661783	9.663334	14.601962
13	1.563956	0.639404	10.302738	16.113030
14	1.618695	0.617782	10.920520	17.676986
15	1.675349	0.596891	11.517411	19.295681
16	1.733986	0.576706	12.094117	20.971030
17	1.794676	0.557204	12.651321	22.705016
18	1.857489	0.538361	13.189682	24.499691
19	1.922501	0.520156	13.709837	26.357180
20	1.989789	0.502566	14.212403	28.279682
21	2.059431	0.485571	14.697974	30.269471
22	2.131512	0.469151	15.167125	32.328902
23	2.206114	0.453286	15.620410	34.460414
24	2.283328	0.437957	16.058368	36.666528
25	2.363245	0.423147	16.481515	38.949857
26	2.445959	0.408838	16.890352	41.313102
27	2.531567	0.395012	17.285365	43.759060
28	2.620172	0.381654	17.667019	46.290627
29	2.711878	0.368748	18.035767	48.910799
30	2.806794	0.356278	18.392045	51.622677

〈표 7〉 i=0.04

n	$(1+i)^n$	v^n	$a_{\overline{n}\rceil}$	$s_{\overline{n}\rceil}$
1	1.040000	0.961538	0.961538	1.000000
2	1.081600	0.924556	1.886095	2.040000
3	1.124864	0.888996	2.775091	3.121600
4	1.169859	0.854804	3.629895	4.246464
5	1.216653	0.821927	4.451822	5.416323
6	1.265319	0.790315	5.242137	6.632975
7	1.315932	0.759918	6.002055	7.898294
8	1.368569	0.730690	6.732745	9.214226
9	1.423312	0.702587	7.435332	10.582795
10	1.480244	0.675564	8.110896	12.006107
11	1.539454	0.649581	8.760477	13.486351
12	1.601032	0.624597	9.385074	15.025805
13	1.665074	0.600574	9.985648	16.626838
14	1.731676	0.577475	10.563123	18.291911
15	1.800944	0.555265	11.118387	20.023588
16	1.872981	0.533908	11.652296	21.824531
17	1.947900	0.513373	12.165669	23.697512
18	2.025817	0.493628	12.659297	25.645413
19	2.106849	0.474642	13.133939	27.671229
20	2.191123	0.456387	13.590326	29.778079
21	2.278768	0.438834	14.029160	31.969202
22	2.369919	0.421955	14.451115	34.247970
23	2.464716	0.405726	14.856842	36.617889
24	2.563304	0.390121	15.246963	39.082604
25	2.665836	0.375117	15.622080	41.645908
26	2.772470	0.360689	15.982769	44.311745
27	2.883369	0.346817	16.329586	47.084214
28	2.998703	0.333477	16.663063	49.967583
29	3.118651	0.320651	16.983715	52.966286
30	3.243398	0.308319	17.292033	56.084938

〈표 7〉 i=0.04

n	$(1+i)^n$	v^n	$a_{\overline{n}\vert}$	$s_{\overline{n}\vert}$
40	4.80102	0.20829	19.79277	95.02552
45	5.84118	0.17120	20.72004	121.02939
50	7.10668	0.14071	21.48218	152.66708
55	8.64637	0.11566	22.10861	191.15917
60	10.51963	0.09506	22.62349	237.99069
65	12.79874	0.07813	23.04668	294.96838
70	15.57162	0.06422	23.39451	364.29046
75	18.94525	0.05278	23.68041	448.63137
80	23.04980	0.04338	23.91539	551.24498
85	28.04360	0.03566	24.10853	676.09012
90	34.11933	0.02931	24.26728	827.98333
95	41.51139	0.02409	24.39776	1012.78465
100	50.50495	0.01980	24.50500	1237.62370
150	358.92267	0.00279	24.93035	8948.06685
200	2550.74979	0.00039	24.99020	63743.74478
250	18127.37106	0.00006	24.99862	453159.27652
300	128825.48603	0.00001	24.99981	3220612.15076
350	915521.93615	0.00000	24.99997	22888023.40370
400	6506324.49678	0.00000	25.00000	162658087.41938
450	46238387.94671	0.00000	25.00000	1155959673.66785
500	328601581.58	0.00	25.00	8215039514.49
550	2335267387.37	0.00	25.00	58381684659.32
600	16596005850.95	0.00	25.00	414900146248.76
650	117942558395.69	0.00	25.00	2948563959867.14
700	838180415568.08	0.00	25.00	20954510389177.00
750	5956682800494.30	0.00	25.00	148917070012333.00
800	42332258457335.40	0.00	25.00	1058306461433360.00
850	300841956189095.00	0.00	25.00	7521048904727350.00
900	2137988519910830.00	0.00	25.00	53449712997770800.00
1000	107978999416660000.00	0.00	25.00	2699474985416500000.00

〈표 8〉 i=0.045

n	$(1+i)^n$	v^n	$a_{\overline{n}\rceil}$	$s_{\overline{n}\rceil}$
1	1.045000	0.956938	0.956938	1.000000
2	1.092025	0.915730	1.872668	2.045000
3	1.141166	0.876297	2.748964	3.137025
4	1.192519	0.838561	3.587526	4.278191
5	1.246182	0.802451	4.389977	5.470710
6	1.302260	0.767896	5.157872	6.716892
7	1.360862	0.734828	5.892701	8.019152
8	1.422101	0.703185	6.595886	9.380014
9	1.486095	0.672904	7.268790	10.802114
10	1.552969	0.643928	7.912718	12.288209
11	1.622853	0.616199	8.528917	13.841179
12	1.695881	0.589664	9.118581	15.464032
13	1.772196	0.564272	9.682852	17.159913
14	1.851945	0.539973	10.222825	18.932109
15	1.935282	0.516720	10.739546	20.784054
16	2.022370	0.494469	11.234015	22.719337
17	2.113377	0.473176	11.707191	24.741707
18	2.208479	0.452800	12.159992	26.855084
19	2.307860	0.433302	12.593294	29.063562
20	2.411714	0.414643	13.007936	31.371423
21	2.520241	0.396787	13.404724	33.783137
22	2.633652	0.379701	13.784425	36.303378
23	2.752166	0.363350	14.147775	38.937030
24	2.876014	0.347703	14.495478	41.689196
25	3.005434	0.332731	14.828209	44.565210
26	3.140679	0.318402	15.146611	47.570645
27	3.282010	0.304691	15.451303	50.711324
28	3.429700	0.291571	15.742874	53.993333
29	3.584036	0.279015	16.021889	57.423033
30	3.745318	0.267000	16.288889	61.007070

〈표 9〉 i=0.05

n	$(1+i)^n$	v^n	$a_{\overline{n}\vert}$	$s_{\overline{n}\vert}$
1	1.050000	0.952381	0.952381	1.000000
2	1.102500	0.907029	1.859410	2.050000
3	1.157625	0.863838	2.723248	3.152500
4	1.215506	0.822702	3.545951	4.310125
5	1.276282	0.783526	4.329477	5.525631
6	1.340096	0.746215	5.075692	6.801913
7	1.407100	0.710681	5.786373	8.142008
8	1.477455	0.676839	6.463213	9.549109
9	1.551328	0.644609	7.107822	11.026564
10	1.628895	0.613913	7.721735	12.577893
11	1.710339	0.584679	8.306414	14.206787
12	1.795856	0.556837	8.863252	15.917127
13	1.885649	0.530321	9.393573	17.712983
14	1.979932	0.505068	9.898641	19.598632
15	2.078928	0.481017	10.379658	21.578564
16	2.182875	0.458112	10.837770	23.657492
17	2.292018	0.436297	11.274066	25.840366
18	2.406619	0.415521	11.689587	28.132385
19	2.526950	0.395734	12.085321	30.539004
20	2.653298	0.376889	12.462210	33.065954
21	2.785963	0.358942	12.821153	35.719252
22	2.925261	0.341850	13.163003	38.505214
23	3.071524	0.325571	13.488574	41.430475
24	3.225100	0.310068	13.798642	44.501999
25	3.386355	0.295303	14.093945	47.727099
26	3.555673	0.281241	14.375185	51.113454
27	3.733456	0.267848	14.643034	54.669126
28	3.920129	0.255094	14.898127	58.402583
29	4.116136	0.242946	15.141074	62.322712
30	4.321942	0.231377	15.372451	66.438848

〈표 9〉 i=0.05

n	$(1+i)^n$	v^n	$a_{\overline{n}\rvert}$	$s_{\overline{n}\rvert}$
40	7.03999	0.14205	17.15909	120.79977
45	8.98501	0.11130	17.77407	159.70016
50	11.46740	0.08720	18.25593	209.34800
55	14.63563	0.06833	18.63347	272.71262
60	18.67919	0.05354	18.92929	353.58372
65	23.83990	0.04195	19.16107	456.79801
70	30.42643	0.03287	19.34268	588.52851
75	38.83269	0.02575	19.48497	756.65372
80	49.56144	0.02018	19.59646	971.22882
85	63.25435	0.01581	19.68382	1245.08707
90	80.73037	0.01239	19.75226	1594.60730
95	103.03468	0.00971	19.80589	2040.69353
100	131.50126	0.00760	19.84791	2610.02516
150	1507.97750	0.00066	19.98674	30139.54992
200	17292.58082	0.00006	19.99884	345831.61630
250	198300.93753	0.00001	19.99990	3965998.75070
300	2273996.12860	0.00000	19.99999	45479902.57205
350	26076822.71794	0.00000	20.00000	521536434.35880
400	299033351.24884	0.00000	20.00000	5980667004.97682
450	3429134988.04416	0.00000	20.00000	68582699740.88330
500	39323261827.2	0.0	20.0	786465236524.4
550	450935564252.6	0.0	20.0	9018711285031.5
600	5171058392898.7	0.0	20.0	103421167857954.0
650	59298593906846.5	0.0	20.0	1185971878136910.0
700	680000683062867.0	0.0	20.0	13600013661257300.0
750	7797839687267480.0	0.0	20.0	155956793745350000.0
800	89420945159112600.0	0.0	20.0	1788418903182250000.0
850	1025425727359500000.0	0.0	20.0	20508514547190000000.0
900	11758966766228600000.0	0.0	20.0	235179335324573000000.0
1000	1546318920731950000000.0	0.0	20.0	30926378414639000000000.0

〈표 10〉 i=0.055

n	$(1+i)^n$	v^n	$a_{\overline{n}\vert}$	$s_{\overline{n}\vert}$
1	1.055000	0.947867	0.947867	1.000000
2	1.113025	0.898452	1.846320	2.055000
3	1.174241	0.851614	2.697933	3.168025
4	1.238825	0.807217	3.505150	4.342266
5	1.306960	0.765134	4.270284	5.581091
6	1.378843	0.725246	4.995530	6.888051
7	1.454679	0.687437	5.682967	8.266894
8	1.534687	0.651599	6.334566	9.721573
9	1.619094	0.617629	6.952195	11.256260
10	1.708144	0.585431	7.537626	12.875354
11	1.802092	0.554911	8.092536	14.583498
12	1.901207	0.525982	8.618518	16.385591
13	2.005774	0.498561	9.117079	18.286798
14	2.116091	0.472569	9.589648	20.292572
15	2.232476	0.447933	10.037581	22.408663
16	2.355263	0.424581	10.462162	24.641140
17	2.484802	0.402447	10.864609	26.996403
18	2.621466	0.381466	11.246074	29.481205
19	2.765647	0.361579	11.607654	32.102671
20	2.917757	0.342729	11.950382	34.868318
21	3.078234	0.324862	12.275244	37.786076
22	3.247537	0.307926	12.583170	40.864310
23	3.426152	0.291873	12.875042	44.111847
24	3.614590	0.276657	13.151699	47.537998
25	3.813392	0.262234	13.413933	51.152588
26	4.023129	0.248563	13.662495	54.965981
27	4.244401	0.235605	13.898100	58.989109
28	4.477843	0.223322	14.121422	63.233510
29	4.724124	0.211679	14.333101	67.711354
30	4.983951	0.200644	14.533745	72.435478

〈표 11〉 i=0.06

n	$(1+i)^n$	v^n	$a_{\overline{n}\vert}$	$s_{\overline{n}\vert}$
1	1.060000	0.943396	0.943396	1.000000
2	1.123600	0.889996	1.833393	2.060000
3	1.191016	0.839619	2.673012	3.183600
4	1.262477	0.792094	3.465106	4.374616
5	1.338226	0.747258	4.212364	5.637093
6	1.418519	0.704961	4.917324	6.975319
7	1.503630	0.665057	5.582381	8.393838
8	1.593848	0.627412	6.209794	9.897468
9	1.689479	0.591898	6.801692	11.491316
10	1.790848	0.558395	7.360087	13.180795
11	1.898299	0.526788	7.886875	14.971643
12	2.012196	0.496969	8.383844	16.869941
13	2.132928	0.468839	8.852683	18.882138
14	2.260904	0.442301	9.294984	21.015066
15	2.396558	0.417265	9.712249	23.275970
16	2.540352	0.393646	10.105895	25.672528
17	2.692773	0.371364	10.477260	28.212880
18	2.854339	0.350344	10.827603	30.905653
19	3.025600	0.330513	11.158116	33.759992
20	3.207135	0.311805	11.469921	36.785591
21	3.399564	0.294155	11.764077	39.992727
22	3.603537	0.277505	12.041582	43.392290
23	3.819750	0.261797	12.303379	46.995828
24	4.048935	0.246979	12.550358	50.815577
25	4.291871	0.232999	12.783356	54.864512
26	4.549383	0.219810	13.003166	59.156383
27	4.822346	0.207368	13.210534	63.705766
28	5.111687	0.195630	13.406164	68.528112
29	5.418388	0.184557	13.590721	73.639798
30	5.743491	0.174110	13.764831	79.058186

〈표 11〉 i=0.06

n	$(1+i)^n$	v^n	$a_{\overline{n}\rvert}$	$s_{\overline{n}\rvert}$
40	10.28572	0.09722	15.04630	154.76197
45	13.76461	0.07265	15.45583	212.74351
50	18.42015	0.05429	15.76186	290.33590
55	24.65032	0.04057	15.99054	394.17203
60	32.98769	0.03031	16.16143	533.12818
65	44.14497	0.02265	16.28912	719.08286
70	59.07593	0.01693	16.38454	967.93217
75	79.05692	0.01265	16.45585	1300.94868
80	105.79599	0.00945	16.50913	1746.59989
85	141.57890	0.00706	16.54895	2342.98174
90	189.46451	0.00528	16.57870	3141.07519
95	253.54625	0.00394	16.60093	4209.10425
100	339.30208	0.00295	16.61755	5638.36806
150	6249.99672	0.00016	16.66400	104149.94540
200	115125.90388	0.00001	16.66652	1918748.39795
250	2120636.91047	0.00000	16.66666	35343931.84112
300	39062459.05205	0.00000	16.66667	651040967.53412
350	719536522.09924	0.00000	16.66667	11992275351.65410
400	13253973743.55890	0.00000	16.66667	220899562375.98100
450	244140241113.04100	0.00000	16.66667	4069004018534.02000
500	4.E+12	0.0	16.7	7.E+13
550	8.E+13	0.0	16.7	1.E+15
600	2.E+15	0.0	16.7	3.E+16
650	3.E+16	0.0	16.7	5.E+17
700	5.E+17	0.0	16.7	9.E+18
750	1.E+19	0.0	16.7	2.E+20
800	2.E+20	0.0	16.7	3.E+21
850	3.E+21	0.0	16.7	5.E+22
900	6.E+22	0.0	16.7	1.E+24
1000	2.E+25	0.0	16.7	3.E+26

〈표 12〉 i=0.065

n	$(1+i)^n$	v^n	$a_{\overline{n}\vert}$	$s_{\overline{n}\vert}$
1	1.065000	0.938967	0.938967	1.000000
2	1.134225	0.881659	1.820626	2.065000
3	1.207950	0.827849	2.648476	3.199225
4	1.286466	0.777323	3.425799	4.407175
5	1.370087	0.729881	4.155679	5.693641
6	1.459142	0.685334	4.841014	7.063728
7	1.553987	0.643506	5.484520	8.522870
8	1.654996	0.604231	6.088751	10.076856
9	1.762570	0.567353	6.656104	11.731852
10	1.877137	0.532726	7.188830	13.494423
11	1.999151	0.500212	7.689042	15.371560
12	2.129096	0.469683	8.158725	17.370711
13	2.267487	0.441017	8.599742	19.499808
14	2.414874	0.414100	9.013842	21.767295
15	2.571841	0.388827	9.402669	24.182169
16	2.739011	0.365095	9.767764	26.754010
17	2.917046	0.342813	10.110577	29.493021
18	3.106654	0.321890	10.432466	32.410067
19	3.308587	0.302244	10.734710	35.516722
20	3.523645	0.283797	11.018507	38.825309
21	3.752682	0.266476	11.284983	42.348954
22	3.996606	0.250212	11.535196	46.101636
23	4.256386	0.234941	11.770137	50.098242
24	4.533051	0.220602	11.990739	54.354628
25	4.827699	0.207138	12.197877	58.887679
26	5.141500	0.194496	12.392373	63.715378
27	5.475697	0.182625	12.574998	68.856877
28	5.831617	0.171479	12.746477	74.332574
29	6.210672	0.161013	12.907490	80.164192
30	6.614366	0.151186	13.058676	86.374864

〈표 13〉 $i=0.07$

n	$(1+i)^n$	v^n	$a_{\overline{n}\rceil}$	$s_{\overline{n}\rceil}$
1	1.070000	0.934579	0.934579	1.000000
2	1.144900	0.873439	1.808018	2.070000
3	1.225043	0.816298	2.624316	3.214900
4	1.310796	0.762895	3.387211	4.439943
5	1.402552	0.712986	4.100197	5.750739
6	1.500730	0.666342	4.766540	7.153291
7	1.605781	0.622750	5.389289	8.654021
8	1.718186	0.582009	5.971299	10.259803
9	1.838459	0.543934	6.515232	11.977989
10	1.967151	0.508349	7.023582	13.816448
11	2.104852	0.475093	7.498674	15.783599
12	2.252192	0.444012	7.942686	17.888451
13	2.409845	0.414964	8.357651	20.140643
14	2.578534	0.387817	8.745468	22.550488
15	2.759032	0.362446	9.107914	25.129022
16	2.952164	0.338735	9.446649	27.888054
17	3.158815	0.316574	9.763223	30.840217
18	3.379932	0.295864	10.059087	33.999033
19	3.616528	0.276508	10.335595	37.378965
20	3.869684	0.258419	10.594014	40.995492
21	4.140562	0.241513	10.835527	44.865177
22	4.430402	0.225713	11.061240	49.005739
23	4.740530	0.210947	11.272187	53.436141
24	5.072367	0.197147	11.469334	58.176671
25	5.427433	0.184249	11.653583	63.249038
26	5.807353	0.172195	11.825779	68.676470
27	6.213868	0.160930	11.986709	74.483823
28	6.648838	0.150402	12.137111	80.697691
29	7.114257	0.140563	12.277674	87.346529
30	7.612255	0.131367	12.409041	94.460786

〈표 13〉 i=0.07

n	$(1+i)^n$	v^n	$a_{\overline{n}\rvert}$	$s_{\overline{n}\rvert}$
40	14.97446	0.06678	13.33171	199.63511
45	21.00245	0.04761	13.60552	285.74931
50	29.45703	0.03395	13.80075	406.52893
55	41.31500	0.02420	13.93994	575.92859
60	57.94643	0.01726	14.03918	813.52038
65	81.27286	0.01230	14.10994	1146.75516
70	113.98939	0.00877	14.16039	1614.13417
75	159.87602	0.00625	14.19636	2269.65742
80	224.23439	0.00446	14.22201	3189.06268
85	314.50033	0.00318	14.24029	4478.57612
90	441.10298	0.00227	14.25333	6287.18543
95	618.66975	0.00162	14.26262	8823.85354
100	867.71633	0.00115	14.26925	12381.66179
150	25560.34155	0.00004	14.28516	365133.45071
200	752931.62165	0.00000	14.28570	10756151.73792
250	22179125.64985	0.00000	14.28571	316844637.85507
300	653331060.14478	0.00000	14.28571	9333300844.92546
350	19245189413.16780	0.00000	14.28571	274931277316.68300
400	566906026887.24000	0.00000	14.28571	8098657526946.28000
450	16699365042423.60000	0.00000	14.28571	238562357748894.00000
500	5.E+14	0.0	14.3	7.E+15
550	1.E+16	0.0	14.3	2.E+17
600	4.E+17	0.0	14.3	6.E+18
650	1.E+19	0.0	14.3	2.E+20
700	4.E+20	0.0	14.3	5.E+21
750	1.E+22	0.0	14.3	2.E+23
800	3.E+23	0.0	14.3	5.E+24
850	9.E+24	0.0	14.3	1.E+26
900	3.E+26	0.0	14.3	4.E+27
1000	2.E+29	0.0	14.3	3.E+30

〈표 14〉 i=0.075

n	$(1+i)^n$	v^n	$a_{\overline{n\mid}}$	$s_{\overline{n\mid}}$
1	1.075000	0.930233	0.930233	1.000000
2	1.155625	0.865333	1.795565	2.075000
3	1.242297	0.804961	2.600526	3.230625
4	1.335469	0.748801	3.349326	4.472922
5	1.435629	0.696559	4.045885	5.808391
6	1.543302	0.647962	4.693846	7.244020
7	1.659049	0.602755	5.296601	8.787322
8	1.783478	0.560702	5.857304	10.446371
9	1.917239	0.521583	6.378887	12.229849
10	2.061032	0.485194	6.864081	14.147087
11	2.215609	0.451343	7.315424	16.208119
12	2.381780	0.419854	7.735278	18.423728
13	2.560413	0.390562	8.125840	20.805508
14	2.752444	0.363313	8.489154	23.365921
15	2.958877	0.337966	8.827120	26.118365
16	3.180793	0.314387	9.141507	29.077242
17	3.419353	0.292453	9.433960	32.258035
18	3.675804	0.272049	9.706009	35.677388
19	3.951489	0.253069	9.959078	39.353192
20	4.247851	0.235413	10.194491	43.304681
21	4.566440	0.218989	10.413480	47.552532
22	4.908923	0.203711	10.617191	52.118972
23	5.277092	0.189498	10.806689	57.027895
24	5.672874	0.176277	10.982967	62.304987
25	6.098340	0.163979	11.146946	67.977862
26	6.555715	0.152539	11.299485	74.076201
27	7.047394	0.141896	11.441381	80.631916
28	7.575948	0.131997	11.573378	87.679310
29	8.144144	0.122788	11.696165	95.255258
30	8.754955	0.114221	11.810386	103.399403

〈표 15〉 i=0.08

n	$(1+i)^n$	v^n	$a_{\overline{n\rvert}}$	$s_{\overline{n\rvert}}$
1	1.080000	0.925926	0.925926	1.000000
2	1.166400	0.857339	1.783265	2.080000
3	1.259712	0.793832	2.577097	3.246400
4	1.360489	0.735030	3.312127	4.506112
5	1.469328	0.680583	3.992710	5.866601
6	1.586874	0.630170	4.622880	7.335929
7	1.713824	0.583490	5.206370	8.922803
8	1.850930	0.540269	5.746639	10.636628
9	1.999005	0.500249	6.246888	12.487558
10	2.158925	0.463193	6.710081	14.486562
11	2.331639	0.428883	7.138964	16.645487
12	2.518170	0.397114	7.536078	18.977126
13	2.719624	0.367698	7.903776	21.495297
14	2.937194	0.340461	8.244237	24.214920
15	3.172169	0.315242	8.559479	27.152114
16	3.425943	0.291890	8.851369	30.324283
17	3.700018	0.270269	9.121638	33.750226
18	3.996019	0.250249	9.371887	37.450244
19	4.315701	0.231712	9.603599	41.446263
20	4.660957	0.214548	9.818147	45.761964
21	5.033834	0.198656	10.016803	50.422921
22	5.436540	0.183941	10.200744	55.456755
23	5.871464	0.170315	10.371059	60.893296
24	6.341181	0.157699	10.528758	66.764759
25	6.848475	0.146018	10.674776	73.105940
26	7.396353	0.135202	10.809978	79.954415
27	7.988061	0.125187	10.935165	87.350768
28	8.627106	0.115914	11.051078	95.338830
29	9.317275	0.107328	11.158406	103.965936
30	10.062657	0.099377	11.257783	113.283211

〈표 15〉 i=0.08

n	$(1+i)^n$	v^n	$a_{\overline{n}\mid}$	$s_{\overline{n}\mid}$
40	21.72452	0.04603	11.92461	259.05652
45	31.92045	0.03133	12.10840	386.50562
50	46.90161	0.02132	12.23348	573.77016
55	68.91386	0.01451	12.31861	848.92320
60	101.25706	0.00988	12.37655	1253.21330
65	148.77985	0.00672	12.41598	1847.24808
70	218.60641	0.00457	12.44282	2720.08007
75	321.20453	0.00311	12.46108	4002.55662
80	471.95483	0.00212	12.47351	5886.93543
85	693.45649	0.00144	12.48197	8655.70611
90	1018.91509	0.00098	12.48773	12723.93862
95	1497.12055	0.00067	12.49165	18701.50686
100	2199.76126	0.00045	12.49432	27484.51570
150	103172.35007	0.00001	12.49988	1289641.87583
200	4838949.58490	0.00000	12.50000	60486857.31125
250	226954538.40205	0.00000	12.50000	2836931717.52566
300	10644533818.25230	0.00000	12.50000	133056672715.65400
350	499245800527.65800	0.00000	12.50000	6240572506583.23000
400	23415433085206.20000	0.00000	12.50000	292692913565065.00000
450	1098221569391840.00000	0.00000	12.50000	13727769617398000.00000
500	5.E+16	0.0	12.5	6.E+17
550	2.E+18	0.0	12.5	3.E+19
600	1.E+20	0.0	12.5	1.E+21
650	5.E+21	0.0	12.5	7.E+22
700	2.E+23	0.0	12.5	3.E+24
750	1.E+25	0.0	12.5	1.E+26
800	5.E+26	0.0	12.5	7.E+27
850	3.E+28	0.0	12.5	3.E+29
900	1.E+30	0.0	12.5	2.E+31
1000	3.E+33	0.0	12.5	3.E+34

〈표 16〉 i=0.085

n	$(1+i)^n$	v^n	$a_{\overline{n}\rceil}$	$s_{\overline{n}\rceil}$
1	1.085000	0.921659	0.921659	1.000000
2	1.177225	0.849455	1.771114	2.085000
3	1.277289	0.782908	2.554022	3.262225
4	1.385859	0.721574	3.275597	4.539514
5	1.503657	0.665045	3.940642	5.925373
6	1.631468	0.612945	4.553587	7.429030
7	1.770142	0.564926	5.118514	9.060497
8	1.920604	0.520669	5.639183	10.830639
9	2.083856	0.479880	6.119063	12.751244
10	2.260983	0.442285	6.561348	14.835099
11	2.453167	0.407636	6.968984	17.096083
12	2.661686	0.375702	7.344686	19.549250
13	2.887930	0.346269	7.690955	22.210936
14	3.133404	0.319142	8.010097	25.098866
15	3.399743	0.294140	8.304237	28.232269
16	3.688721	0.271097	8.575333	31.632012
17	4.002262	0.249859	8.825192	35.320733
18	4.342455	0.230285	9.055476	39.322995
19	4.711563	0.212244	9.267720	43.665450
20	5.112046	0.195616	9.463337	48.377013
21	5.546570	0.180292	9.643628	53.489059
22	6.018028	0.166167	9.809796	59.035629
23	6.529561	0.153150	9.962945	65.053658
24	7.084574	0.141152	10.104097	71.583219
25	7.686762	0.130094	10.234191	78.667792
26	8.340137	0.119902	10.354093	86.354555
27	9.049049	0.110509	10.464602	94.694692
28	9.818218	0.101851	10.566453	103.743741
29	10.652766	0.093872	10.660326	113.561959
30	11.558252	0.086518	10.746844	124.214725

〈표 16〉 i=0.09

n	$(1+i)^n$	v^n	$a_{\overline{n}\rvert}$	$s_{\overline{n}\rvert}$
1	1.090000	0.917431	0.917431	1.000000
2	1.188100	0.841680	1.759111	2.090000
3	1.295029	0.772183	2.531295	3.278100
4	1.411582	0.708425	3.239720	4.573129
5	1.538624	0.649931	3.889651	5.984711
6	1.677100	0.596267	4.485919	7.523335
7	1.828039	0.547034	5.032953	9.200435
8	1.992563	0.501866	5.534819	11.028474
9	2.171893	0.460428	5.995247	13.021036
10	2.367364	0.422411	6.417658	15.192930
11	2.580426	0.387533	6.805191	17.560293
12	2.812665	0.355535	7.160725	20.140720
13	3.065805	0.326179	7.486904	22.953385
14	3.341727	0.299246	7.786150	26.019189
15	3.642482	0.274538	8.060688	29.360916
16	3.970306	0.251870	8.312558	33.003399
17	4.327633	0.231073	8.543631	36.973705
18	4.717120	0.211994	8.755625	41.301338
19	5.141661	0.194490	8.950115	46.018458
20	5.604411	0.178431	9.128546	51.160120
21	6.108808	0.163698	9.292244	56.764530
22	6.658600	0.150182	9.442425	62.873338
23	7.257874	0.137781	9.580207	69.531939
24	7.911083	0.126405	9.706612	76.789813
25	8.623081	0.115968	9.822580	84.700896
26	9.399158	0.106393	9.928972	93.323977
27	10.245082	0.097608	10.026580	102.723135
28	11.167140	0.089548	10.116128	112.968217
29	12.172182	0.082155	10.198283	124.135356
30	13.267678	0.075371	10.273654	136.307539

〈표 16〉 i=0.09

n	$(1+i)^n$	v^n	$a_{\overline{n}\|}$	$s_{\overline{n}\|}$
40	31.40942	0.03184	10.75736	337.88245
45	48.32729	0.02069	10.88120	525.85873
50	74.35752	0.01345	10.96168	815.08356
55	114.40826	0.00874	11.01399	1260.09180
60	176.03129	0.00568	11.04799	1944.79213
65	270.84596	0.00369	11.07009	2998.28847
70	416.73009	0.00240	11.08445	4619.22318
75	641.19089	0.00156	11.09378	7113.23215
80	986.55167	0.00101	11.09985	10950.57409
85	1517.93203	0.00066	11.10379	16854.80033
90	2335.52658	0.00043	11.10635	25939.18425
95	3593.49715	0.00028	11.10802	39916.63496
100	5529.04079	0.00018	11.10910	61422.67546
150	411125.76168	0.00000	11.11108	4568052.90754
200	30570292.07767	0.00000	11.11111	339669900.86305
250	2273131106.9	0.00000	11.11111	25257012287.7
300	169024391915.5	0.00000	11.11111	1878048799050.0
350	12568234615159.7	0.00000	11.11111	139647051279542.0
400	934542757714351.0	0.00000	11.11111	10383808419048300.0
450	69490281868456600.0	0.00000	11.11111	772114242982851000.0
500	5.E+18	0.0	11.1	6.E+19
550	4.E+20	0.0	11.1	4.E+21
600	3.E+22	0.0	11.1	3.E+23
650	2.E+24	0.0	11.1	2.E+25
700	2.E+26	0.0	11.1	2.E+27
750	1.E+28	0.0	11.1	1.E+29
800	9.E+29	0.0	11.1	1.E+31
850	6.E+31	0.0	11.1	7.E+32
900	5.E+33	0.0	11.1	5.E+34
1000	3.E+37	0.0	11.1	3.E+38

〈표 17〉 i=0.095

n	$(1+i)^n$	v^n	$a_{\overline{n}\vert}$	$s_{\overline{n}\vert}$
1	1.095000	0.913242	0.913242	1.000000
2	1.199025	0.834011	1.747253	2.095000
3	1.312932	0.761654	2.508907	3.294025
4	1.437661	0.695574	3.204481	4.606957
5	1.574239	0.635228	3.839709	6.044618
6	1.723791	0.580117	4.419825	7.618857
7	1.887552	0.529787	4.949612	9.342648
8	2.066869	0.483824	5.433436	11.230200
9	2.263222	0.441848	5.875284	13.297069
10	2.478228	0.403514	6.278798	15.560291
11	2.713659	0.368506	6.647304	18.038518
12	2.971457	0.336535	6.983839	20.752178
13	3.253745	0.307338	7.291178	23.723634
14	3.562851	0.280674	7.571852	26.977380
15	3.901322	0.256323	7.828175	30.540231
16	4.271948	0.234085	8.062260	34.441553
17	4.677783	0.213777	8.276037	38.713500
18	5.122172	0.195230	8.471266	43.391283
19	5.608778	0.178292	8.649558	48.513454
20	6.141612	0.162824	8.812382	54.122233
21	6.725065	0.148697	8.961080	60.263845
22	7.363946	0.135797	9.096876	66.988910
23	8.063521	0.124015	9.220892	74.352856
24	8.829556	0.113256	9.334148	82.416378
25	9.668364	0.103430	9.437578	91.245934
26	10.586858	0.094457	9.532034	100.914297
27	11.592610	0.086262	9.618296	111.501156
28	12.693908	0.078778	9.697074	123.093766
29	13.899829	0.071943	9.769018	135.787673
30	15.220313	0.065702	9.834719	149.687502

〈표 18〉 i=0.10

n	$(1+i)^n$	v^n	$a_{\overline{n}\vert}$	$s_{\overline{n}\vert}$
1	1.100000	0.909091	0.909091	1.000000
2	1.210000	0.826446	1.735537	2.100000
3	1.331000	0.751315	2.486852	3.310000
4	1.464100	0.683013	3.169865	4.641000
5	1.610510	0.620921	3.790787	6.105100
6	1.771561	0.564474	4.355261	7.715610
7	1.948717	0.513158	4.868419	9.487171
8	2.143589	0.466507	5.334926	11.435888
9	2.357948	0.424098	5.759024	13.579477
10	2.593742	0.385543	6.144567	15.937425
11	2.853117	0.350494	6.495061	18.531167
12	3.138428	0.318631	6.813692	21.384284
13	3.452271	0.289664	7.103356	24.522712
14	3.797498	0.263331	7.366687	27.974983
15	4.177248	0.239392	7.606080	31.772482
16	4.594973	0.217629	7.823709	35.949730
17	5.054470	0.197845	8.021553	40.544703
18	5.559917	0.179859	8.201412	45.599173
19	6.115909	0.163508	8.364920	51.159090
20	6.727500	0.148644	8.513564	57.274999
21	7.400250	0.135131	8.648694	64.002499
22	8.140275	0.122846	8.771540	71.402749
23	8.954302	0.111678	8.883218	79.543024
24	9.849733	0.101526	8.984744	88.497327
25	10.834706	0.092296	9.077040	98.347059
26	11.918177	0.083905	9.160945	109.181765
27	13.109994	0.076278	9.237223	121.099942
28	14.420994	0.069343	9.306567	134.209936
29	15.863093	0.063039	9.369606	148.630930
30	17.449402	0.057309	9.426914	164.494023

〈표 18〉 i=0.10

n	$(1+i)^n$	v^n	$a_{\overline{n}\rvert}$	$s_{\overline{n}\rvert}$
40	45.25926	0.02209	9.77905	442.59256
45	72.89048	0.01372	9.86281	718.90484
50	117.39085	0.00852	9.91481	1163.90853
55	189.05914	0.00529	9.94711	1880.59142
60	304.48164	0.00328	9.96716	3034.81640
65	490.37073	0.00204	9.97961	4893.70725
70	789.74696	0.00127	9.98734	7887.46957
75	1271.89537	0.00079	9.99214	12708.95371
80	2048.40021	0.00049	9.99512	20474.00215
85	3298.96903	0.00030	9.99697	32979.69030
90	5313.02261	0.00019	9.99812	53120.22612
95	8556.67605	0.00012	9.99883	85556.76047
100	13780.61234	0.00007	9.99927	137796.12340
150	1617717.83578	0.00000	9.99999	16177168.35776
200	189905276.46046	0.00000	10.00000	1899052754.60464
250	22293142370.0	0.00000	10.00000	222931423690.5
300	2617010996188.5	0.00000	10.00000	26170109961874.5
350	307213152838105.0	0.00000	10.00000	3072131528381040.0
400	36064014027525400.0	0.00000	10.00000	360640140275254000.0
450	4233585364956520000.0	0.00000	10.00000	42335853649565200000.0
500	5.E+20	0.0	10.0	5.E+21
550	6.E+22	0.0	10.0	6.E+23
600	7.E+24	0.0	10.0	7.E+25
650	8.E+26	0.0	10.0	8.E+27
700	9.E+28	0.0	10.0	9.E+29
750	1.E+31	0.0	10.0	1.E+32
800	1.E+33	0.0	10.0	1.E−34
850	2.E+35	0.0	10.0	2.E−36
900	2.E+37	0.0	10.0	2.E+38
1000	2.E+41	0.0	10.0	2.E+42

〈표 19〉 우리나라 국민생명표(2007)

나 이	사망확률(전체)	생존자(전체)	사망자	기대여명(전체)
0세	0.00413	100000	413	79.56
1세	0.00039	99587	39	78.89
2세	0.00029	99548	29	77.92
3세	0.00023	99519	23	76.95
4세	0.00019	99496	19	75.96
5세	0.00018	99477	17	74.98
6세	0.00017	99460	17	73.99
7세	0.00015	99443	15	73
8세	0.00013	99428	13	72.01
9세	0.00011	99415	11	71.02
10세	0.0001	99404	10	70.03
11세	0.00011	99394	11	69.04
12세	0.00013	99383	13	68.05
13세	0.00015	99370	15	67.06
14세	0.00019	99355	18	66.07
15세	0.00024	99337	24	65.08
16세	0.00029	99313	29	64.09
17세	0.00035	99284	34	63.11
18세	0.00038	99250	38	62.13
19세	0.00039	99212	38	61.16
20세	0.00041	99174	41	60.18
21세	0.00043	99133	42	59.2
22세	0.00047	99091	47	58.23
23세	0.00051	99044	51	57.26
24세	0.00056	98993	55	56.29
25세	0.00059	98938	59	55.32
26세	0.00061	98879	60	54.35
27세	0.00061	98819	60	53.38
28세	0.00061	98759	61	52.41
29세	0.00063	98698	62	51.45
30세	0.00066	98636	65	50.48
31세	0.0007	98571	69	49.51
32세	0.00074	98502	73	48.55
33세	0.00076	98429	74	47.58
34세	0.00079	98355	78	46.62

〈표 19〉 계 속

나 이	사망확률(전체)	생존자(전체)	사망자	기대여명(전체)
35세	0.00083	98277	81	45.65
36세	0.0009	98196	89	44.69
37세	0.00099	98107	96	43.73
38세	0.00109	98011	107	42.77
39세	0.0012	97904	117	41.82
40세	0.00133	97787	130	40.87
41세	0.00148	97657	145	39.92
42세	0.00163	97512	159	38.98
43세	0.0018	97353	175	38.04
44세	0.00198	97178	193	37.11
45세	0.00218	96985	211	36.18
46세	0.00238	96774	230	35.26
47세	0.00259	96544	250	34.35
48세	0.00281	96294	271	33.43
49세	0.00304	96023	292	32.53
50세	0.00327	95731	313	31.62
51세	0.00348	95418	333	30.73
52세	0.00371	95085	353	29.83
53세	0.004	94732	378	28.94
54세	0.00434	94354	410	28.05
55세	0.00472	93944	444	27.18
56세	0.00512	93500	478	26.3
57세	0.00557	93022	519	25.43
58세	0.00602	92503	557	24.57
59세	0.00647	91946	595	23.72
60세	0.00691	91351	631	22.87
61세	0.00738	90720	669	22.03
62세	0.00803	90051	723	21.19
63세	0.00889	89328	794	20.35
64세	0.00996	88534	882	19.53
65세	0.01114	87652	976	18.72
66세	0.01233	86676	1069	17.93
67세	0.01357	85607	1162	17.15
68세	0.01493	84445	1260	16.38
69세	0.01658	83185	1379	15.62

〈표 19〉 계 속

나 이	사망확률(전체)	생존자(전체)	사망자	기대여명(전체)
70세	0.01849	81806	1513	14.87
71세	0.02056	80293	1651	14.14
72세	0.02286	78642	1797	13.43
73세	0.02542	76845	1953	12.73
74세	0.02838	74892	2126	12.05
75세	0.03186	72766	2319	11.39
76세	0.03586	70447	2526	10.75
77세	0.04011	67921	2725	10.13
78세	0.04474	65196	2917	9.53
79세	0.05014	62279	3122	8.95
80세	0.0562	59157	3325	8.4
81세	0.0631	55832	3523	7.87
82세	0.07108	52309	3718	7.36
83세	0.08	48591	3887	6.89
84세	0.08954	44704	4003	6.44
85세	0.09937	40701	4045	6.03
86세	0.10994	36656	4030	5.64
87세	0.12123	32626	3955	5.27
88세	0.13327	28671	3821	4.93
89세	0.14603	24850	3629	4.61
90세	0.15951	21221	3385	4.32
91세	0.17368	17836	3098	4.04
92세	0.18851	14738	2778	3.79
93세	0.20395	11960	2439	3.55
94세	0.21996	9521	2094	3.33
95세	0.23646	7427	1757	3.13
96세	0.2534	5670	1436	2.95
97세	0.2707	4234	1146	2.78
98세	0.28825	3088	890	2.62
99세	0.30596	2198	673	2.49
100세이상	1	1525	1525	2.36

자료: 통계청 홈페이지

■저자 소개

신 종 욱

- 연세대학교 중어중문학과 졸업
- 미 Temple 대학교 보험계리학(actuarial science) 석사
- 미 Temple 대학교 경영학 박사(기업연금 전공)
- 현 협성대학교 금융보험학과 교수
- 전 사립학교교직원연금관리공단 운영위원
- 전 사립학교교직원연금관리공단 자산운용위원
- 모세은퇴경영연구소(www.likemoses.com) 연구소장

저 서

- "노후에 자식보다 든든한 연금재테크", 2006, 국일증권경제연구소
- "행복시대"를 위한 개인자산관리의 이해, 2007, 비앤엠북스

저자와
협의인
지생략

보험계리(CFP 이자론)기초

2010년 4월 12일 초판 인쇄
2010년 4월 13일 초판 1쇄 발행

저 자 : 신 종 욱
발행인 : 정 광 식
발행처 : **비앤엠북스**

서울시 금천구 가산동 319번지(호서대벤처타워 B1-103)
등 록 2004. 12. 29. / 제313-2004-00298호
전 화 2627-5710~12, 팩스 2627-5720
홈페이지 대학교재.kr
이 메 일 bmbooks@paran.com

정가 25,000원 ISBN 978-89-91879-79-9